Handballspiele werden im Kopf entschieden

Danksagung

In Liebe an Kerstin und Katja sowie unsere Kinder

Allgemeiner Hinweis:

Das vorliegende Buch wurde sorgfältig erarbeitet. Dennoch erfolgen alle Angaben ohne Gewähr. Weder die Autoren noch der Verlag können für eventuelle Nachteile oder Schäden, die aus den im Buch vorgestellten Informationen resultieren, Haftung übernehmen.

Aus Gründen der besseren Lesbarkeit haben wir uns entschlossen, durchgängig die männliche (neutrale) Anredeform zu nutzen, die selbstverständlich die weibliche mit einschließt.

Sollte diese Publikation Links auf Websiten Dritter enthalten, so übernehmen wir für deren Inhalte keine Haftung, da wir uns diese nicht zu eigen machen, sondern lediglich auf deren Stand zum Zeitpunkt der Erstveröffentlichung verweisen.

Daniel Memmert | Stefan König

Handballspiele werden IM KOPF entschieden

Kognitives Training, Kreativität & Spielintelligenz im Amateur- und Leistungsbereich

Vorwort von UWE GENSHEIMER

MEYER & MEYER VERLAG

Handballspiele werden im Kopf entschieden!

Bibliografische Information der Deutschen Bibliothek

Die Deutsche Bibliothek verzeichnet diese Publikation in der Deutschen Nationalbibliografie; detaillierte bibliografische Details sind im Internet über <http://dnb.ddb.de> abrufbar.

Auckland, Beirut, Dubai, Hägendorf, Hongkong, Indianapolis, Kairo, Kapstadt, Manila, Maidenhead, Neu-Delhi, Singapur, Sydney, Teheran, Wien

Member of the World Sport Publishers' Association (WSPA)

Gesamtherstellung: Print Consult GmbH, München

FSC www.fsc.org MIX Paper from responsible sources FSC® C084279

ISBN 978-3-8403-7768-6

E-Mail: verlag@m-m-sports.com

www.dersportverlag.de

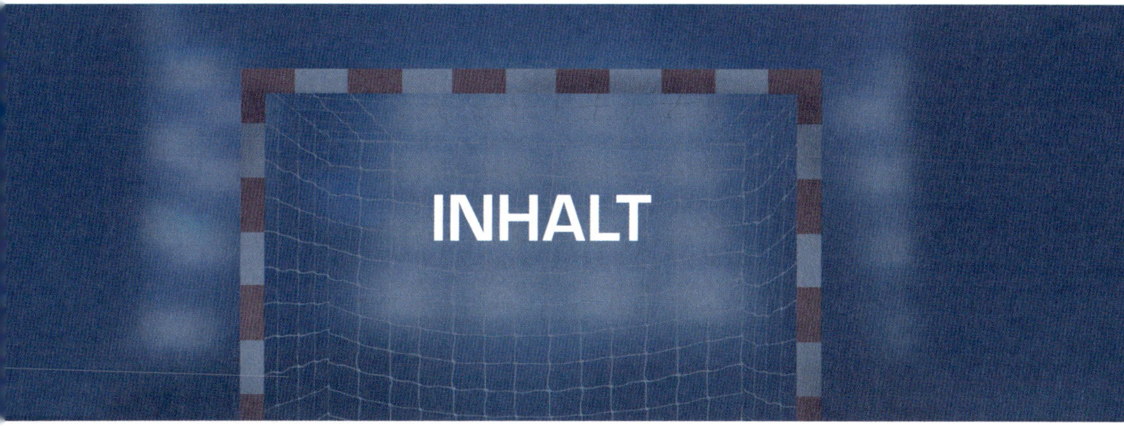
INHALT

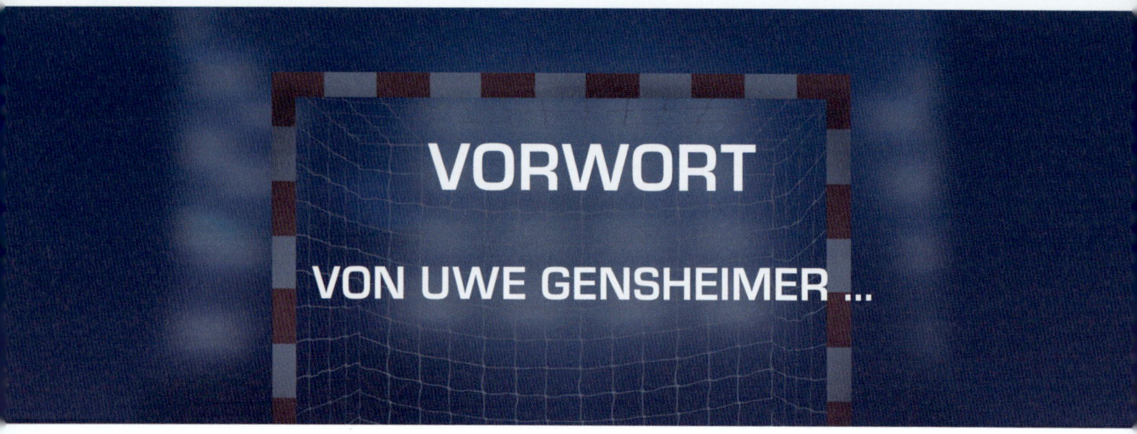

VORWORT

VON UWE GENSHEIMER ...

Beim olympischen Turnier in Japan 2021 werden uns die Spiele verschiedener Teams viel Freude bereiten. Ich hoffe natürlich, dass auch unsere Mannschaft dazugehört. Dies wird durch kreative Einzelaktionen von herausragenden Individualisten sowie durch scheinbar mühelose Kombinationen sowie schnelle und effektive Ballstafetten ganzer Mannschaftsteile gelingen. Grundlage für diese spielerischen Kabinettstücke sind kognitive Kompetenzen, die keinem Handballspieler in die Wiege gelegt werden, sondern die in vielen Übungsstunden „eingeschliffen" werden müssen.

Das war und ist auch bei mir so: In den vielen Jahren bei den Rhein-Neckar Löwen und Paris Saint-German, selbstverständlich aber auch in der Nationalmannschaft, haben meine Mitspieler und ich immer sehr konsequent Dinge wie Wahrnehmung, wie Aufmerksamkeit und intelligente Entscheidungen trainiert.

Nur deshalb gelingt es mir scheinbar mühelos, Torhüter beim Siebenmeter oder bei Würfen von meiner Linksaußenposition genau und aufmerksam wahrzunehmen und die richtige Wurfentscheidung zu treffen oder auch hin und wieder etwas Kreatives zu versuchen; ein Dreher oder ein Heber sind schließlich genau die Dinge, die unsere Zuschauer und Fans sehen wollen.

Trainerinnen und Trainer erhalten mit dem Buch *Handballspiele werden im Kopf entschieden* die Möglichkeit, sich den allzu oft vernachlässigten kognitiven Fähigkeiten intensiv zu widmen. Die Bedeutsamkeit des „Kopfes" für ambitionierte A-Jugend-Mannschaften bis hin zur Regionalliga oder sogar den Profibereich ist unstrittig. Ich habe dem kognitiven Training immer einen besonderen Stellenwert zugeschrieben, es spielte keine Rolle, wo ich trainiert habe.

Bisher haben die Trainerinnen und Trainer in Deutschland aber immer wieder auf ihr eigenes Wissen zurückgreifen oder sich mühsam in den einschlägigen Handballzeitschriften Hinweise und Spielformen zu Kognitionen im Handball suchen müssen. Der vorliegende Band schließt diese Lücke.

Mit den zahlreichen Spielformen zu den sechs Kognitionen Antizipation, Wahrnehmung, Aufmerksamkeit, Spielintelligenz, Kreativität und Arbeitsgedächtnis gelingt es jetzt, sich schnell und unkompliziert Anregungen für die tägliche Trainingspraxis zu holen.

Ich wünsche dem Band 3 der Reihe *Sportspiele werden im Kopf entschieden* eine große Verbreitung. Zudem hoffe ich, dass die Lektüre helfen wird, kognitive Kompetenzen, denen bis jetzt im Trainingsprozess zu wenig Aufmerksamkeit gewidmet wurde, wieder vermehrt in den Mittelpunkt des Trainings zu rücken. Im kognitiven Bereich schlummern die größten Potenziale; wir sollten lernen, sie so effektiv wie möglich zu nutzen. Dies gilt von der Kreisklasse bis zur Nationalmannschaft.

Uwe Gensheimer

Langjähriger Kapitän der deutschen Handball-Nationalmannschaft

VORWORT DER AUTOREN

Wir möchten zahlreichen Kolleginnen und Kollegen großen Dank sagen, mit denen wir zur Thematik Kognitionen und zu den Sportspielen in den letzten Jahren, gar Jahrzehnten, forschen sowie publizieren durften und deren Ideen wir (natürlich gekennzeichnet) integriert haben (alphabetisch): Dr. Philip Furley, Prof. Dr. Norbert Hagemann, Jun.-Prof. Dr. Stefanie Klatt, Dr. Timo Klein-Soetebier, Prof. Dr. Benjamin Noël, Prof. Dr. Klaus Roth, Dr. Sebastian Schwab sowie Prof. Dr. Matthias Weigelt. Selbstverständlich sei auch allen Studierenden gedankt, die wertvolle Beiträge zu den einzelnen Teilstudien geleistet haben.

Ein Forschungsprogramm resultiert selten aus den Ideen eines Einzelnen, sondern viel eher aus den gemeinsamen Gedanken Vieler in einer angenehmen Atmosphäre. Zusätzlich möchten wir uns bei allen bedanken, die Teile des Buchs im Vorfeld kritisch gegengelesen haben. Dies sind insbesondere (alphabetisch) Prof. Dr. Norbert Hagemann, Prof. Dr. Oliver Höner, Dr. Carina Kreitz, PD Dr. Florian Loffing, Prof. Dr. Matthias Weigelt sowie Elke Weyermann, M. Sc.

Für die Mithilfe bei der Spieleauswahl, bei der Erstellung der Abbildungen und für die vielfältigen Rückmeldungen möchten wir uns bei Marina Gabriel und Linnea Schneider sehr herzlich bedanken. Dr. Philip Furley hat uns zentral im gesamten Prozess begleitet, was wir sehr zu schätzen wissen.

Die vielen kritischen Hinweise haben nicht nur dem Buch sehr gutgetan, sondern auch den Forschungsarbeiten in diesem Bereich an unserem Institut.

Daniel Memmert und Stefan König

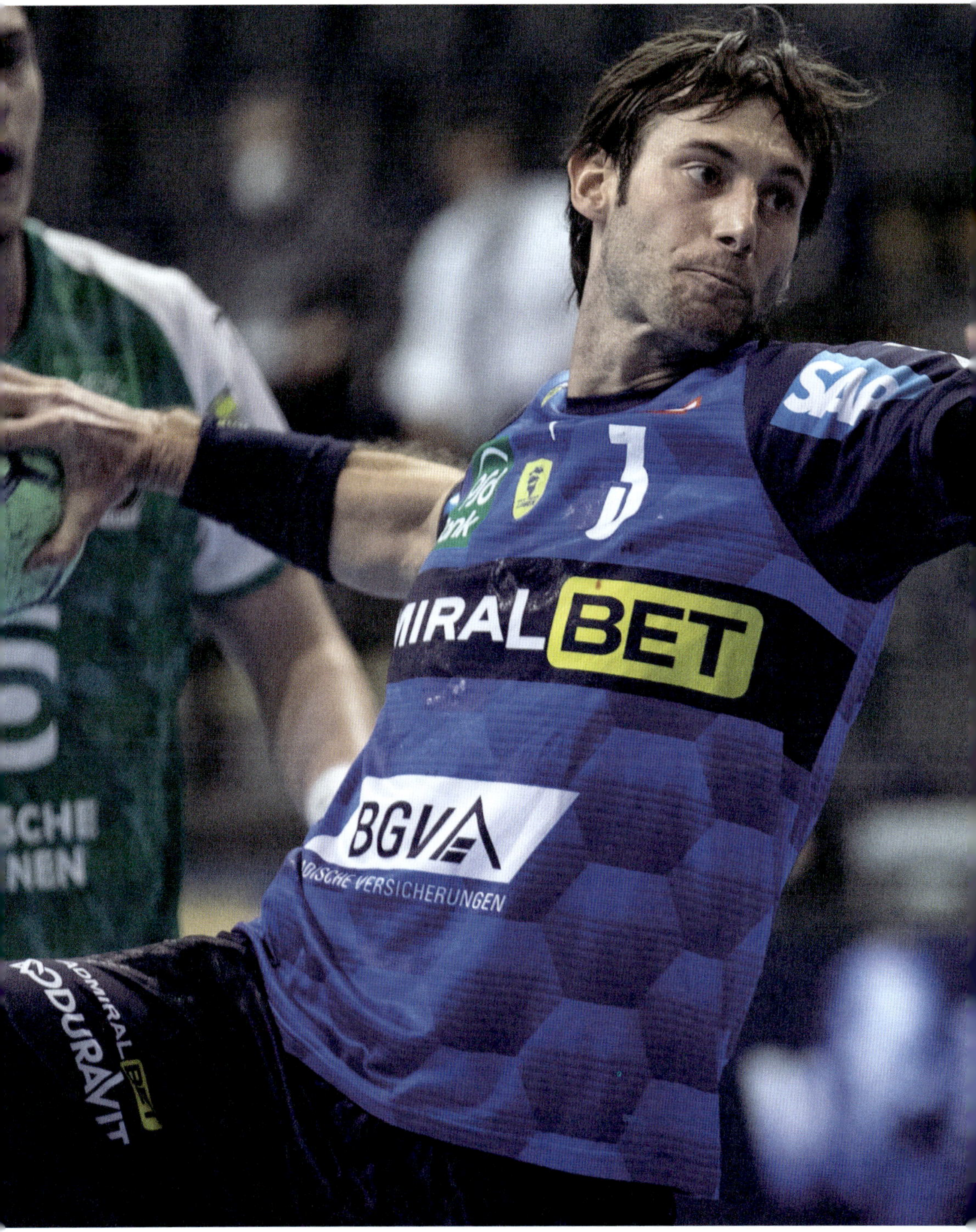
BGV
ADMIRAL
DURAVIT

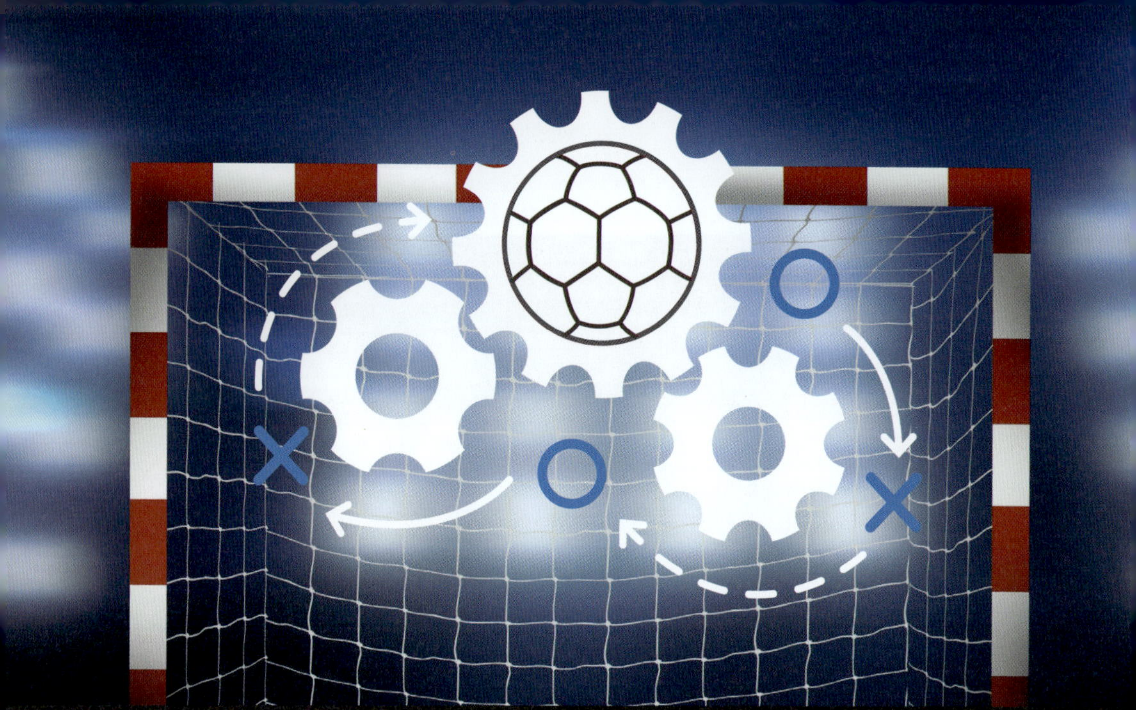

1 HANDBALLSPIELE WERDEN IM KOPF ENTSCHIEDEN ...

Andy Schmid, Uwe Gensheimer und Domagoj Duvnjak gelingt es scheinbar mühelos, in äußerst komplexen Situationen ungewöhnliche, aber auch technisch-taktische Bestlösungen auf das Spielfeld zu „zaubern". Erfolgreiche Trainer, aber häufig auch Spieler sprechen bei solchen Ausnahmespielern von Gedankenschnelligkeit, „der Kopf ist wichtig", „sehr schnell im Kopf", oder „intelligenten Spielern"[1]. Auch Trainer Nikolaj Jacobsen (Trainer der dänischen Nationalmannschaft) weiß um diese Qualitäten: „Andy Schmid ist unser Denker und Lenker. Er ist sehr wichtig für das Team. Ohne ihn denken wir nicht." (https://www.stuttgarter-nachrichten.de/inhalt.schweizer-schmid-ist-weltklasse-der-lionel-messi-des-handballs.1058b099-a753-4396-b557-eb3ab86108c9.html)

Ein gutes Beispiel sind Aussagen in Handballmagazinen, in denen dann von Handlungsschnelligkeit gesprochen wird (siehe Box), und auch in Handballlehrbüchern wird immer wieder betont, dass Handballspiele im Kopf entschieden werden (Wagner, Finkenzeller, Würth & Von Duvillard, 2014; Weigel, 2018). Zudem wird in sportwissenschaftlichen Zeitschriften eine ganze Reihe von Studien beschrieben, welche die besondere Bedeutung der

---

[1] *Wenn in diesem Buch von Spieler, Trainer, Athlet oder Lehrer gesprochen wird, dann sind damit natürlich immer beide Geschlechter gemeint.*

Kopplung von Wahrnehmungsfähigkeiten und Reaktions- bzw. Handlungsschnelligkeit (= „Reactive Agility") unterstreichen.

Ein körperlicher Vorteil bringt dich im Spiel nicht viel weiter. Wichtiger ist es, im Kopf schnell Entscheidungen zu treffen. (Uwe Gensheimer, Handball-Nationalspieler)

Aber ansonsten gibt es bei den Frauen und Männern verschiedene Spieler, bei denen ich mir einzelne Aspekte als Vorbild nehme und diesen nacheifern will. Das sind so Sachen wie: Entscheidungsverhalten, die richtigen Lücken im Angriff finden. (Emily Bölk, Handball-Nationalspielerin)

Mit jedem Sieg steigt das Selbstvertrauen, das einen in die Lage versetzt, das Spiel selbst zu bestimmen und die taktischen Vorgaben unseres Trainers durchzuziehen. (Finn Lemke, Handball-Nationalspieler)

Definition der Handlungsschnelligkeit (nach Friedrich, 2005, S. 143)

„Besonders in den Sportspielen kommt es darauf an, sporttechnische und taktische Handlungen situationsangemessen und erfolgreich auszuführen. Ausdruck des Niveaus der Handlungsschnelligkeit ist die für die kognitiven Prozesse (geistige Schnelligkeit) und die motorische Lösung der Handlungsaufgabe benötigte Gesamtzeit."

Allen Termini und Ansätzen gemeinsam ist, dass der Kopf und damit Kognitionen eine fundamentale Rolle im Handball und in anderen Sportspielen zu spielen scheinen (vgl. auch Thienes, 2019).

Im Sport werden die „Problemlöseprozesse", die notwendig sind, um in bestimmten Situationen gezielt adäquate Lösungen zu generieren, als Kognitionen bezeichnet. Dazu wird in diesem Buch ein Prozessmodell des Ablaufs menschlicher Entscheidungshandlungen vorgestellt. Kognitionen, wie Antizipation, Wahrnehmung, Gedächtnis oder

Aufmerksamkeit, werden beschrieben, die zur Kreativität beitragen. Dazu gehört ganz zentral auch die Spielintelligenz – womit generell die Auswahl der besten Entscheidung gemeint ist. Etwas weiter gefasst kann man zu den Kognitionen auch Wille, Stimmungen und Emotionen zählen. Im Training soll es nun darum gehen, all diese Kompetenzen einzeln oder in Kombination zu trainieren und somit im Gedächtnis abrufbar zu machen.

Handball hat in der Sportwissenschaft generell einen hohen Stellenwert. Es gibt zu diesem Thema viele Forschungsergebnisse aus verschiedenen Disziplinen (u. a Biomechanik: Rojas, Gutiérrez-Davila, Ortega, Campos & Párraga, 2012; Händigkeit: Loffing, Sölter, Hagemann & Strauss, 2015; Diagnostik: Raab, Zastrow & Häger, 2008; Kondition: Madou, 2020; Pietro, 2018; Motivation und Drop-out: Sarrazin, Vallerand, Guillet, Pelletier & Cury, 2002; Motorik: Krawczyk, Bodasinski, Bodasinska & Slupczynski, 2018; Psychologie: Kajtna, Vuleta, Pori, Justin & Pori, 2012; Ohlert & Kleinert, 2015; Strykalenko, Shalar, Huzar, Voloshinov, Yuskiv, Silvestrova & Holenko, 2020; Schiedsrichter: Debanne, 2014; Morillo, Reigal, Hernández-Mendo, Montaña & Morales-Sánchez, 2017; Talent: Schorer, Faber, Koopmann, Büsch & Baker, 2020; Schlaf: Jarraya, Jarraya, Chtourou, Souissi & Chamari, 2013; Schorer, Heibült, Wilson & Loffing, 2020; Time-out: Gutiérrez-Aguilar, Montoya-Fernández, Fernández-Romero & Saavedra-García, 2016; Weltstandsanalysen: Lames, Dreckmann & Görsdorf, 2010; Hansen, Sanz-Lopez, Whiteley, Popovic, Ahmed & Cardinale, 2017).

Für das Buch relevant sind vor allem aber die Bereiche Wahrnehmung, Antizipation, Aufmerksamkeit, Kreativität, Spielintelligenz sowie das Arbeitsgedächtnis, wobei nur für die ersten drei Kognitionen eine ausreichende Anzahl von Publikationen vorliegt. Dennoch sind auch aus diesen Arbeiten noch nicht alle wissenschaftlichen Ergebnisse in die Praxis transferiert worden.

Das erkennt man daran, dass erstaunt darüber berichtet wird, wenn Rolf Brack Spielformen zur Wahrnehmung und zum situationsangemessenen Entscheiden anleitet, bei denen vier verschiedene Farben (Leibchen der verschiedenen Teams in Bezug auf vier Tore) eine Rolle spielen oder er im Training Denksportaufgaben mit motorischen Antworten verbindet. Das gilt dann schon als revolutionär, dabei ist diesbezüglich noch viel mehr möglich.

In diesem Buch werden zum ersten Mal wissenschaftlich fundierte Aussagen zum Kognitionstraining im Handball gemacht. Dabei werden sowohl inhaltliche als auch methodische, diagnostische und praktische Aspekte aufgearbeitet.

Im ersten Teil des Buchs werden Grundlagen für ein kognitives Training gelegt:

- Was sind die entscheidenden Faktoren, die man schulen kann?
- Welche Modelle stehen bereit?
- Welche Evidenzen gibt es dazu?

Darüber hinaus werden diese Erkenntnisse auch mit der Coachingpraxis verknüpft. Durch ein einziges Wort können Trainer die Aufmerksamkeitsfoki der Spieler variieren. In Situationen, in denen Variabilität und Kreativität gefragt ist, brauchen wir einen möglichst breiten Aufmerksamkeitsfokus. Wenn dagegen Bewegungen und Aktionen zu antizipieren sind bzw. wir auf bestimmte Ereignisse achten müssen, dann hilft uns ein enger Aufmerksamkeitsfokus. Dazu wurden in den letzten 15 Jahren viele Studien durchgeführt und wir wissen auch, welche Rolle das Arbeitsgedächtnis in diesem Zusammenhang spielt.

Die mögliche kognitive Diagnostik wird anhand des zugrunde liegenden Modells im Anschluss in Tests zu elementaren Kognitionen im Labor und Feld unterteilt. Um beispielsweise festzustellen, wie groß der Aufmerksamkeitsfokus eines Spielers ist, kann man im Labor sehr genau dessen Aufmerksamkeitsfenster bestimmen.

In umfangreichen sportwissenschaftlichen Studien mit Spitzensportlern wurden Aufmerksamkeitstests entwickelt, mit denen das Aufmerksamkeitsfenster eines Athleten aufs Genaueste bestimmt werden kann. Darüber hinaus gibt es Diagnostiktools, die man in der Praxis einsetzen kann. Man kann beispielsweise erfassen, wie sich Spieler gegen Störvariablen abschirmen, also auf eine Sache konzentrieren können, wie ausgeprägt verteilte oder selektive Aufmerksamkeit ist und wie gut sich Athleten fokussieren können. Dafür gibt es zahlreiche Testverfahren.

Gleichzeitig gibt es etablierte, spielnahe Sportspieltests im Feld (Halle oder Sportplatz), mit denen man die Kompetenz von Sportlern bei der Suche nach Lücken und das Freilaufen im Raum bewerten kann. Diese bilden ein basistaktisches Fundament und sind nicht nur im Handball, sondern auch in anderen Sportspielen von Bedeutung.

In Kap. 5 werden Schulungsbeispiele in Form von Spiel-, Wettkampf- und Übungsformen für ein kognitives Training vorgestellt. Trainer und Vereine müssen noch mehr dafür sensibilisiert werden, dass Aufmerksamkeit und Kreativität trainiert werden können. Gerade Antizipation, aber auch Wahrnehmung und Aufmerksamkeit können hervorragend geschult werden. Dazu werden zahlreiche Beispiele vorgestellt, die nach dem inhaltlichen Modell des kognitiven Trainings strukturiert sind, welches im nächsten Kapitel beschrieben wird.

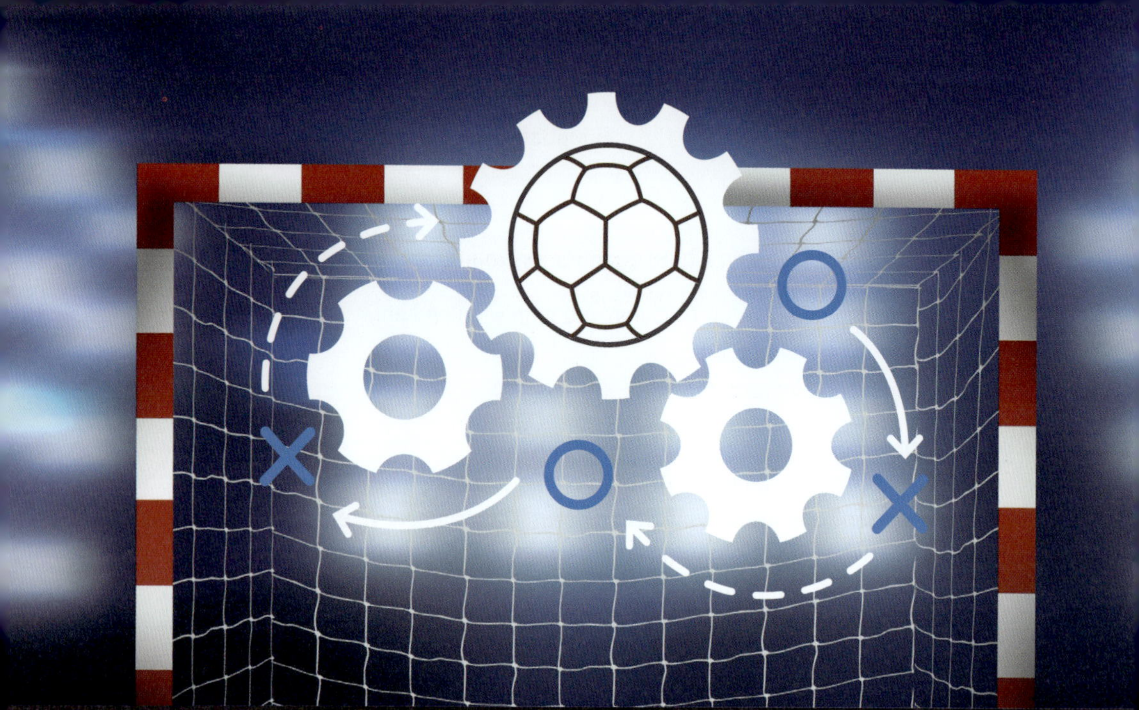

2 DEFINITION UND RELEVANZ VON KOGNITIONEN

Was sind nun *Kognitionen* oder *kognitive Prozesse* aus wissenschaftlicher Perspektive genau? Die Verwendung des Begriffs *Kognition* hat eine lange Tradition, die von Tolman über Hebb und Neisser bis zu Gazzaniga, alle berühmte Wissenschaftler, reicht.

An dieser Stelle wird darauf verzichtet, einen genauen Überblick über die vorhandene Definitionsvielfalt zu geben (z. B. für einen Überblick in der Psychologie, Neisser, 2014; für einen Überblick im Sport, Memmert, 2004a). In Abgrenzung zu rein physiologischen, neuronalen und präkognitiven Vorgängen charakterisieren Roth und Menzel (2001, S. 559) geistige Leistungen durch sechs kognitive Prozesse:

- integrative, häufig multisensorische und auf Erfahrung beruhende Wahrnehmungsprozesse;
- Prozesse, die das Erkennen individueller Ereignisse und das Kategorisieren bzw. Klassifizieren von Objekten, Personen und Geschehnissen beinhalten;
- Prozesse, die bewusst oder unbewusst auf der Grundlage interner Repräsentationen (Modelle, Vorstellungen, Karten, Hypothesen) ablaufen;
- Prozesse, die eine erfahrungsgesteuerte Veränderung von Wahrnehmung beinhalten und deshalb zu veränderlichen Verarbeitungsstrategien führen;

- Prozesse, die Aufmerksamkeit, Erwartungshaltungen und aktives Explorieren der Reizsituation voraussetzen oder beinhalten;
- „mentale Aktivitäten".

Im Allgemeinen und etwas vereinfacht zusammengefasst, werden Kognitionen als höhere geistige Funktionen und Prozesse definiert, die notwendig sind, um in bestimmten Situationen gezielt adäquate Lösungen in unserer Umwelt zu generieren.

Die Bedeutung von Kognitionen ist im Sport alles andere als abschließend geklärt, vielmehr befindet sie sich derzeit in einer intensiven Diskussion. Diese erstreckt sich auch (und vor allem) in die Psychologie (siehe für einen Überblick Simons et al., 2016; Hambrick, Burgoyne & Oswald, 2019). Die Befunde aus der allgemeinen Psychologie mehren sich aber, dass beispielsweise fluide Intelligenz und Kreativität von verschiedenen elementaren und kognitiven Prozessen (z. B. Inhibition) beeinflusst werden (Benedek, Jauk, Sommer, Arendasy & Neubauer, 2014).

Somit befinden wir uns in einer spannenden Phase, sowohl für die Sportwissenschaft als auch für die Sportpraxis. Während etwa die eine Arbeitsgruppe seit Jahren Daten vorlegt, die zeigen, dass ein Training der Arbeitsgedächtniskapazität in einem positiven Zusammenhang zu verschiedenen kognitiven Leistungen steht (vgl. Klingberg, 2010), konnten diese Zusammenhänge von einer anderen Arbeitsgruppe in einer gewissen Regelmäßigkeit nicht bestätigt werden (vgl. Owen et al., 2010). Im Prinzip geht es immer darum, ob das Training einer elementaren Kognition zu Transfereffekten auf andere domänenspezifische Leistungen führt.

Exekutive Funktionen

Ein aktuelles Mainstreammodell für Kognitionen aus der Psychologie (Alvarez & Emory, 2006), welches auch in der Sportpsychologie hin und wieder als Grundlage von Forschungsprogrammen eingesetzt wird, beschreibt die Steuerung und Regulierung spezifischer kognitiver Prozesse von Menschen. Diese Exekutive Funktionen (EF) regeln zielgerichtetes, zukunftsorientiertes Verhalten (Friedman et al., 2006), also Prozesse wie die Entscheidungsfindung (d. h. Auswahl zwischen mehreren Alternativen).

EF werden weiter unterschieden in „Core EF" (CEF) und „Higher-Level EF" (HEF), wobei Erstere durch das Arbeitsgedächtnis, kognitive Flexibilität und inhibitorische Prozesse charakterisiert sind, während HEF Problemlöse- und Argumentationsstrategien sowie Planungsprozesse involviert (Diamond, 2013).

Diese Kompetenzen entwickeln sich mit dem Alter, da sie auf verschiedene präfrontale Gehirnstrukturen angewiesen sind. Die neuronale Struktur, die den HEFs zugrunde liegt, ist der präfrontale Kortex. Dieser reift nur langsam und als Letzter in der Entwicklung; die volle Kapazität wird hier erst zwischen 20 und 29 Jahren erreicht (Luciana et al, 2005).

Die CEFs hingegen entwickeln sich schon früher im Leben vollumfänglich, meist schon vor der frühen Adoleszenz (Crone et al., 2006). In diesem Buch bilden beide die Grundlage der vorgestellten Modelle und Befunde. Mit den CEFs werden das Arbeitsgedächtnis, das Tracking von Objekten, die Inhibitionsprozesse unter Auslastung der Wahrnehmungskapazitäten und die Flexibilität des Aufmerksamkeitsfensters in Verbindung gebracht, da sich diese früher als die HEFs entwickeln und dadurch ein Schlüsselindikator im frühen Entwicklungsprozess von Spielern sein könnten. Mit dem HEFs werden Antizipation, Spielintelligenz und Spielkreativität thematisiert, die sich (nicht nur, aber) auch in späteren Schulungsphasen gewinnbringend trainieren lassen.

In zwei sportwissenschaftlichen Metaanalysen (Voss et al., 2010; Scharfen & Memmert, 2019a) konnten kleine bis mittlere Effekte von grundlegenden kognitiven Leistungen bei Experten nachgewiesen werden, was auf überlegene (basale) Kognitionen von Eliteathleten hinzudeuten scheint. Einzelne Arbeitsgruppen haben darüber hinaus herausgefunden, dass Sportspielexperten (insbesondere Handballprofis) herausragende basale Kognitionen zu besitzen scheinen (Vestberg et al., 2012; Verburgh et al., 2016).

Es muss aber kritisch darauf hingewiesen werden, dass die Anzahl der Studien noch zu gering ist, die methodische Qualität überschaubar und es auch publizierte und nicht publizierte Studien gibt, die keine Zusammenhänge nachgewiesen haben (vgl. Furley, Schul & Memmert, 2017).

Zuletzt demonstrierte eine Querschnittsstudie von Scharfen und Memmert (2019b) bei hochtalentierten Nachwuchsleistungsfußballern, dass beispielsweise ein großes Aufmerksamkeitsfenster für komplexere motorische Fähigkeiten, wie zum Beispiel Dribbeln, von Vorteil sein kann. Außerdem deutet eine geringere Reduzierung der individuellen Ablenkbarkeit (Perceptual Load) auf eine höhere Geschwindigkeit beim Sprint hin.

Hinzu kommt, dass ein besseres Arbeitsgedächtnis Auswirkungen auf eine präzisere Ballkontrolle und Dribblingfähigkeiten hat. Diese Befunde müssen in naher Zukunft repliziert werden, insbesondere auch in größeren Stichproben.

Ein Überblick über kommerzielle, kognitive Trainingsprogramme und deren Auswirkungen auf den Einsatz im Sport zeigt (Harris, Wilson & Vine, 2018), dass noch viele Fragen offen sind und in Folgestudien geklärt werden müssen. Dennoch sind wir der festen Überzeugung, dass wir in der Praxis beginnen müssen, Kognitionen zu schulen, auch bevor die Wissenschaft alle Fragen von A bis Z beantwortet hat.

An vielen Stellen bedarf es ein wenig Mut, an anderen Stellen wird Demut und Zurückhaltung gefragt sein. Das Dilemma von allgemeiner, domänenunspezifischer Kognition kann vielleicht am besten an der Metapher eines Transportmittels wie des PKWs oder des Flugzeugs verdeutlicht werden.

Einerseits, unabhängig davon, ob das Fahrzeug ein Sportwagen, Traktor oder LKW ist, gilt: Je größer der Motor ist (unspezifisch, da Motoren auch in vielen Geräten Anwendung finden), desto schneller wird man fahren können. Je besser die Technik (auch erst einmal unspezifisch) ist, desto sicherer wird man unterwegs sein usw.

Andererseits haben unterschiedliche Transportmittel auch unterschiedliche Anforderungsprofile. Ein Flugzeug benötigt beispielsweise einen ganz anderen Motor oder auch andere Reifen. Während man in der Raumfahrt- bzw. Automobilindustrie schon genauer weiß, welches Gemisch an Gummimaterialien für Reifen von Flugzeugen oder Autos gut ist (oder für beide), kann dies im komplexen Sport für kognitive Prozesse noch nicht gesagt werden.

Kognitionen in Analogie zu Laktat

Eine gute Ausdauer (abgebildet über das Stoffwechselabbauprodukt Laktat) wirkt einer frühen Ermüdung entgegen, *unabhängig* davon, welche Sportart (z. B. Handball, Leichtathletik, Kraftsport) man betreibt. Dies zeigt sich unter anderem in einer reduzierten Zeitdauer, die zur Erholung zwischen den Trainingseinheiten oder zwischen den Trainingssätzen notwendig ist.

In einer klassischen Untersuchung von Spencer und Gastin (2001) konnte selbst beim 200-Meter-Sprint, der deutlich unter 30 Sekunden liegt, nachgewiesen werden, dass immer noch eine Beteiligung von knapp 30 Prozent eines aeroben Metabolismus vorliegt. Somit kann Laktat als ein *unspezifischer* (= unabhängig von der Bewegung/Sportart) Parameter (analog zu *unspezifischen* Gedächtnis- und Aufmerksamkeitsprozessen) für die aerobe Laufleistungsfähigkeit eines Sportlers bezeichnet werden.

> Als vor 40 Jahren zum ersten Mal Laktat im Fußball untersucht wurde (Ekblom, 1986), gab es auch große Skeptiker, sowohl in der Wissenschaft als auch in der Praxis. Heute ist die Laktatdiagnostik ein fester Bestandteil der Trainingssteuerung und deren gezielter und systematischer Einsatz ist im Jugendnachwuchs-Handball sowie im Profihandball nicht mehr wegzudenken.

Übertragen wir das Beispiel des Motors auf das Sportspiel, so kann dies auf der einen Seite bedeuten, dass ein exzellenter Handballspieler von einem breiten Aufmerksamkeitsfokus oder einem großen Arbeitsgedächtnisspeicher profitiert und dadurch – entweder durch einen Talentauswahlprozess oder durch viel Erfahrung in Handballsituationen bzw. beides – einen breiten Aufmerksamkeitsfokus oder ein großes Arbeitsgedächtnis erworben hat und damit in der Lage ist, auch bessere Entscheidungen zu fällen, da er mehr Mit- und Gegenspieler in den Entscheidungsprozess integrieren kann.

Auf der anderen Seite ist es (im Moment noch) auch plausibel, dass exzellente Handballspieler bei Aufmerksamkeits-, Arbeitsgedächtnistests und Leistungen auf dem Platz nur deshalb so gut abschneiden (übrigens auch bei Talentauswahlprozessen), weil sie über andere Talente oder Fähigkeiten verfügen, die alle ihre sportlichen Leistungen in hohem Maße beeinflussen. Beispielsweise könnte dies hoher Ehrgeiz, ein hohes Leistungsmotiv oder eine hohe Anstrengungsbereitschaft sein.

Es ist schwer, abzuschätzen, welche der beiden Positionen in der Zukunft empirisch unterstützt werden. Vielleicht wird, wie so oft im (wissenschaftlichen) Leben, beides seine Berechtigung haben und/oder die „Wahrheit" in der Mitte liegen. Nicht nur aus diesem Grund empfiehlt es sich an dieser Stelle, mutig und demütig zugleich zu sein und in den nächsten Kapiteln weitere bisherige Befunde aus der Bewegungswissenschaft und Sportpsychologie zu elementaren Kognitionen zu diskutieren. Und: Dies ist gar nicht so wenig.

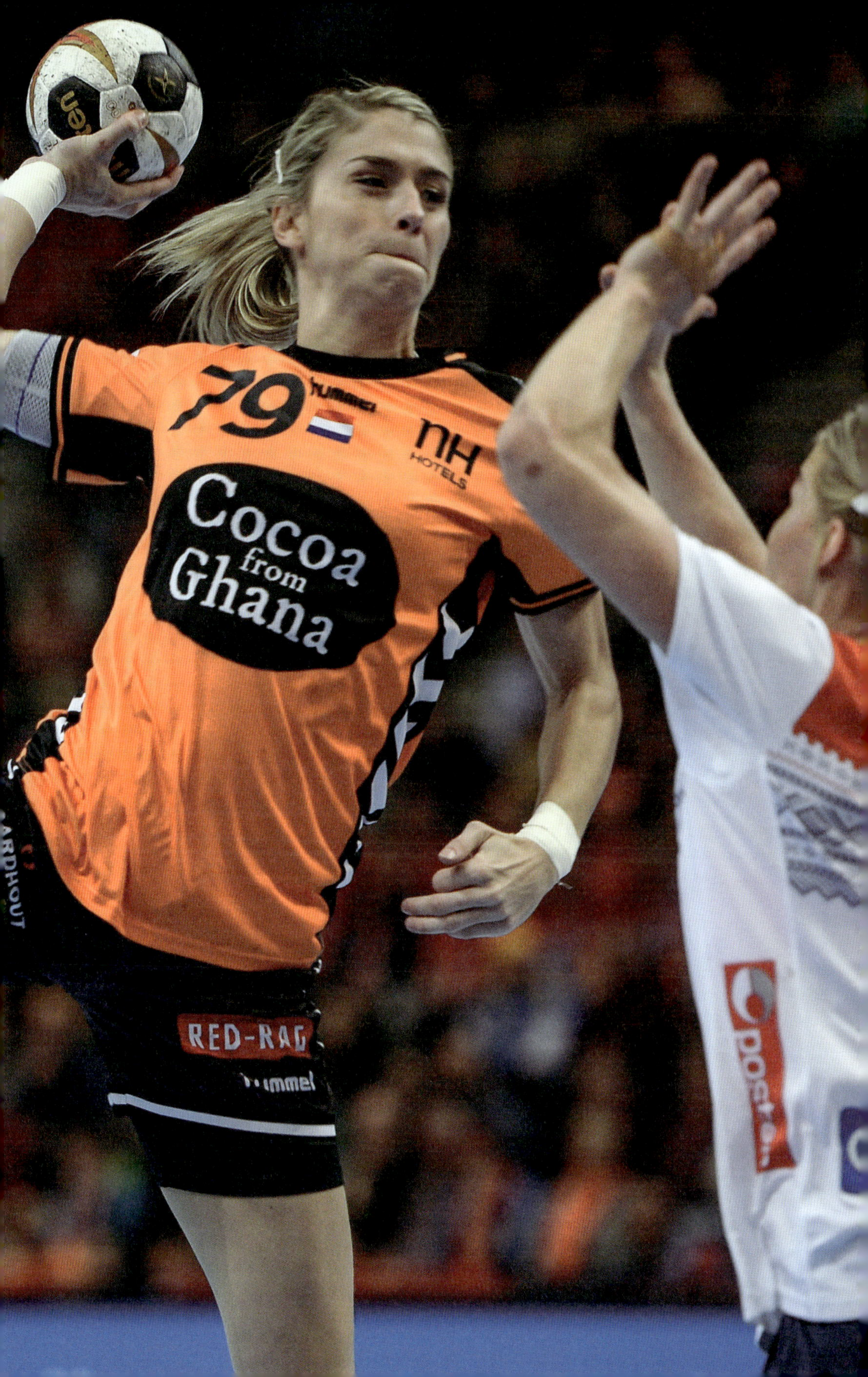
79
hummel
nH HOTELS
Cocoa from Ghana
RED-RAG
hummel

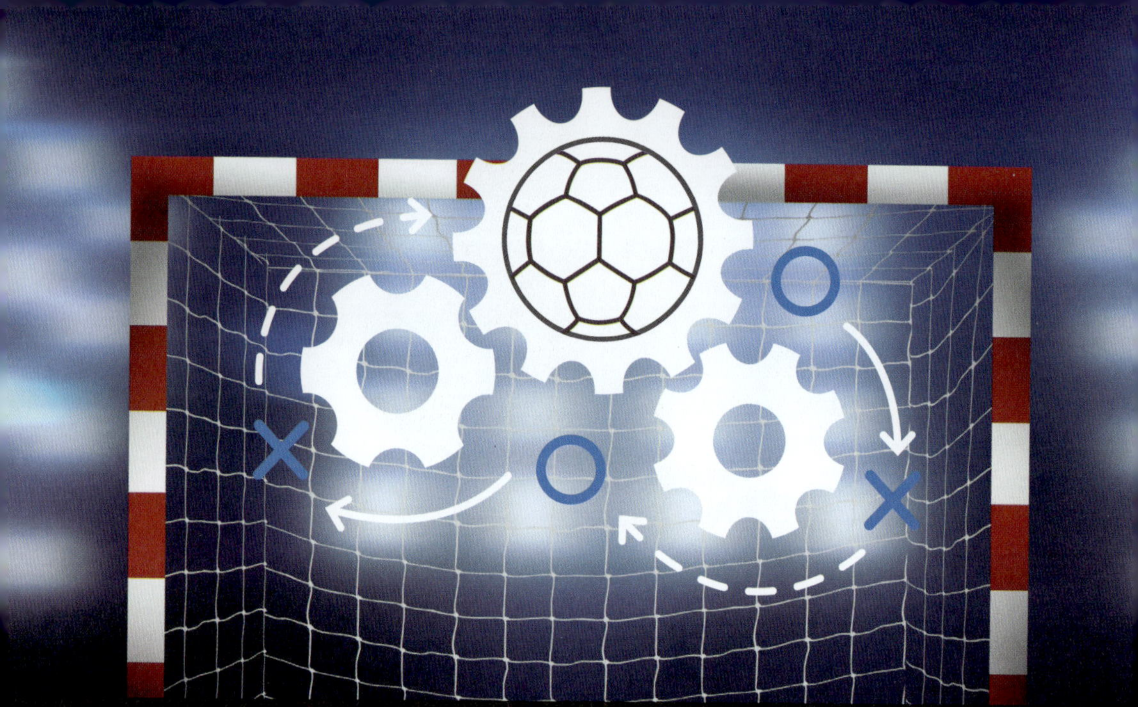

3 KOGNITIONEN IM HANDBALL

Übertragen auf das Sportspiel (z. B. Handball), finden sich in Tab. 1 elementare Kognitionen aus biopsychologischer, evolutionspsychologischer, entwicklungspsychologischer und kognitionspsychologischer Perspektive, die in eine lose Verbindung zu basistaktischen Kompetenzen gebracht werden können, welche wiederum in verschiedenen Sportspielen von wahrscheinlich grundlegender Bedeutung sind.

Tab. 1: Darstellung elementarer Kognitionen hinsichtlich verschiedener Teildisziplinen, die als kognitive Grundlage zur Bewältigung basistaktischer Aufgabenstellungen im Sportspiel dienen könnten (aus: Memmert, 2004a, S. 137).

Aufgaben-stellungen	Operationa-lisierung	Biopsychologie	Evolutions-psychologie	Entwicklungs-psychologie	Kognitions-wissenschaf-ten
Ziel ansteuern	Zeitpunkt und Ort ansteuern	Zielgerichtete Orientierungsleistungen		Objektsuche	Orientierung auf ein Ziel
Ball dem Ziel annähern	Distanzab-schätzung	Beurteilungen von Richtungen		Distanz-codierung	Entfernungs-differenzie-rung
Lücken ausnutzen	Räumliche Entschei-dung	Lokalisation von Objekten		Objektbezo-gene Wahrnehmung	Objektdifferen-zierung
Gegnerbe-hinderung umgehen	Ausweichen von Bällen	Reizbezogene Reaktionen	Reizbezogene Reaktionen	Konkrete Reaktionen	Reizbezogene Reaktionen
Zusammen-spiel	Adäquates Abspiel	Zeitlich-räumliche Struktur von Sinneswahrneh-mungen	Objekt-bezie-hung		Visuelle Orts-bestimmung
Vorteil her-ausspielen	Überzahl herausspie-len	Räumliche Vorstellungen	Raumbezo-gene Reaktionen	Ortsbezogene Reaktionen	Ortsbezogene Reaktionen
Anbieten & Orientieren	Raumorien-tierung	Kognitive Karten	Räumliche Orientierung	Raumkogni-tion	Raumkogni-tion

Neben solchen sportspielübergreifenden basalen Kognitionen, wie „Lücken ausnutzen" (vgl. Kap. 4), wurden in der Sportwissenschaft auch seit vielen Jahren komplexere Kognitionen diskutiert. In Anlehnung an die Paradigmen aus der Psychologie wurde ein Prozessmodell des Ablaufs menschlicher Entscheidungshandlungen entwickelt (Memmert, 2013, 2017a, b; Memmert & Roth, 2003; Roth & Hossner, 1999), das die Kognitionen Antizipation, Wahrnehmung, Aufmerksamkeit, Kreativität, Spielintelligenz und Gedächtnis beinhaltet (vgl. Abb. 1).

Dieses Modell ist vorrangig für Sportspiele entwickelt worden, da beim Schwimmen oder in der Leichtathletik Kreativität oder Aufmerksamkeit keine so zentrale Rolle spielen wie etwa im Handball. Denn: In den Sportspielen werden viele verschiedene Lösungsmöglichkeiten benötigt, um an das Ziel zu gelangen.

Konkreter für den Handball bedeutet dies: Weil Spieler eine Situation aufgrund ihrer Vorerfahrungen, die im Gedächtnis abgelegt sind, antizipieren, werden einzelne Umweltfaktoren unbewusst oder bewusst wahrgenommen, und es wird ihnen Aufmerksamkeit geschenkt.

Nach der bewussten bzw. extrem oft unbewussten geistigen Generierung einer bestimmten Zahl von Lösungsvarianten, die im Lösungsraum des Gedächtnisses präsent sind, wird schließlich eine Best-Lösung oder eine kreative Idee ausgewählt. Dies kann an folgender Sequenz aus dem EM-Spiel der Französinnen gegen die Sloweninnen (2018) veranschaulicht werden.

Praktisches Beispiel von Kognitionen im Weltklassehandball
(siehe https://www.youtube.com/watch?v=st1Bwu6Rb5g)

Nach einem abgewehrten Torwurf der Sloweninnen nimmt die französische Torhüterin eine freie Mitspielerin wahr und spielt diese an. Die Nummer 7 prellt mit hohem Tempo Richtung Mittellinie. Mit zwei schnellen Pässen wird das Mittelfeld überbrückt und Nummer 7 kann bei etwa 12 Metern spielintelligent im richtigen Moment zu Nummer 21 passen. Dieser Pass ist so getimt, dass ihn die Nummer 21 in voller Geschwindigkeit annehmen kann.

Spielerin Nummer 7 profitiert dabei von ihrem Arbeitsgedächtnis, in dem abgelegt ist, dass auf der linken Spur grundsätzlich eine weitere Spielerin mitläuft. Nummer 21 kann deshalb nahezu unbehindert werfen. Weitere kreative Lösungen, z. B. Sprungpass auf Rechtsaußen, wären bei einer leicht anderen Abwehr möglich.

Akzentuiert werden im Folgenden die kognitiven Faktoren Antizipation, Wahrnehmung, Aufmerksamkeit, Spielintelligenz, Kreativität sowie Gedächtnisprozesse, die für die erfolgreiche Lösung taktischer Situationen im Handball verantwortlich zeichnen (Abb. 1). Die Darstellung der einzelnen psychologischen Prozesse folgt dabei einem weitestgehend akzeptierten zeitlichen Ablauf, wobei im realen Kontext nicht notwendigerweise alle perzeptiv-kognitiven Phasen durchlaufen werden müssen.

Alle sechs Kognitionen werden auch in zahlreichen wissenschaftlichen Handballstudien in den letzten Jahren untersucht (Kiss & Balogh, 2019) und gelten insbesondere für die Praxis als relevant (siehe den Überblicksbeitrag von Wagner et al., 2014).

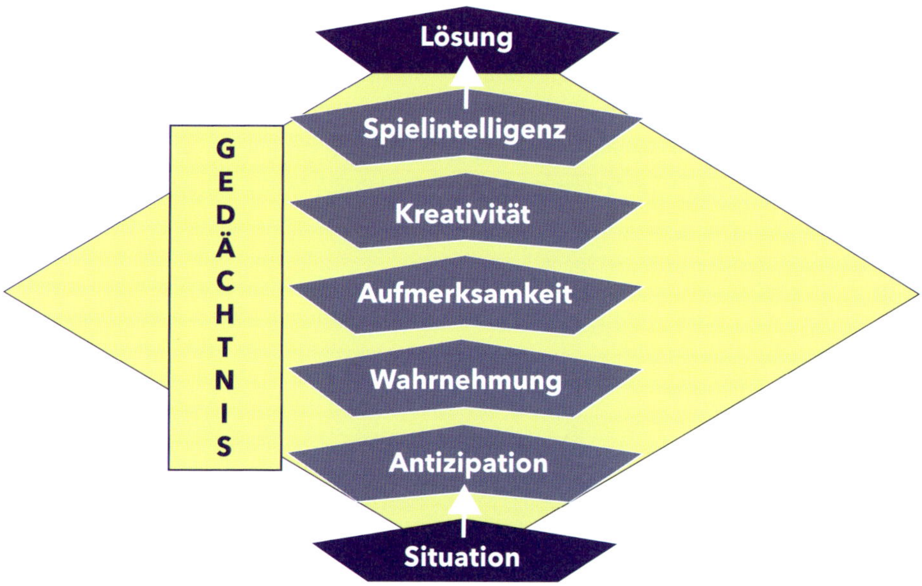

Abb. 1: Überblick über die zentralen kognitiven Leistungsfaktoren, die allen Handlungen im Handball zugrunde liegen (Memmert, 2013; 2017a, b). Nicht notwendigerweise müssen bei der Generierung handballspezifischer Situationslösungen alle perzeptiv-kognitiven Phasen durchlaufen werden.

3.1 Antizipation

In vielen Sportspielen spielt Antizipation eine herausragende Rolle (Hagemann & Loffing, 2013; Williams & Jackson, 2019), insbesondere im Handball (Loffing & Cañal-Bruland, 2017). In dieser Sportart wurden für die Kognition Antizipation im Vergleich zu allen anderen fünf Kognitionen die meisten Studien durchgeführt.

Beispielsweise ist im Handball die Zeit, um einen Siebenmeter zu halten, so gering, dass die Torhüter die Richtung des Balls vor dem Ballabwurf oder im Moment des Ballabwurfs vorhersehen müssen. Deshalb hat sich die Forschung in den Sportspielen differenziert mit den entsprechenden latenten oder offensichtlichen Hinweisreizen der Akteure (z. B. Schütze oder Torwart) beschäftigt, die für die Antizipation der Handlungsabsichten der gegnerischen Athleten herangezogen werden können (Mann, Schaefers & Cañal-Bruland, 2014; vgl. zusammenfassend Loffing, Cañal-Bruland & Hagemann, 2014).

Experimente haben bestätigt, dass Experten frühere und präzisere Vorhersagen z. B. der Wurfrichtung, basierend auf Hinweisen, die sie aus der Bewegung eines Gegenspielers entnehmen, treffen können (Loffing & Hagemann, 2014; gute allgemeine Übersichten finden sich bei Brenton & Müller, 2018; Farrow & Abernethy, 2007; Loffing, Cañal-Bruland & Hagemann, 2014, Williams & Ward, 2003).

Weitere Studien zeigen, dass verschiedene Teile des Körpers als antizipationsrelevante Regionen („Information-Rich Areas" – Magill, 1998) eingeordnet und zur Ableitung von Hinweisen für nachfolgende Aktionen genutzt werden können (Hassanein Alwan, 2014; für einen allgemeinen Überblick: Cauraugh & Janelle, 2002).

Die Arbeitsgruppe um Schorer hat in den letzten Jahren eine beeindruckende Anzahl von Studien im Handball vorgelegt. Dabei fällt auf, dass die meisten Wissenschaftler Siebenmetersituationen als Untersuchungssituation heranziehen und dabei die Perspektive des Torhüters wählen. Als für den Torwart antizipationsrelevante Regionen wurden in verschiedenen Studien beim Schützen vornehmlich der Schulterbereich und der Wurfarm identifiziert, seltener der Kopf, Oberkörper oder der Gegenarm (Abb. 2).

Anders als Novizen setzen erfahrene Torhüter insgesamt eher auf eine „globalere" Wahrnehmungsstrategie, bei der sie Hinweise aus verschiedenen distalen und proximalen Körperregionen integrieren (Loffing & Cañal-Bruland, 2017; Schorer, Panten, Neugebauer & Loffing, 2018).

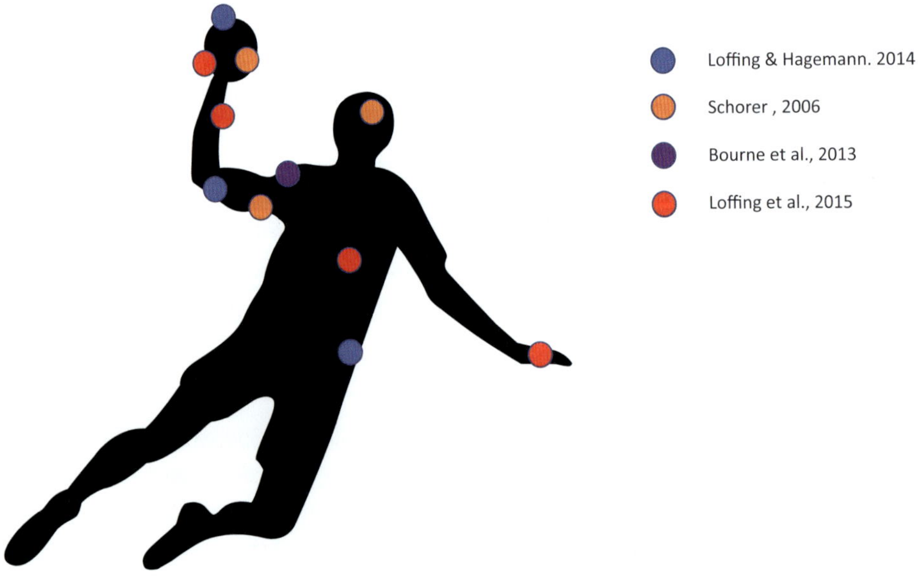

Abb. 2: Zusammenfassung von Studien zu den antizipationsrelevanten Regionen aus der Sicht des Handballtorhüters (Auswahl).

In der aktuellen Forschung werden zurzeit Kontextinformationen bzw. situative Informationen (unter anderem Feldposition, frühere Ereignisse) außerhalb von motorischen Bewegungen liegender Hinweisreize thematisiert, die für die Antizipation gegnerischer Handlungsabsichten genutzt werden können. Dazu zählen beispielsweise die Spielqualität von Mitspielern (Magnaguagno & Hossner, 2020) sowie gegnerische Handlungsvorlieben (Mann et al., 2014).

Zahlreiche Untersuchungen haben auch die Schulung von Antizipation im Sportspiel (für einen guten Überblick: Loffing, Hagemann & Farrow, 2017) und im Handball (Späte & Wilke, 1989; Duell, 1981; Brack & Bauer, 2019/2020) thematisiert. In der Regel werden sportspezifische, antizipationsrelevante Informationen über filmbasierte Simulationen oder, weitaus seltener, über Trainingseinheiten vor Ort mit einem Livemodell unterrichtet.

Die Ergebnisse speziell aus dem Handball (u. a. Alhosseini, Safavi & Namazi, 2015; Schorer, Panten, Neugebauer & Loffing, 2018) können verwendet werden, um Trainingsprogramme zu entwerfen sowie zu testen, ob sie zur Verbesserung der Antizipation von Sportlern, insbesondere von Anfängern, verwendet werden können (z. B. Abernethy, Schorer, Jackson & Hagemann, 2012; Alsharji & Wade, 2016; Bideau, Multon, Kulpa, Fradet, Arnaldi & Delamarche, 2004; Bourne, Bennett, Hayes, Smeeton & Williams, 2013; Cocić, Vaci, Prieger & Bilalić, 2020; Gredin, Bishop, Williams & Broadbent, 2020; Gutierrez-Davila, Rojas, Ortega, Campos & Parraga, 2011).

Eine besonders wichtige Frage ist, wie die Antizipation durch verschiedene Trainingsmethoden gefördert werden kann (vgl. Farrow & Abernethy, 2002; Williams, Ward & Chapman, 2003). Welche Instruktionsform ist die vielversprechendste, um das Erlernen von Antizipationen zu erleichtern?

Memmert et al. (2009) testeten verschiedene Trainingsbedingungen (Prinzip „vom Leichten zum Schweren", Kontext-Interferenz-Bedingungen und Feedbackeffekte) auf die Verbesserung der Antizipation. Es zeigt sich, dass ein variables, randomisiertes und mit wenig Feedback behaftetes Training von Vorteil ist.

Andere Studien haben explizites, implizites und kontrolliertes, exploratives Lernen evaluiert. Jackson und Farrow (2005) präsentieren einen Überblick über die verschiedenen Ansätze zur Ausbildung von Antizipation und diskutieren die möglichen Vorteile implizierter Lernmethoden.

Außerdem konnte nachgewiesen werden, dass eine sportartspezifische Antizipation entwickelt werden kann, ohne dass eine direkte Verbindung zwischen Wahrnehmung und Motorik (= sportartspezifische Bewegungstechnik) erforderlich ist (Williams, Ward, Smeeton & Allen, 2004). Dies ermöglicht ein Wahrnehmungstraining unter Laborbedingungen für verletzte Athleten, für Athleten, die sich auf der Reise zum Wettkampfort befinden oder für Athleten, die gerne zusätzliches eigenständiges Training zu Hause durchführen möchten.

Hagemann und Memmert (2006) konnten darüber hinaus zeigen, dass verbale Anweisungen und geeignete Instruktionen innerhalb eines „echten", feldbasierten Trainingsprogramms die Antizipationsleistung ebenso verbesserten wie ein videobasiertes Laborprogramm.

Beispiel: Wirksamkeit eines Antizipationstrainings im Feldtest

Exemplarisch soll anhand einer Trainingsstudie von Hagemann und Memmert (2006) verdeutlicht werden, dass auch ein feldbasiertes Antizipationstraining im Vergleich zu einem laborbasierten Antizipationstraining (anhand von Videoclips) zu einer Verbesserung der spezifischen Antizipationen führen kann. Die feldbasierte Trainingsintervention wurde auf Erkenntnissen zum Training der Antizipation im Badminton aufgebaut (vgl. Abernethy & Russell, 1987).

Alle Spieler erhielten Aufgabenstellungen, bei denen sie die Richtung eines gegnerischen Schlags vorhersagen sollten. Die Antizipationsleistung wurde vor und nach der Intervention und in einem späteren Transfertest mit einem etablierten badmintonspezifischen Antizipationstest erfasst (vgl. Abernethy & Russell, 1987).

Die Ergebnisse der feldbasierten Intervention zeigen, dass es möglich ist, die Antizipation von Überkopfschlägen im Badminton zu trainieren. Dieser Effekt ist unabhängig vom Trainer. Dies konnte dadurch bestätigt werden, dass alle Teilnehmer der verschiedenen Trainingsgruppen an zwei verschiedenen Universitäten (Heidelberg und Münster) ihre antizipatorischen Leistungen verbessert haben.

Die Gründe, warum die Antizipationsleistungen der feldbasierten Intervention etwas schwächer sind als die der laborbasierten Intervention, könnten darauf zurückzuführen sein, dass die meisten Spieler Anfänger waren, da die Übungen in der Regel mit einem Partner aus der gleichen Trainingsgruppe durchgeführt wurden. Die Analyse der Videoclips im Hinblick auf die Expertise der Probanden zeigt dies explizit an.

Die Teilnehmer der laborbasierten Intervention, der einzigen Gruppe, die Videomaterial mit Bundesligaspielern erhielt, zeigen in der Regel eine erfolgreiche Anpassung, indem sie die Schläge von Bundesligaspielern antizipieren, nicht aber die von Novizen oder Regionalligaspielern. Dies bestätigt die Bedeutung der Verwendung von Experten als Vorbilder im Trainingsprozess, insbesondere, wenn man bedenkt, dass es generell schwieriger ist, die Schlagrichtung von Bundesligaspielern vorherzusagen.

Die Verwendung von Instruktionen ermöglicht es somit Trainern, die Aufmerksamkeit der Athleten auf antizipationsrelevante Regionen zu lenken, die die wichtigsten Bewegungsmerkmale enthalten.

3.2 Wahrnehmung

Wahrnehmungsaspekte spielen im Sport eine dominante Rolle (Williams, Davids & Williams, 1999), insbesondere auch im Handball (Lidor, Argov & Daniel, 1998). Handballspiele zeichnen sich häufig durch komplexe Situationen aus, in denen in möglichst kurzer Zeit angemessene Reaktionen hervorgerufen werden müssen. Die (korrekte) Wahrnehmung und Nutzung von Informationen ist daher wichtig für eine erfolgreiche Handlungsplanung und -durchführung, weshalb herausragende Sportler sich gerade in diesem Faktor von durchschnittlichen Sportlern unterscheiden (Bourne, Bennett, Hayes & Williams, 2011).

- Uwe Gensheimer, der die Passfinte eines Gegenspielers sofort erkennt und den Ball ablaufen kann.
- Stine Bredal Oftedal, die das Verteidigungsverhalten der gegnerischen Mannschaft scannt und aufgrund dessen in den freien Raum spielen kann.

Beispielsweise muss ein Athlet in extrem kurzer Zeit die Spielsituation exakt erfassen, um „richtig" reagieren zu können. Interaktionen mit Mitspielern und Reaktionen auf Gegenspieler sind elementar im Sportspiel, denn ohne exakte Hinweise aus der Umgebung ist eine angemessene Handlungsplanung nur schwer möglich (König, 1991). Dafür relevant sind verschiedene Wahrnehmungsaspekte, wie z. B. die Anzahl der Mitspieler und Gegenspieler, freie Räume, Abstände etc.

„Wahrnehmung wird definiert als der durch die sensorische Verarbeitung von Reizen verschiedener Sinnesmodalitäten geprägte subjektive Eindruck unserer Umwelt oder unseres Körpers. Vereinfacht gesagt beschreibt Wahrnehmung den Prozess der Aufnahme, Selektion sowie Verarbeitung unterschiedlicher Reize und bildet die Grundlage menschlicher Erkenntnis, Erfahrung und Handlung (Marr, 1982). Individuell gemachte Erfahrungen basieren auf Informationen, welche eine Person über ihre Sinne aufnimmt, verarbeitet und in subkortikalen und kortikalen Erkennungsstrukturen der unterschiedlichen Wahrnehmungssysteme speichert (Bruce, Green & Georgeson, 1996).

Wahrnehmungsprozesse beinhalten demnach zunächst alle Aktivitäten, welche dem Erhalt von Informationen dienen. Die menschliche Wahrnehmung erfolgt über einen oder mehrere Sinne und hilft dabei, die Umwelt zu erfassen und einzuordnen. Dabei spielt vor allem die visuelle Wahrnehmung in vielen alltäglichen Situationen, vor allem aber im Sport eine sehr wichtige Rolle. Sie beschreibt die Aufnahme und Weiterleitung verschiedener Stimuli durch das Auge – kurz gesagt den Sehsinn.

Aus physiologischer Perspektive geht es bei der visuellen Wahrnehmung um die Aufnahme von Photonen mithilfe von Photorezeptoren im Auge und die Umwandlung dieser Reize in elektrische Signale, welche zuerst im okzipitalen Bereich des Gehirns, dann in vielen anderen Hirnregionen erfasst, weiterverarbeitet und interpretiert werden. Auf psychologischer Ebene stellt die visuelle Wahrnehmung die Erfassung von Farbe, Form/Gestalt, Bewegung etc. dar. Diese Komponenten stellen für den Menschen eine der wichtigsten, wenn nicht sogar die wichtigste Art der Wahrnehmung seiner Umwelt dar, da meist auf Grundlage der visuellen Wahrnehmung verschiedene Situationen interpretiert und Entscheidungen getroffen werden" (Memmert, Hüttermann & Kreitz, 2019).

In den nächsten vier Abschnitten werden verschiedene Befunde besprochen, die grob in die folgenden vier Bereiche eingeordnet werden können (vgl. Tab. 2):

Tab. 2: Einordnung der bisherigen Befunde zum Wahrnehmungstraining im Sport.

	Informationsgabe des Sportlers (Handlungsintention)			
Informationsverarbeitung des Gegners	Bewusst	Korrekt	Bewusst	Nicht korrekt (Täuschung)
	Unbewusst	Korrekt	Unbewusst	Nicht korrekt (Täuschung)

3.2.1 Bewusste Wahrnehmungsprozesse auf Basis korrekter Informationen

Bewusste Wahrnehmungsprozesse auf Basis korrekter Informationen wurden bislang am intensivsten untersucht. Die meisten Forschungsansätze bestimmen dabei die Wahrnehmungsstrategien von Sportspielern anhand von Blickbewegungsanalysen (für einen Überblick Hüttermann, Noël & Memmert, 2018; Kredel, Vater, Klostermann & Hossner, 2017).

Zusammenfassend zeigt sich, dass erfahrene Sportspieler gelernt haben, ihre Wahrnehmungsleistung durch gezielte Strategien zu verbessern (Williams et al., 2010). In einem Überblicksartikel von Mann, Williams, Ward und Janelle (2007) wurden Unterschiede in den Wahrnehmungsstrategien zwischen Experten und Novizen diskutiert. Die Experten benutzten weniger, aber dafür längere Blickfixationen, die zumeist auf Mit- und Gegenspieler gerichtet sind (vgl. Abb. 3). Nicht überraschend erkannten Experten Spielszenen genauer wieder als weniger erfahrene Sportler (North et al., 2011).

Es gibt mittlerweile sechs Studien im Handball, die mithilfe von Blickbewegungsregistrierung Erkenntnisse gewonnen haben (im Überblick Loffing, 2017; kritisch diskutiert bei Schorer et al., 2018). Dabei zeigt sich, dass exzellente Handballspieler bereits auf die Absicht von Mit- und Gegenspielern schließen können, bevor eine entsprechende Handlung ausgeführt wurde. Sie wissen demnach, an welchen relevanten Körperregionen des Gegenspielers und Orten auf dem Spielfeld sowie zu welchem Zeitpunkt Wahrnehmungsinformationen in ihrer Umgebung besonders wichtig sind („Information-Rich Aareas"; vgl. die Abbildung in Kap. 3.1), und verweilen mit ihrem Blick (eine Sakkade) länger an diesen Orten (vgl. Abb. 3).

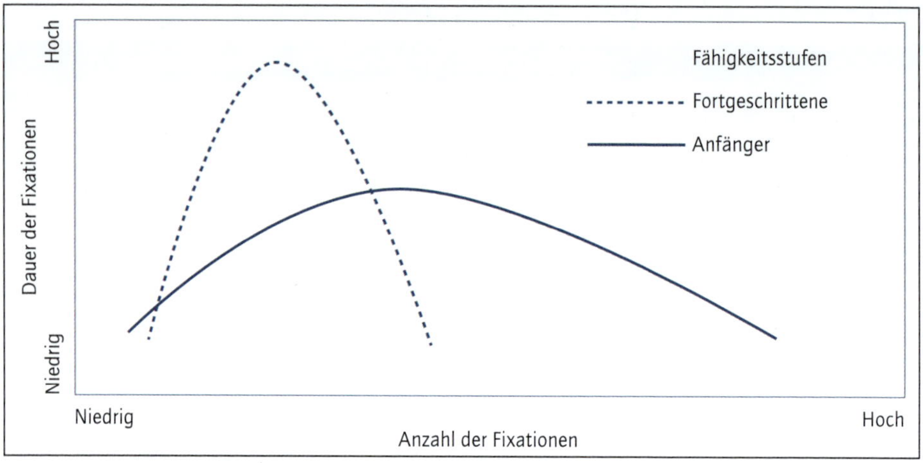

Abb. 3: Generalisierter Zusammenhang zwischen Anzahl der Fixationen und Dauer der Fixationen (nachgezeichnet aus Tenenbaum, 2003, S. 197).

Die Fixation ist dabei im Zentrum des kritischen Ereignisses (z. B. Endphase der Schlagbewegung von einem Handball-Siebenmeterwurf) erfolgt, sodass durch foveale und parafoveale Verarbeitungsprozesse alle relevanten Informationen verarbeitet werden können (vgl. Schorer et al., 2018).

Trainer können Sportspielern durch Hinweise helfen, die richtigen Informationsquellen auszuwählen und zu fokussieren. Diese für Entscheidung und Reaktion relevanten Orte („Information-Rich Areas") können abhängig von den eigenen Vorkenntnissen (z. B. dem Wissen über den gegnerischen Spieler) sein (Jackson, Warren & Abernethy, 2006) und die Wahrnehmungsleistung durch mehr Effizienz erhöhen.

Trainer können durch ihre Ansprachen *ungewollt* die Aufmerksamkeit auch auf für die Ausführung der Handlung nicht wichtige, eher irrelevante Aspekte lenken. Beispielsweise bewirkt der Satz: „Achte nicht auf den Torhüter" bei den meisten Spielern genau das Gegenteil: Die Folge ist eine längere Fokussierung auf den Torhüter und mehr Schüsse, die in seine Richtung gezielt werden (Bakker, Oudejans, Binsch & van der Kamp, 2006).

3.2.2 Bewusste Wahrnehmungsprozesse auf Basis nicht korrekter Informationen (Täuschungen)

Eine Form der bewusst eingesetzten, aber „nicht korrekten" Wahrnehmungsinformationen wird durch Täuschungshandlungen transportiert (für einen Überblick Güldenpenning, Kunde & Weigelt, 2017): Beispielsweise versucht ein Angreifer, den Abwehrspieler während eines Dribblings durch eine Finte zu täuschen.

In vielen Studien konnte demonstriert werden, dass Täuschungen sinnvoll und effektiv sind. Nicht überraschend können Experten im Sportspiel eine Finte nicht nur zu einem *früheren* Zeitpunkt erkennen als Novizen (vgl. Sebanz & Shiffrar, 2009), sondern Experten können Schüsse mit Täuschungen eher prognostizieren als Novizen (Bishop et al., 2013; Smeeton & Williams, 2012).

Im Speziellen reagieren Handballspieler zudem schneller auf Täuschungen, die mit der „normalen" Richtung des Täuschungsmanövers übereinstimmen, als wenn dies nicht der Fall ist (Güldenpenning, Machlitt & Schack, 2011). Allerdings sollte auch erwähnt werden, dass es im Handball mehr Studien aus der Perspektive des Torwarts als aus der Perspektive der Feldspieler gibt (Güldenpenning et al., 2017).

Eine Ausnahme bildet die Studie von Cañal-Bruland, van der Kamp und van Kesteren (2010), die zeigen konnten, dass erfahrene Handballspieler und -torhüter Novizen bei der Erkennung von Täuschungen überlegen sind, aber keine Unterschiede zwischen Feldspielern und Torhütern zu beobachten waren. Die Autoren interpretierten dies so, dass weder der Grad der motorischen Expertise noch der Grad der Wahrnehmungserfahrung an sich für die Erklärung der erfolgreichen Identifikation von Täuschungen verantwortlich zu sein scheint.

3.2.3 Unbewusste Wahrnehmungsprozesse auf Basis korrekter Informationen

Umweltreize können nicht nur bewusst, sondern auch unbewusst wahrgenommen werden. Heute weiß man aus der allgemeinen Psychologie und der Motorikforschung, dass sich Wahrnehmung und Handlung gegenseitig beeinflussen (Prinz, 1997). In einer Reihe von Experimenten konnte dies im Rahmen einer Strafstoßsituation demonstriert werden (Masters, van der Kamp & Jackson 2007; Weigelt & Memmert, 2012; Noël et al., 2015). Hier zeigte sich, dass auch unbewusst wahrgenommene Informationen motorische Handlungen massiv beeinflussen können (siehe Box).

Die unbewusste Wahrnehmung beeinflusst das bewusste Verhalten

In mittlerweile zahlreichen Studien von den Arbeitsgruppen aus Amsterdam, Paderborn und Köln wurde zum Beleg dieser Aussage die Position des Torhüters auf der Torlinie beim Elfmeter als Untersuchungsparadigma herangezogen (Weigelt & Memmert, 2012; Noël, van der Kamp & Memmert, 2015; Noël, van der Kamp, Weigelt & Memmert, 2015; Noël, van der Kamp, Masters & Memmert, 2016; Weigelt, Memmert & Schack, 2012).

Dazu wurde der Torhüter systematisch auf der Torlinie etwas mehr nach links oder rechts von der Tormitte verschoben.

Tatsächlich ist die Wahrscheinlichkeit hoch, dass der Schütze nach rechts schießt, wenn ein Torhüter aus Schützensicht links von der Tormitte platziert ist. Dieser Effekt besteht auch, wenn die Torwartposition nur ganz gering von der Mitte abweicht und die Schützen diese Verschiebung nicht bewusst wahrnehmen (Noël, van der Kamp, Weigelt & Memmert, 2015). Sowohl erfahrene als auch unerfahrene Handballer werden gleichermaßen von der nicht merkbaren Positionsveränderung beeinflusst (Weigelt, Memmert & Schack, 2012).

Mit dem Wissen um diesen Zusammenhang könnten Torhüter ihre Position beim Elfmeter bewusster auswählen. Durch die eigene Platzierung des Torwarts auf seiner „schwachen Torseite" – minimal von der Tormitte entfernt – erhöht sich die Wahrscheinlichkeit, dass die Schützen auf die gegenüberliegende Ecke zielen. Dies wiederum führt dazu, dass der Torhüter eine höhere Chance hat, den Schuss auf seiner dann „starken Torseite" zu halten.

3.2.4 Unbewusste Wahrnehmungsprozesse auf Basis nicht korrekter Informationen (Täuschungen)

Überraschenderweise gibt es kaum Forschungsbemühungen, die unbewusste Wahrnehmungsprozesse auf Basis nicht korrekter Informationen (Täuschungen) thematisieren. Güldenpenning und Kollegen haben in ersten Experimenten argumentiert, dass Täuschungshinweise, also nicht korrekte Informationen, auch unbewusst verarbeitet werden könnten (Güldenpenning, Steinke, Koester & Schack, 2013; Güldenpenning, Braun, Machlitt & Schack, 2015).

Dabei scheinen geübte Handballspieler bei der Verarbeitung unbewusster Reize unterschiedliche kognitive Prozesse im Vergleich zu Novizen zu verwenden (Güldenpenning, Machlitt & Schack, 2011). Damit ist es möglich, dass Athleten durch *Priming* (= unbewusst wahrgenommene Informationen) implizit körperbezogene Hinweise verarbeiten können, die ggf. wiederum motorische Aktionen ermöglichen, ohne explizit bewertet zu werden.

Einzelne Studien aus der Kölner und Paderborner Arbeitsgruppe könnte man ebenfalls als Beispiel für unbewusste Wahrnehmungsprozesse auf der Basis nicht korrekter Informationen deuten, wenn die Torhüterverschiebung vom Torwart bewusst (quasi als Täuschung) gemacht wird, aber vom Schützen nicht bewusst wahrgenommen wird (Noël et al., 2015).

3.3 Aufmerksamkeit

Das menschliche Gehirn wurde im Zuge der Evolution dazu optimiert, durch gezielte Aufmerksamkeitsfokussierungen aus der Unmenge an auf uns einströmenden Informationen diejenigen Informationen bewusst zu selektieren und zu verarbeiten, die für zielgesteuertes Handeln im Alltag und auch im Sport relevant sind (Mack & Rock, 1998).

Obwohl Aufmerksamkeit und Wahrnehmung eng miteinander verknüpft sind, stellen sie kein identisches Konzept dar. Beispielsweise unterscheidet sich die räumliche Auflösung der Aufmerksamkeit von der der visuellen Wahrnehmung (Intriligator & Cavanagh, 2001). Die *visuelle Wahrnehmung* liefert den Input für viele andere kognitive Prozesse, sodass Unterschiede in der visuellen Wahrnehmung weitreichende Folgen haben können.

Kognition und Leistung beinhalten jedoch weit mehr als das sensorische System, und erfahrene Experten können sich von Novizen in vielerlei Hinsicht unterscheiden, selbst wenn Novizen über eine ebenso gute visuelle Wahrnehmung verfügten.

Aufmerksamkeit gilt als ein entscheidender Faktor im Hinblick auf sportliche Leistungen (Abernethy et al., 2007; Memmert, 2009, 2015b; Moran, 1996; Wulf, 2007). So benötigen Handballer adäquate Aufmerksamkeitskompetenzen bei der simultanen Ausführung verschiedener Tätigkeiten, um in komplexen Situationen erfolgreich agieren zu können (vgl. Florkiewicz, Fogtman, Kszak-Krzyżanowska & Zwierko, 2014; Mohammed & Abdullah, 2018).

Beispielsweise muss man im Handball den Ball führen und vor dem Gegner abschirmen, während man das Spiel gleichzeitig nach freien Mitspielern „durchsucht“. Schiedsrichter müssen alle relevanten Informationen gleichzeitig und exakt in den Blick nehmen, die es ihnen ermöglichen, über Foul oder Nichtfoul oder über Schrittfehler oder keinen Schrittfehler zu entscheiden.

Da Sportspieler in den spezifischen Situationen ihrer Sportarten kontinuierlich mit einer Vielzahl von visuellen und auditiven Reizen überflutet werden, die sie aufgrund begrenzter Verarbeitungskapazität nicht vollständig verarbeiten können, stellt sich die Frage, wie die Aufmerksamkeit effizient zu lenken ist, um optimale Entscheidungen treffen zu können. Sportler sollten in der Lage sein, ihre Aufmerksamkeitsausrichtung derart zu steuern, dass sie relevante von weniger relevanten Informationen selektieren können.

Aufgrund der enormen Bedeutung der Aufmerksamkeit wurden psychologische Testverfahren zur Messung entwickelt (vgl. Kap. 4) und in der Psychologie unterschiedliche Modelle zur optimalen Aufmerksamkeitsausrichtung aufgestellt.

Der Aufmerksamkeitsmechanismus wird gerne mit der „Spotlichtmetapher“ erklärt: Die Aufmerksamkeit ist eine Art Scheinwerfer, dessen Kegel Licht auf einen bestimmten Bereich wirft (Posner, 1980). Die Größe des Lichtkegels ist dabei variabel (Eriksen & St. James, 1986) und Dinge im Zentrum dieses Kegels können besser verarbeitet werden als Informationen in der Peripherie (LaBerge, 1983).

Da wir als Menschen eine endliche Aufmerksamkeitskapazität haben (Broadbent, 1958; Cowan, 1995), müssen wir Informationen aus unserer Umwelt ausblenden oder abschwächen, um effektiv mit den verhaltensrelevanten Ereignissen arbeiten zu können. Aus diesem Grund wird Aufmerksamkeitstheorien, -paradigmen und -mechanismen schon lange eine große Bedeutung zugewiesen und seit fast 100 Jahren werden sie in der Kognitionswissenschaft intensiv untersucht (Styles, 2008).

Neurowissenschaftliche und kognitionspsychologische Erkenntnisse in der Aufmerksamkeitsforschung (z. B. Coull, 1998; Mirsky, Anthony, Duncan, Ahearn & Kellam, 1991; Van Zomeren & Brouwer, 1994) legen eine Aufteilung der Aufmerksamkeit in vier Subprozesse nahe: die *Aufmerksamkeitsorientierung*, die *selektive Aufmerksamkeit*, die *geteilte Aufmerksamkeit* und die *Konzentration*.

Definitionen der vier Subprozesse der Aufmerksamkeit (Memmert & Furley, 2012)

- *Aufmerksamkeitsorientierung*: „Einloggen" und „Ausloggen" der Aufmerksamkeit auf einen Stimulus.
- *Selektive Aufmerksamkeit*: Auswahl zwischen konkurrierenden Stimuli zu einem bestimmten Zeitpunkt.
- *Geteilte Aufmerksamkeit*: Simultanes Aufteilen der Aufmerksamkeit auf unterschiedliche Stimuli („Multitasking").
- *Konzentration*: Aufrechterhalten der Aufmerksamkeit auf einen spezifischen Stimulus über eine gewisse Zeitspanne.

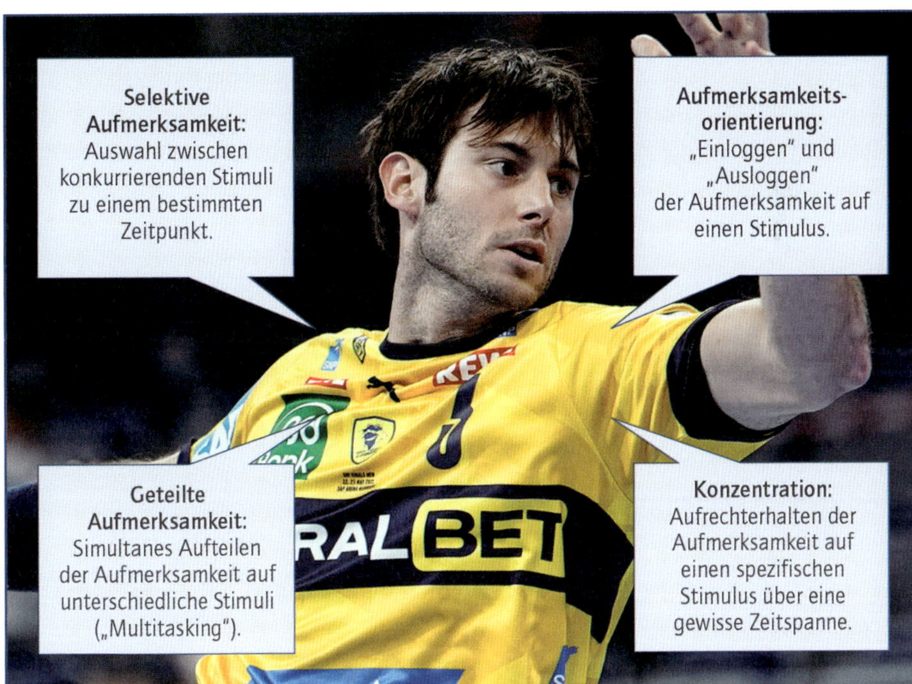

Abb. 4: Darstellung von vier Subprozessen der Aufmerksamkeit anhand von Praxisbeispielen (Aufmerksamkeitsorientierung, selektive Aufmerksamkeit, geteilte Aufmerksamkeit und Konzentration) am Beispiel handballspezifischer Anforderungen (Furley & Memmert, 2009).

Zwei der vier Subprozesse der Aufmerksamkeit werden im Folgenden näher beschrieben, um die in der Welt des Sports relevanten Aufmerksamkeitsleistungen (vgl. Abb. 4) besser verstehbar und trainierbar zu machen. Der Fokus wird dabei auf die selektive und die geteilte Aufmerksamkeit gelegt, da diesen in vielen Sportspielen eine zentrale Bedeutung zukommt. Die Subprozesse der Aufmerksamkeitsorientierung und Konzentration können detailliert an anderer Stelle nachgelesen werden (Memmert, 2009; 2015b).

3.3.1 Selektive Aufmerksamkeit (Selective Attention)

Der Subprozess der *selektiven Aufmerksamkeit* ermöglicht eine gezielte räumliche oder objektgebundene Fokussierung zu bestimmten Zeitpunkten oder innerhalb bestimmter Zeitfenster. Während der Fokus gezielt auf bestimmte Ereignisse fällt, werden andere inhibiert, also ausgeklammert (vgl. Coull, 1998; Posner & Boies, 1971).

> Selektive Aufmerksamkeit ist eng mit der Aufmerksamkeitsorientierung verknüpft, denn beide Subprozesse sind in die Aufmerksamkeitsausrichtung bzw. -lenkung involviert. Posner und Peterson (1990) konnten allerdings nachweisen, dass diese beiden Aufmerksamkeitsleistungen unterschiedliche Gehirnareale aktivieren, also verschiedene neurophysiologische Grundlagen haben.
>
> Die selektive Aufmerksamkeit wählt aus verschiedenen Stimuli aus, während die Orientierung daraufhin die Aufmerksamkeit auf diesen Stimulus „einloggt".

Die selektive Aufmerksamkeit ist die in der Sportwissenschaft bislang am meisten beachtete und thematisierte Komponente. Dies kommt nicht nur dadurch zustande, dass diesem Aufmerksamkeitsprozess die wohl größte Bedeutung in sportspezifischen Situationen zukommt, sondern auch dadurch, dass es verschiedene Möglichkeiten gibt, selektive Aufmerksamkeit methodisch zu untersuchen und zu trainieren (Szczypińska, 2019).

So konnte beispielsweise nachgewiesen werden, dass der selektive Aufmerksamkeitsfokus durch einfache Instruktionen manipuliert werden kann: Eine kleine Anweisung des Trainers kann den Aufmerksamkeitsfokus derart einengen und führen, dass wichtige Gegebenheiten einer Situation (z. B. ein ungedeckter Mitspieler) nicht bewusst wahrgenommen und dadurch nicht mit in die Entscheidungsfindung einbezogen werden können (Memmert & Furley, 2007). Kreative Lösungsfindungen sind dadurch stark beschränkt.

In einer sechsmonatigen Längsschnittstudie konnten diese Befunde in realen Trainingsszenarien repliziert werden; Kinder erzielten keinen Lernzuwachs in der kreativen Lösung taktischer Aufgaben, wenn ihr Aufmerksamkeitsfokus permanent durch konkrete Anweisungen und Hinweise eingeengt wurde (Memmert, 2007).

3.3.2 Geteilte Aufmerksamkeit (Divided Attention)

So wie es in manchen Situationen wichtig und notwendig ist, die Aufmerksamkeit gezielt und selektiv auf ein Objekt oder einen Ort zu fokussieren (siehe Kap. 3.3.1), erfordern andere Situationen die parallele Verarbeitung mehrerer Informationen an verschiedenen Orten. Der Subprozess der *geteilten Aufmerksamkeit* befähigt Athleten dazu, sich auf zwei oder mehrere Informationsquellen gleichzeitig zu konzentrieren (vgl. Coull, 1998).

Diese Kompetenz, die auch eine hinreichende Breite des Aufmerksamkeitsfokus voraussetzt, ist nicht nur im Sport, sondern auch in verschiedenen Alltagssituationen, wie zum Beispiel im Straßenverkehr, eine wichtige Voraussetzung.

Hüttermann, Memmert, Simons und Bock (2013) entwickelten ein neues Paradigma, mit welchem sich das sogenannte *visuelle Aufmerksamkeitsfenster* einer Person genau bestimmen lässt. Dieses repräsentiert das mit einem Blick maximal bewusst wahrnehmbare Aufmerksamkeitsfeld in der Horizontalen, Vertikalen und Diagonalen. Das Aufmerksamkeitsfeld ist dabei unterscheidbar von der reinen peripheren Sehleistung.

Im Mittel zeigt sich ein maximales Aufmerksamkeitsfenster mit einer horizontalen Ausrichtung von 32.88° ± 8.36°, einer Vertikalen von 26.40° ± 5.36° und einer Diagonalen von 27.76° ± 5.56° auf. Sportspieler haben gegenüber Nichtsportspielern größere Aufmerksamkeitsfenster, zumindest im Hinblick auf die horizontale und diagonale Ausrichtung (vgl. Abb. 5).

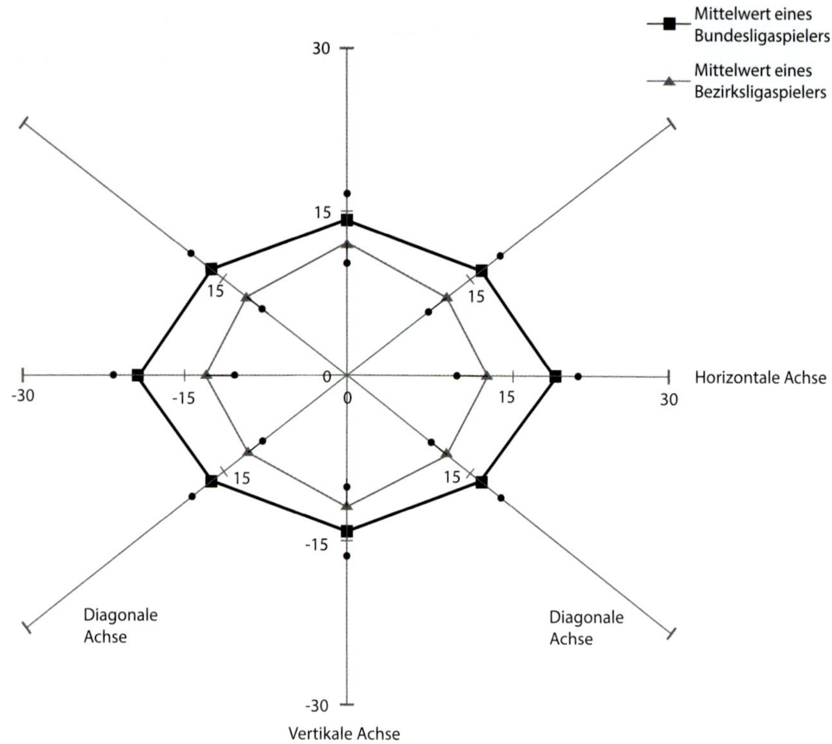

Abb. 5: Größe des maximalen Aufmerksamkeitsfensters [in °] für zwei verschiedene Athleten aus dem Handball, innerhalb dessen gleichzeitig zwei Reize peripher wahrgenommen werden können. Da jedes Stimuluspaar symmetrisch über die Mitte präsentiert wurde, werden die Daten ebenfalls symmetrisch für die einzelnen Achsen (horizontal, diagonal, vertikal) dargestellt. Das äußere Aufmerksamkeitsfenster präsentiert die gemittelten Werte eines Bundesligaspielers, das innere Fenster die gemittelten Werte eines Bezirksligaspielers; die Fehlerbalken geben die jeweiligen Standardabweichungen an.

Hüttermann, Memmert, Simons und Bock (2013) konnten mit dem *Attention-Window-Paradigma* auch die Frage klären, ob eine Fixierung zwischen zwei Reizen Erfolg versprechender ist als die Fixierung eines Reizes mit peripherer Wahrnehmung des anderen Reizes. Der Vergleich beider Ausrichtungsstrategien der visuellen Aufmerksamkeit zeigte, dass mit der mittigen Fixation insgesamt eine durchschnittlich höhere Erfolgsrate (90,42 % ± 4,88 %), bezogen auf die Identifizierung der simultan präsentierten Reize, erzielt wird im Vergleich zur Kombination der fixierten/peripheren Ausrichtung (80,24 % ± 10,28 %).

Dieses Ergebnis scheint sowohl für Spielsportler als auch für Nichtspielsportler Gültigkeit zu besitzen. Allerdings sind Experten in Mannschaftssportspielen Novizen bei beiden Strategien klar überlegen.

Das Phänomen „Blindheit durch Unaufmerksamkeit" (*Inattentional Blindness*) verfolgt die Grundidee, dass Sportler in dem Moment, in dem sie ihre Aufmerksamkeit auf eine bestimmte Sache lenken, unerwartete Objekte oft nicht bewusst wahrnehmen, obwohl diese sich direkt und klar sichtbar vor ihren Augen befinden (Mack & Rock, 1998; Most, Scholl, Clifford & Simons, 2005).

Was ist „Blindheit durch Unaufmerksamkeit" (Inattentional Blindness)?

Es kommt vor, dass ein Spieler einen völlig freistehenden Mitspieler nicht sieht und nicht anspielt, obwohl dieser sich offensichtlich im Blickfeld befand. Vorwürfe von Trainern und Teamkameraden kommen da schnell, aber der betreffende Spieler beteuert hartnäckig, seinen Mitspieler nicht gesehen zu haben.

Damit kann er durchaus recht haben, denn nur, wenn Aufmerksamkeit auf einen bestimmten Bereich bzw. ein bestimmtes Objekt gerichtet ist, wird diese Information auch bewusst aufgenommen und verarbeitet. Bewusste Wahrnehmung scheint somit Aufmerksamkeitsprozesse zu benötigen.

Wenn Aufmerksamkeit auf ein anderes Objekt gerichtet ist, dann wird ein unerwartetes Objekt oft nicht wahrgenommen, obwohl es sich im visuellen Blickfeld der Sportler befindet.

Sogar hochklassige Jugend-Handballspieler können sich diesem Phänomen nicht entziehen (Memmert & Furley, 2007). Wurde ihre Aufmerksamkeit gezielt auf den direkten Gegenspieler gelenkt, sahen sie einen freien Mitspieler nicht mehr. Spezifische, spielnahe Szenarien mit anspruchsvollen Entscheidungsaufgaben und komplexen, aufmerksamkeitsbindenden Erstaufgaben konnten diese Befunde bestätigen (vgl. Abb. 6, rechts).

Basketballexperten sind in vergleichbaren Situationen ebenso nicht in der Lage, offensichtlich freistehende Mitspieler wahrzunehmen, deren Anspielen jeweils die Optimallösung der Spielsituation dargestellt hätte (Furley, Memmert & Heller, 2010). Diese Ergebnismuster konnten auch in realistischeren Kontexten mit motorischen Antwortaktionen sowie mit einer feldnäheren Erstaufgabe (Dreifachwahlaufgabe) repliziert werden (vgl. Abb. 6, links).

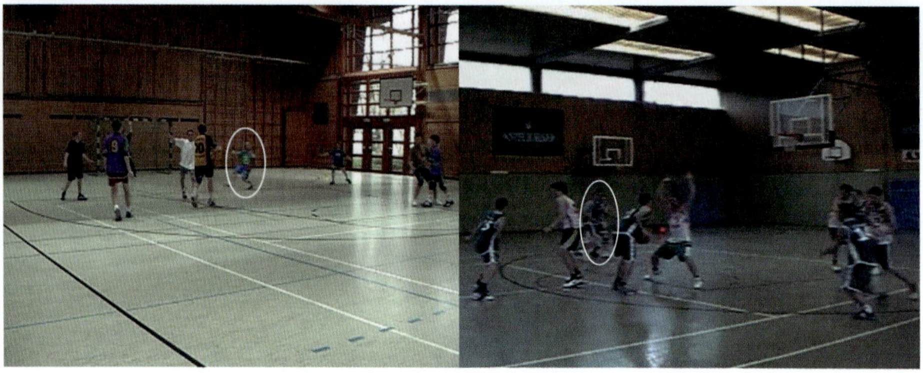

Abb. 6: Darstellung zweier sportartspezifischer Inattentional Blindness-Test-Szenarien unterschiedlicher Komplexitätsstufen (links: geringe Komplexität, Handball; 3:3, Memmert & Furley, 2007; rechts: mittlere Komplexität, Basketball, 5:5, Furley, Memmert & Heller, 2010). Eingekreist ist jeweils der freistehende Mitspieler, der – laut Expertenmeinung – auch die beste Anspiellösung in dieser Situation darstellt.

3.4 Spielintelligenz

Bedeutsam für das Generieren von Entscheidungsmöglichkeiten und für das Suchen optimaler Lösungsideen ist, dass ein es Spieler vermag, alle wichtigen Informationen aus seiner Umwelt (Mit- und Gegenspielerpositionen, unerwartet auftauchende Spieler etc.) wahrzunehmen, um sie in seinem Handlungsplan zu berücksichtigen.

Im Handball haben insbesondere die Rückraumspieler die Aufgabe, durch schlaues, einstudiertes, taktisches Verhalten das Aufbauspiel einer Mannschaft zu strukturieren. In diesem Zusammenhang spricht man in der Sportwissenschaft gerne von Entscheidungsfähigkeit (im Englischen *Decision-Making*) oder auch, angelehnt an die Psychologie, von *konvergentem Denken* oder *(Spiel-)Intelligenz.*

Definition

Taktische Spielintelligenz (konvergentes taktisches Denken)

In Mannschafts- und Rückschlagsportarten versteht man unter *taktischer Spielintelligenz* die Produktion von einer Bestlösung zu Problemen in spezifischen individual-, gruppen- oder mannschaftstaktischen Spielsituationen.

Die Sportspielforschung arbeitet vor allem mit zwei Definitionen kognitiver Denkprozesse, die eine Forschungsgruppe um Joy Paul Guilford aufgestellt hat: *konvergentes* und *divergentes Denken* (Roth, 2005). In *konvergenten Denkprozessen* werden sogenannte *Ideallösungen* für ein Problem gesucht und angesteuert. *Divergente Denkprozesse* hingegen generieren eine Vielzahl von Lösungen für diese Problemstellung, und zwar auch Lösungen, die neu, unerwartet oder überraschend sind.

Die Forschung zur taktischen Spielintelligenz ist eng mit der kognitiven Entscheidungsforschung verknüpft (Roth, 2005). Oftmals spricht man im Sport auch einfach nur von „der Taktik".

An dieser Stelle ist es nicht möglich, einen umfassenden Überblick über die Taktikforschung im Sport zu geben. Dazu muss auf andere Werke im Sportspiel (Memmert, 2004a, b; Raab, 2001; Roth, 1989) oder Handball (vgl. Fruchart, Pâques & Mullet, 2010; König, 1991; König, Greve & Kromer, 2018; Le Menn, Bossard, Travassos, Duarte & Kermarrec, 2019; Raab, Zastrow & Lempertz, 2007; Strykalenko, Shalar, Huzar, Voloshinov, Yuskiv, Silvestrova & Holenko, 2020; Wagner et al., 2014; Weigel, 2018) verwiesen werden. Einen aktuellen, zusammenfassenden Überblick zu Theorien und Modellen im Sportspiel findet man in König und Memmert (2019).

An dieser Stelle wird der Blick auf individualtaktische, kognitive Lösungen gerichtet. Damit wird auch das Konstrukt der (taktischen) Spielfähigkeit berührt (vgl. dazu ausführlicher Roth, 2005; s. Tab. 3). „Unbestritten ist das Konstrukt Spielfähigkeit zu einer zentralen Leitidee der Spielvermittlung geworden" (König, 1997, S. 476). Damit kann die allgemeine Sportspielfähigkeit mit dem *g-Faktor* (vgl. ausführlicher Amelang & Barttussek, 2001, S. 224) in der allgemeinen Intelligenzforschung verglichen werden.

Wie Tab. 3 zeigt, gibt es für das Konstrukt der Spielfähigkeit doch zahlreiche, teilweise sogar recht unterschiedliche Begrifflichkeiten und Systematiken sowie auch widersprüchliche Definitionen (zur ausführlichen Diskussion vgl. König, 1997, S. 476; vgl. auch König & Memmert, 2012).

Tab. 3: Definitionen des Konstrukts der Spielfähigkeit im Sportspiel (aus Memmert, 2004a, S. 241).

Kennzeichnung	Definition	Operationalisierung	Autor
Spielintelligenz/ taktische Flexibilität	Die Fähigkeit, in veränderten, unvorhergesehenen Situationen richtige Entscheidungen schnell zu treffen, spieltaktisch zweckmäßige Lösungen zu finden.	–	Döbler (1964)
Sportliche Spieltätigkeit	Vielseitige und komplexe Erscheinung, deren Qualität von zahlreichen Leistungsfaktoren bestimmt wird. Aus psychologischer Sicht ist sie als Einheit motivationaler, volitiver, emotionaler und kognitiver Prozesse anzusehen, die ihren Ausdruck in der sportspielspezifischen Motorik findet. Charakteristisch für sie ist das mehrfache Bezugssystem – Mitspieler, Gegner, Ball, Zielraum –, in dem sich der Spieler befindet und mit dem er sich ständig aktiv auseinandersetzen muss.	–	Konzag & Konzag (1980)
Allgemeine und spezielle Spielfähigkeit	Die Fähigkeit, ein Spiel in Gang zu setzen, es in seinem Verlauf zu sichern und bei Störungen wiederherzustellen. Das Vorhandensein von Kenntnissen über Spielidee und Spielregeln, über die notwendigen Fertigkeiten im Umgang mit dem Spielgerät und über die taktische Erfahrung in wichtigen Spielsituationen.	–	Dietrich (1984)
Spieltätigkeit	Zielgerichtete, bewusste, taktische Handlungen. Die taktischen Kenntnisse sind Grundlage für die Wahrnehmung und Analyse der Spielsituation und für die Spielleistung.	–	Herzog (1986)
Spielfähigkeit	Die komplexe Fähigkeit, die verschiedenen und ständig wechselnden Spielsituationen auch bei gegnerischer Einwirkung lösen zu können.	–	Stiehler, Konzag & Döbler (1988)
Spielfähigkeit	Komplexe, sportspielbezogene, spezifische Leistungsvoraussetzungen und eine Form der individuellen Handlungsfähigkeit entsprechend den variablen Wettspielbedingungen.	–	Schnabel (2008)
Taktisches Handeln	Die angemessene und wirksame Bewältigung komplexer Spielsituationen.	X	Wegner & Katzenberger (1994)

Spielfähigkeit	Die Fähigkeit, aktiv und erfolgreich an einem Sportspiel als Mit- und Gegenspieler teilzunehmen, indem man spieltypische Situationen und Spielvorgänge im Rahmen der Regeln technisch und spieltaktisch, individuell oder in Kooperation mit anderen bewältigt, sie emotional erlebt und mitgestaltet.	–	König (1997)

Basistaktiken spielen bei der Entwicklung einer allgemeinen Spielfähigkeit oder Spielintelligenz eine herausragende Rolle (vgl. Memmert & König, 2012). Sie können als taktische Grundkenntnisse gekennzeichnet werden, die in vielen Sportspielen zentral ist (vgl. Tab. 4).

Mittlerweile sind sie fester Bestandteil zahlreicher Lehrpläne und Trainingskonzeptionen in verschiedenen Alters- und Leistungsklassen (allgemeine Ballschule: Kröger & Roth, 1999; Roth & Kröger, 2011; Ballschule Rückschlagspiele: Roth, Kröger & Memmert, 2002; Ballschule Wurfspiele: Roth, Memmert & Schubert, 2006; Ballschule in der Primarstufe: Roth, Damm, Pieper & Roth, 2014; Fußball: Memmert, Thumfart & Uhing, 2014) und natürlich auch im Handball (Hohmann & Pietzonka, 2017; Knobloch, Pieper & Uhrmeister, 2020).

Tab. 4: Basistaktiken im Handball.

- ZIEL ANSTEUERN: Taktische Aufgabenstellungen, bei denen es darauf ankommt, Zeitpunkt und Ort einer Abschlusshandlung auszuwählen.
- BALL DEM ZIEL ANNÄHERN: Taktische Aufgabenstellungen, bei denen es darauf ankommt, den Ball in einen Angriffs- bzw. Abschlussraum zu transportieren.
- ZUSAMMENSPIEL: Taktische Aufgabenstellungen, bei denen es darauf ankommt, Bälle situationsgerecht und schnell zu Partnern weiterzuspielen.
- LÜCKEN AUSNUTZEN: Taktische Aufgabenstellungen, bei denen es darauf ankommt, in der Auseinandersetzung mit Gegenspielern (individuell) Zwischenräume für die Chance eines Abspiels oder Punktgewinns zu nutzen.
- GEGNERBEHINDERUNG UMGEHEN: Taktische Aufgabenstellungen, bei denen es darauf ankommt, in der Auseinandersetzung mit Gegenspielern einen Ballbesitz (individuell) zu sichern.
- ÜBERZAHL HERAUSSPIELEN: Taktische Aufgabenstellungen, bei denen es darauf ankommt, sich durch Anbieten, Orientieren und in Kooperation mit Partnern einen Vorteil zu verschaffen.

Die in Tab. 4 beschriebenen Basistaktiken können als ein erster Ausgangspunkt von Spielformen dienen, die taktische Spielintelligenz im Vereinstraining, in der Talentförderung sowie in der schulischen Anfängerausbildung (Bildungspläne: Spielfähigkeit) schulen können.

Beispiel: Testung der Wirksamkeit eines Taktiktrainings im Feldversuch

Exemplarisch soll anhand des Forschungsprogramms *Bilaterales Training im Kinderhandball* (Weyermann & König, 2021) aufgezeigt werden, wie Trainingseffekte hinsichtlich der spezifischen handballtaktischen Kompetenz „Raum kooperativ überbrücken" evaluiert werden können. Ein Ziel des Forschungsprogramms ist es, die Effekte eines beidseitigen handballspezifischen Technik-Taktik-Trainings auf das individualtaktische Angriffsverhalten im Kinderhandball zu untersuchen.

Es sind Verbesserungen bezüglich der Qualität von Technikausführungen sowie einer individualtaktischen Leistungsentwicklung zu erwarten. Bilaterales Training scheint unter anderem ein Potenzial zu besitzen, die Wahrnehmung „nicht dominanter" Räume schulen zu können und somit zu einem breiteren Aufmerksamkeitsfokus zu führen, welcher wiederum das Erbringen von kreativen Leistungen erleichtert und erweitert.

Abb. 7: Handballspezifische Spieltestsituation für „Raum kooperativ überbrücken".

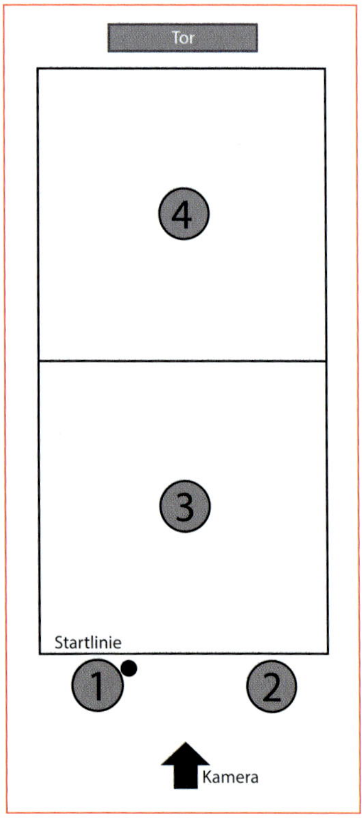

Das Spielfeld der Testsituation „Raum kooperativ überbrücken" besteht aus zwei Spielhälften (2 x 6 Meter x 6 Meter – vgl. Abb. 7), in welchem sich jeweils ein Abwehrspieler befindet. Zwei Angreifer beginnen mit Ball von der Startlinie, mit dem Ziel, das Spielfeld situationsangemessen und mit möglichst hohem Tempo zu überbrücken [um im Anschluss einen Torwurf auszuführen, welcher jedoch nicht bewertet wird]. Prellen, Kreuzen und Passen sind erlaubt. Die Abwehrspieler versuchen, durch geschicktes Zustellen der Räume und Attackieren der Angreifer den Ball zu erobern oder einen Ballverlust zu provozieren; sie dürfen allerdings ihre Spielfeldhälfte nicht verlassen.

Mithilfe einer neunstufigen Ratingskala wird der ballbesitzende Angriffsspieler bewertet, inwiefern die WAS-Entscheidung funktional und flexibel [VP erreicht das situative Aufgabenziel und zeigt variable, vielseitige, originelle (auch beidhändige), nicht stereotype Lösungen], die WIE-Entscheidung funktional [die Ausführung der Bewegungsstruktur bezweckt eine funktionale Zielerreichung] und das Timing situationsangemessen ist [der zeitliche Abstimmvorgang von Bewegungshandlungen (Abspiel, Laufweg, Torwurf etc.) ist situationsangemessen].

Die Merkmalsausprägungen reichen von „in der Regel situationsangemessene und flexible Lösungen" (acht Punkte) über „situationsangemessene und flexible Lösungen halten sich die Waage mit situationsunangemessenen und stereotypen Lösungen" (vier Punkte) zu „mehrheitlich situationsunangemessenen und stereotypen Lösungen" (null Punkte).

3.5 Spielkreativität

Wenn man Handballexperten fragt oder sich den internationalen Spitzenhandball genau anschaut, erkennt man, dass gerade die höchst kreativen Handballspieler den Unterschied ausmachen können.

Beispielsweise wurde 2011, 2015 und 2018 Mikkel Hansen zum Welt-Handballer gekürt. Auch Nikola Karabatić, der zusammen mit Mikkel beim französischen Champions-League-Verein Paris Saint-Germain spielt, wurde bereits dreimal Welt-Handballer des Jahres. Bei den Frauen brachte es die Kreativspielerin Cristina Neagu sogar auf vier Titel. Und: „Andy Schmid ist in der Lage, viele, teilweise auch ungewöhnliche und damit überraschende Situationen variabel zu lösen" (Dr. Rolf Brack über Andy Schmid, persönliche Kommunikation am 22.03.2021).

Bedeutung der Kreativität in anderen Sportarten

- Die Aussagen von Joachim Löw belegen die besondere Bedeutung von Kreativität im Fußball: „Kreativität und spielerische Klasse sollten die neuen deutschen Tugenden sein." Auch der ehemalige Sportvorstand von Bayern München, Matthias Sammer, weist auf ihre Bedeutung hin: „Die erste Initiative, die Flexibilität im eigenen Team zu erhöhen, kam immer vom Trainer. [...] Nur hatten wir das Gefühl, dass unser Spiel kreativer und unberechenbar werden müsste. [...] Erst dann war unsere Spielweise unberechenbar und modern – extrem kreativ."
- Der ehemalige Kapitän der deutschen Fußballnationalmannschaft, Philipp Lahm, antwortet auf die Frage, ob Automatismen und ein Plan Kreativität ersticken können: „Der Plan ist die Basis, das Spiel lebt weiter von Kreativität und Spontaneität in den einzelnen Situationen. Trotzdem muss man grundsätzlich wissen, wie man etwa gegen eine Raute verteidigen will."

Für die Sportart Handball spielt somit neben der taktischen Spielintelligenz ein weiterer kognitiver Prozess eine große Rolle: die *taktische Kreativität.*

Definition

Taktische Kreativität (divergentes taktisches Denken)

- In Mannschafts- und Rückschlagsportarten versteht man unter *taktischer Kreativität* die Generierung zahlreicher Lösungen zu Problemen in spezifischen individual-, gruppen- oder mannschaftstaktischen Spielsituationen, die als überraschend, selten und/oder originell bezeichnet werden können.

Unter *Kreativität* im Handball verstehen wir besonders überraschende, originelle und flexible taktische und motorische Lösungen, zum Beispiel No-Look-Pässe, Bodenpässe oder bestimmte Laufwege. Erste empirische Evidenzen zur Bedeutung von taktischer Kreativität im Handball fehlen noch, aber im Profifußball gibt es jedoch erste Belege (Kempe & Memmert, 2018).

Um einen so umfassenden Begriff wie die taktische Kreativität bewerten zu können, hat die Forschungsgruppe um Guilford diesen bereits 1967 faktorenanalytisch operationalisiert und in die drei Eigenschaften *Originalität, Flexibilität* und *Flüssigkeit* aufgeteilt.

Im Handball wurden Videotests (Furley & Memmert, 2015; Memmert, 2010a, b; Memmert, Hüttermann & Orliczek, 2013) und Spieltestsituationen (vgl. Memmert, 2004a, b; 2006b; 2010b) entwickelt, um diese drei Faktoren erfassen zu können.

- **Originalität**: Die Ungewöhnlichkeit von taktischen Entscheidungshandlungen kann durch Handballexperten bewertet werden.
- **Flexibilität**: Der Abwechslungsreichtum von taktischen Entscheidungshandlungen wird über die Handlungs- oder Antwortvielfalt der Handballspieler bestimmt.
- **Flüssigkeit**: Die Anzahl von taktischen Entscheidungshandlungen, die Handballspieler für eine bestimmte Situationskonstellation generieren.

Nationale und internationale empirisch geprägte Forschungsprogramme haben in den letzten Jahren dazu geführt (für einen Überblick: Memmert, 2012; 2015a; auch Santos, Memmert, Sampaio & Leite, 2016; de Sa Fardilha & Allen, 2019), dass zahlreiche methodische Möglichkeiten zur handballspezifischen Schulung von taktischer Kreativität entwickelt werden konnten (Hossein, Mehdi & Mohammad, 2018; Tanggaard, Laursen & Szulevicz, 2016). Mittlerweile werden verstärkt auch neurowissenschaftliche Ansätze dazu benutzt, um die Entstehung und Prozesse taktischer Kreativität besser verstehen zu können (Fink et al., 2018; 2019; Rominger et al., 2020; 2021).

Auf einer Vermittlungsebene scheinen die sieben Prinzipien *Deliberate Play, One-Dimension-Games, Diversifikation, Deliberate Coaching, Deliberate Memory* (wird eigenständig im nächsten Kapitel behandelt), *Deliberate Practice* und *Deliberate Motivation* – quasi die sieben Ds der Kreativitätsschulung im Handball – von besonderer Bedeutung zu sein (vgl. Abb. 8). Ihre Anordnung ist nicht zufällig, sondern entspricht einer chronologischen Reihung.

Während die vier ersten Prinzipien eher für das Kinder- und Jugendtraining geeignet erscheinen, können alle sieben Prinzipien auch im Erwachsenentraining eingesetzt werden. Die Ds können zum Beispiel Berücksichtigung finden, wenn handballspezifische taktische Inhalte geschult werden (z. B. Basisbausteine: Memmert & Breihofer, 2006; Memmert,

Thumfart & Uhing, 2014), aber auch sportartübergreifende Basistaktiken (allgemeine Ballschule: Roth & Kröger, 2011; Ballschule Rückschlagspiele: Roth, Kröger & Memmert, 2002; Ballschule Wurfspiele: Roth, Memmert & Schubert, 2006).

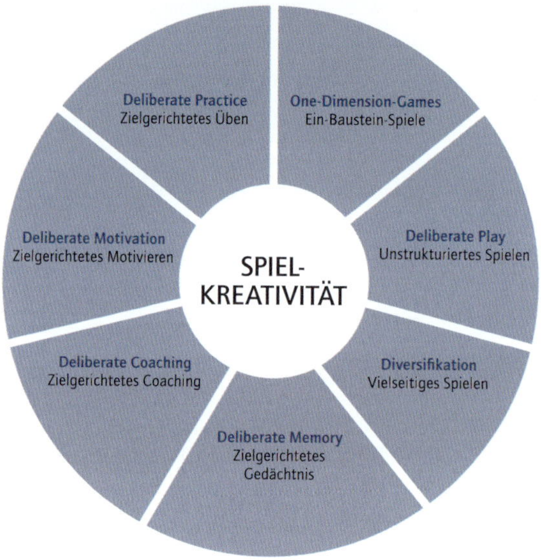

Abb. 8: Die sieben Ds der Schulung von taktischer Kreativität im Handball (vgl. Tactical Creativity Approach von Memmert, 2015a).

3.5.1 Deliberate Play

Das unangeleitete und möglichst freie Experimentieren in spielnahen und unstrukturierten Situationen in der Kindheit wird als *Deliberate Play* bezeichnet (Côté, Baker & Abernethy, 2007). Bewegungsbiografiestudien und auch Feldexperimente deuten darauf hin, dass das *Deliberate Play* in der Kindheit und Jugend die Kreativität von aktuellen Nationalmannschafts- und Bundesligaspielern beeinflusst hat. Unangeleitetes Agieren kann somit zum Ausprobieren unterschiedlichster Antwortvariationen führen und scheint auch zu einer intrinsischen Motivation beizutragen (Kröger & Miethling, 2020).

3.5.2 One-Dimension-Games

Mit Basisbausteinspielen (engl.: *One-Dimension-Games*) kann man eine allgemeine und handballspezifische taktische Kreativität entwickeln; sie lassen sich wie folgt charakterisieren (Memmert, 2004a, b; Memmert & Roth, 2003):

- Fokussierung auf eine Basistaktik (Nicht auf mehrere!);
- Vorgabe von klaren Rollenverteilungen im Spiel;
- Vorgabe von bestimmten Rahmensituationen;
- Gewährleistung immer wiederkehrender Rahmensituationen;
- Gewährleistung gleichbleibender Rahmensituationen;
- Gewährleistung hoher Wiederholungszahlen;
- Gewährleistung unterschiedlicher Mit- und Gegenspieler durch systematische Rotationen.

3.5.3 Diversifikation

Taktische Kreativität kann mit vielseitigem, sportspielübergreifendem Training geschult werden, in dem Kinder und Jugendliche taktische Aufgaben mit Hand, Fuß und Hockeyschläger lösen. Das Agieren in vielen unterschiedlichen, sportspielaffinen Situationen ermöglicht den Erwerb unterschiedlichster Bewegungserfahrungen (Memmert, 2006b).

Bedeutsam für das Generieren originärer Lösungsideen ist es demnach, dass Kinder und Jugendliche relativ frühzeitig in ihrer Bewegungsbiografie mit verschiedenen Bällen in Berührung kommen und in Spielformen mit verschiedenen motorischen Ausführungsformen agieren lernen, um Situationen immer wieder auf eine andere, neue Art zu denken.

3.5.4 Deliberate Coaching

Ein breiter Aufmerksamkeitsfokus ist notwendig, um auch unerwartete Objekte, wie freie Mitspieler, wahrzunehmen, die Ausgangspunkte von originellen Lösungshandlungen sein können (Memmert, 2005). Geringere Instruktionsvorgaben seitens der Trainer führen dazu, dass Kinder und Jugendliche besser in der Lage sind, kreative und variantenreiche Lösungsmöglichkeiten zu generieren, als jugendliche Handballspieler, die ständig mit aufmerksamkeitslenkenden Hinweisen in den Schulungseinheiten konfrontiert werden.

Zur Förderung von taktischer Kreativität ist es nicht ratsam, als Übungsleiter ständig das Trainingsspiel zu stoppen und taktische Anweisungen an seine Spieler zu geben, da eben diese Anweisungen den Aufmerksamkeitsfokus einschränken (Furley & Memmert, 2005).

3.5.5 Deliberate Motivation

Befunde aus der Sozialpsychologie lassen vermuten, dass kreative Leistungen durch Instruktionen manipuliert werden können. Das kann beispielsweise geschehen, wenn durch die Art der Instruktion das emotionale Befinden des Probanden zur Aufgabe beeinflusst wird.

Memmert und Kollegen (2013) konnten zeigen, dass auch taktische Kreativität im Sport von einem Hoffnungsfokus (Promotionfokus) profitiert, also wenn das Aufgabenziel als lohnenswerter Zustand angestrebt wird. Das Gegenteil wäre ein Preventionfokus, der durch das Ziel der Abwendung eines Übels geschaffen wird.

Insgesamt weisen die Ergebnisse darauf hin, dass Trainer durch geeignete Promotions-Fokus-Instruktionen („*Euer Ziel ist es*, dass jeder dritte Ball an den Kreis gespielt wird.") anstatt von: „*Ihr müsst* jeden dritten Ball an den Kreis spielen", das Generieren von kreativen Lösungen auch in handballspezifischen Situationen unterstützen können.

Debanne und Laffaye (2015) konnten ebenfalls auf der Basis der Theorie des regulatorischen Fits zeigen, dass Zusammenhänge zwischen den Motivationsorientierungen der Spieler und deren Leistung bei Handballstrafwürfen existieren.

3.5.6 Deliberate Practice

Das instruktionsgeleitete Agieren in übungszentrierten und strukturierten Situationen mit dem Ziel, effektiv spezifische individuelle Leistungskriterien zu verbessern, nennt man *Deliberate Practice* (Côté, Baker & Abernethy, 2007).

Die Expertiseforschung demonstriert, dass Leistungssportler mehr als 10 Jahre intensiv, sportartspezifisch und qualitativ hochwertig trainiert haben müssen, um eine Chance zu haben, Hochleistungssportler zu werden (Ericsson, Krampe & Tesch-Römer, 1993; für eine Gegenposition: siehe Hambrick & Meinz, 2011; Macnamara, Hambrick & Oswald, 2014).

Memmert, Baker und Bertsch (2010) wiesen nach, dass spätere hochkreative Handballspieler deutlich länger im Handball zielgerichtet trainiert haben als weniger kreative Handballspieler. Somit scheint auch *Deliberate Practice* ein notwendiges, aber natürlich nicht hinreichendes Merkmal zur Förderung taktischer Kreativität zu sein, insbesondere in der späten Kindheit und zu Beginn der Jugend.

3.6 Arbeitsgedächtnis

Im Zentrum der bewussten Informationsverarbeitung steht das Arbeitsgedächtnis, in dem eine limitierte Informationsmenge verarbeitet werden kann, die für die aktuelle Tätigkeit relevant ist (im Überblick: Baddeley, 2007). Von besonderer Bedeutung für die Kognitionen im Handball ist die Kapazität und die generelle Funktionsweise des Arbeitsgedächtnisses (im Überblick, Furley & Memmert, 2010).

Was versteht man unter dem Arbeitsgedächtnis?

Für viele kognitive Aufgaben wird ein Gedächtnis gebraucht, das sowohl Ziele, wichtige Aufmerksamkeitsresultate, abgerufene Informationen aus dem Langzeitgedächtnis und Zwischenresultate der Bearbeitung bereithält, als auch die Bearbeitung all dieser Informationen koordiniert. Nahezu alle kognitiven Leistungen erfordern die zeitweilige, anforderungsabhängige Bereitstellung von Informationen. Das Arbeitsgedächtnis ist damit ein Schlüsselsystem für das Verständnis komplexer kognitiver Leistungen (Engle, 2002).

Definition

„Der Begriff *Arbeitsgedächtnis* wird von Kognitionspsychologen verwendet, um die Fähigkeit zu beschreiben, gleichzeitig zielgerichtete Informationen aufrechtzuerhalten und zu verarbeiten. Wie der Name schon sagt, reflektiert das Konzept des Arbeitsgedächtnisses im Kern eine Art der Erinnerung, aber es ist weitaus mehr als ein Gedächtnis, denn es ist ein Gedächtnis bei der Arbeit und im Dienste von komplexer Wahrnehmung" (Conway et al., 2007).

Obwohl die individuelle *Kapazität des Arbeitsgedächtnisses* eines Athleten keinen Einfluss auf divergente Leistungen im Sportspiel zu haben scheint (Furley & Memmert, 2015), ist es dennoch ratsam, dass Trainer aufgrund der limitierten Kapazität des Arbeitsgedächtnisses (Cowan, 2005) bei taktischen Anweisungen, Instruktionen oder Besprechungen nicht zu viele Informationen zur gleichen Zeit geben (Cowan, 2001).

Zudem muss beachtet werden, dass besonders beim (taktischen, kognitiven, motorischen) Neulernen das Arbeitsgedächtnis in einem größeren Maße beansprucht wird als in späteren Expertisestadien (Maxwell, Masters & Eves, 2003; Schmidt & Wrisberg, 2004; vgl. auch Abb. 9).

Experten speichern im Gegensatz zu Novizen nämlich spezifische Ereignisse (z. B. Laufwege einzelner Spieler, taktische Konstellationen) nicht als einzelne Informationseinheit ab, sondern als taktisches Muster der Spielerkonstellationen („Chunkingprozesse").

Zum einen erleichtert und verbessert dies im besonderen Maße die frühzeitige Antizipation von bedeutungsvollen Situationskonstellationen (im Handball: Schapschröer, Baker & Schorer, 2016; für einen allgemeinen Überblick: Williams & Ericsson, 2005).

Zum anderen wird die limitierte Kapazität des Arbeitsgedächtnisses von Experten nicht so schnell aufgebraucht wie bei Novizen und kann somit für die Wahrnehmung weiterer Situationskonstellationen oder elaborierteren taktischen Entscheidungsprozessen genutzt werden (Williams, Hodges, North & Barton, 2006).

Die generelle *Funktionsweise des Arbeitsgedächtnisses*, d. h. die Tatsache, dass im Arbeitsgedächtnis Informationen kurzfristig bearbeitet, manipuliert und strukturiert werden (Conway et al., 2007), hat wichtige Konsequenzen für das Entscheidungstraining im Sportspiel.

Aktuelle Studien haben gezeigt (Furley & Memmert, 2013), dass die aktivierten Inhalte des Arbeitsgedächtnisses den Aufmerksamkeitsfokus eines Athleten dadurch lenken, indem die Aufmerksamkeit auf diejenigen Objekte im visuellen Feld gelenkt wird, auf die sich die Inhalte des Arbeitsgedächtnisses beziehen.

Zudem wurde nachgewiesen, dass die Kapazität des Arbeitsgedächtnisses Vorhersagen erlaubt, welche Athleten in der Lage sind, ihre Aufmerksamkeit gezielt zu kontrollieren, indem aufgabenirrelevante Reize ausgeblendet werden und somit Interferenzen vermieden werden (Furley & Memmert, 2012).

Demzufolge bedeutet dies insbesondere für das methodische Prinzip *Deliberate Memory* als eines der sieben Ds (vgl. Kap. 3.5), dass im positiven Fall Instruktionen des Trainers den Aufmerksamkeitsfokus der Athleten lenken und somit taktisch-kreative Entscheidungen erleichtern können. Im negativen Fall greifen Athleten verstärkt auf irrelevante Informationen des Trainers zurück, die das Treffen von optimalen Entscheidungen durch eine ungünstige Aufmerksamkeitskontrolle in der spezifischen Situation verhindern (Furley et al., 2010).

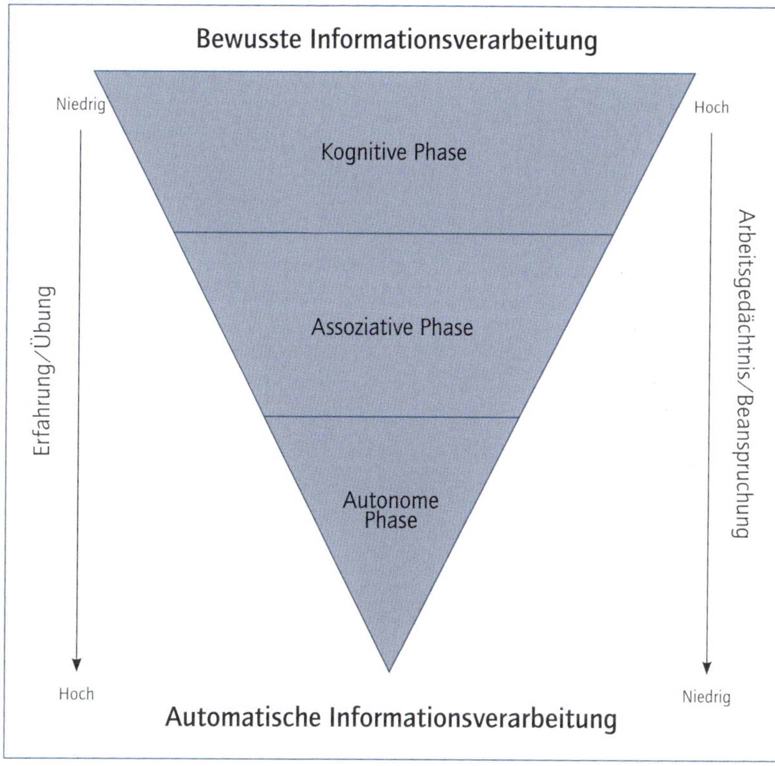

Abb. 9: Beanspruchung des Arbeitsgedächtnisses beim taktischen Lernen in Abhängigkeit vom Expertisegrad des Athleten (Furley & Memmert, 2010).

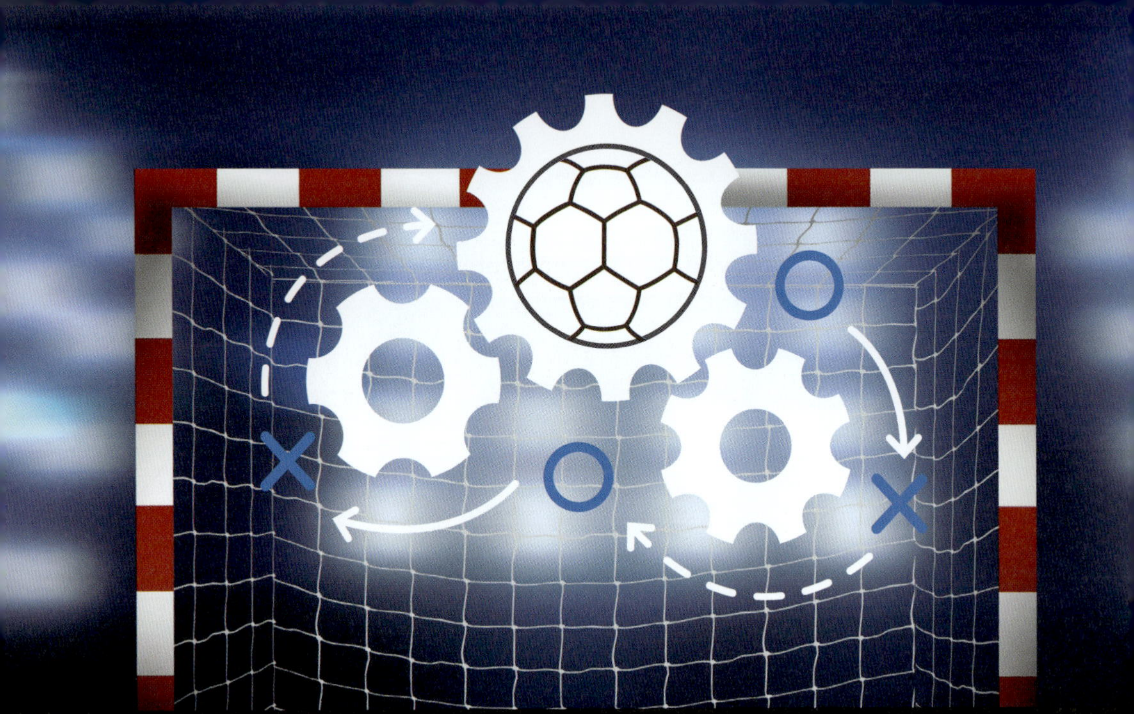

4 DIAGNOSTIK VON KOGNITIONEN

In der Literatur gibt es mittlerweile eine fast nicht mehr überschaubare Flut von kognitiven Tests. Diese reichen von wissenschaftlich abgesicherten Verfahren bis zu reinen Softwareprodukten, die keinem wissenschaftlichen Anspruchsniveau genügen. Im Folgenden wird auf einen generellen Überblick verzichtet und ausgewählte Verfahren werden vorgestellt, die am Institut für Trainingswissenschaft und Sportinformatik der Deutschen Sporthochschule Köln in den letzten Jahren entwickelt und in Studien und in der Praxis eingesetzt wurden. Exemplarisch werden jeweils vier Labortests sowie vier Feldtests vorgestellt.

4.1 Labortests

Im Folgenden werden exemplarisch vier kognitive Testverfahren vorgestellt. Bei allen vier Testverfahren erhalten die teilnehmenden Athleten ihre Ergebnisse zusammenfassend wie in Abb. 10 dargestellt.

Kognitive Fähigkeiten

		Aufmerksamkeitsfenster (statisch)	Arbeitsgedächtniskapazität	Anfälligkeit gegen Ablenkung	Geteilte Aufmerksamkeit (dynamisch)
		Der *Attention-Window-Task* bestimmt das mit einem Blick bewusst wahrnehmbare visuelle Feld (in Grad), begrenzt durch die individuelle maximale horizontale (h) und vertikale (v) Ausrichtung.	Der *Working-Memory-Span-Test* misst die Fähigkeit eines Sportlers, seine Aufmerksamkeit auf die momentane Aufgabe zu richten, ohne dabei von anderen Gedanken abgelenkt zu werden.	Der ***Perceptual**-Load-Test* misst, inwieweit Sportler, sich von ***externalen*** Reizen ablenken lassen (Plus-/Minuswerte = höhere/niedrigere Ablenkung), welche völlig irrelevant für ihre Aufgabe – niedrige (n)/hohe (h) perzeptive Belastung – sind.	Im *Motion-Option-Tracking-Test* wird gemessen, bis zu welcher Geschwindigkeit Sportler mehrere, relevante, sich bewegende Objekte verfolgen ***(tracken)*** können.
NN NN	h v	*	55 %	n -31 h 68	*
Handball *3. Bundesliga*	h v	16,8 15,2	87 %	n -6 h -3	808
Basketball *Bundesliga*	h v	38,0 36,0	91 %	n 68 h 56	1.251
Tischtennis *Bundesliga*	h v		87 %	n -24 h -9	1.204
Golf *Bundesliga*	h v		62 %	h 48 n -35	
Fußball *Bundesliga*	h v	40,0 33,0	87 %	n 54 h 33	1.274
Fußball *U15*	h v	24,0 18,0	57 %	n 19 h -8	1.013
Fußball *U12/U13*	h v	5,0 4,7	57 %	h 23 n -8	963
Tennis *U10*	h v	4,8 5,5	55 %	n 12 h 26	*

Trainingsempfehlung:

Testdatum:

*Nicht erfasst

Abb. 10: Darstellung der Ergebnisse aller vier elementaren Kognitionen eines exemplarischen Sportlers, zusammen mit den Gruppenmittelwerten einzelner anderer Stichproben (Sportart, Alter, Expertise).

4.1.1 Attention-Window-Test

Der *Attention-Window-Test* von Hüttermann, Memmert, Simons und Bock (2013) kann genutzt werden, um die individuelle Aufmerksamkeitsbreite zu beurteilen. Während jeder Testphase werden die Spieler angewiesen, einen zentralen Punkt zu fixieren und zu versuchen, ein graues Dreieck innerhalb eines Kreises unter quadratischen Distraktoren (= Ablenkungsobjekte) zu entdecken.

Mehrere Versuche lang erscheint das Ziel in unterschiedlichen Abständen vom Fixpunkt (10 Grad, 20 Grad, 30 Grad) entlang einer von acht gleich langen radialen Linien, die von einem Quadrat in der Mitte der Anzeige (45 Grad Abstand) stammen (vgl. Abb. 11). Diese Zufallsanzeige wird für 12 Millisekunden lang eingeblendet, gefolgt von einer farbigen Maske (100 Millisekunden).

Nach der Maskierung werden die Spieler gebeten, anzugeben, wie viele graue Dreiecke sie je nach Ausrichtung der Gegenstände gerade an den verschiedenen Orten gesehen haben. Die Teilnehmer müssen 180 Versuche absolvieren. Diese Aufgabe misst, wie gut sich Menschen mit Objekten befassen können, die weit von der Fixierung entfernt sind (Hüttermann, Simons & Memmert, 2014). Das abhängige Maß ist die Punkteverteilung des diagonalen Aufmerksamkeitsfensters und die Division des Gesamtwerts durch die Anzahl der Dimensionen (d. h. drei).

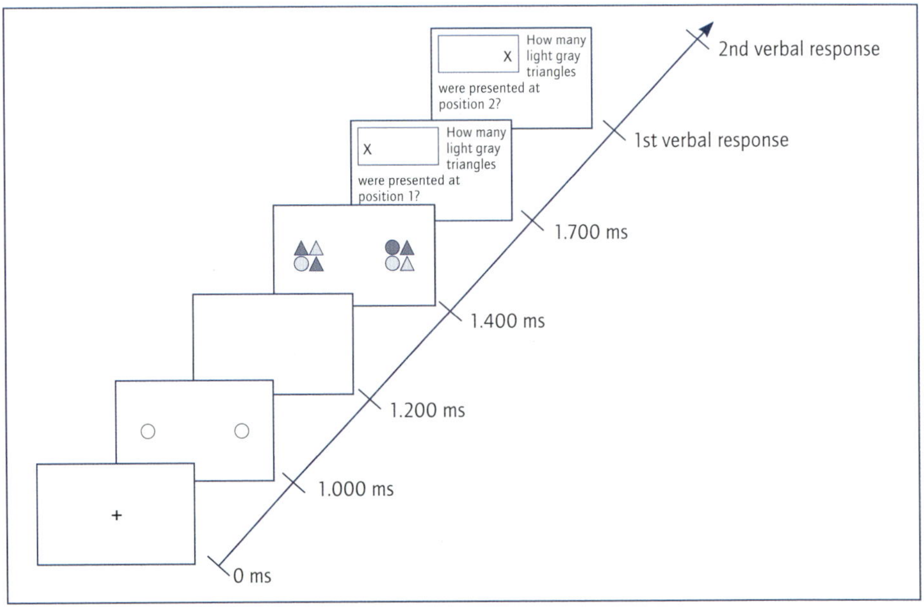

Abb. 11: Darstellung des Attention-Window-Tests (Hüttermann et al., 2013). Die Aufgabe ist es, zwei Reize gleichzeitig peripher wahrzunehmen. Es wird die maximale, noch wahrnehmbare Entfernung zwischen den Reizen in horizontaler, vertikaler und diagonaler Richtung gemessen und ein maximales Aufmerksamkeitsfenster bestimmt.

4.1.2 Working-Memory-Span-Test

Der etablierte *Arbeitsgedächtnistest* von Conway, Kane, Bunting, Hambrick, Wilhelm und Engle (2005) misst die Fähigkeit des Athleten, die Aufmerksamkeit auf die aktuelle Aufgabe zu lenken, ohne sich von anderen Gedanken ablenken zu lassen.

Die Verarbeitungsaufgabe besteht darin, bestimmte Formen zwischen den Distraktoren zu zählen und sich dann die Zählsummen für einen späteren Gedächtnisabruf zu merken. Jede Aufgabe enthält zufällig angeordnete, dunkelblaue Kreise, grüne Kreise und dunkelblaue Quadrate (vgl. Abb. 12).

Die Aufgabe besteht darin, die dunkelblauen Kreise laut zu zählen und dann die Gesamtzahl am Ende laut zu nennen. Nach 2-6 Aufgaben tritt eine Erinnerungsmaske auf, in die die Spieler ihre gespeicherten Zählsummen genau in der Reihenfolge ausfüllen müssen, in der sie angezeigt werden (siehe Kane, Hambrick, Tuholski, Wilhelm, Payne & Engle 2004, für eine detaillierte Beschreibung).

Die Einfachheit dieser Zählaufgabe ermöglicht es fast allen Spielern, diese Aufgabe zu erfüllen. Die Zählspannen-Punktezahl ist ein Teilwert (vgl. Conway et al., 2005), der die Summe aller korrekt abgerufenen Elemente darstellt – wobei ein korrekt abgerufener Gegenstand aus einem Satz mit zwei Gegenständen zwei Punkte erhält und ein korrekt abgerufener Gegenstand aus einem Satz mit sechs Gegenständen sechs Punkte erhält –, dividiert durch die maximal mögliche Bewertung. Der Test besteht aus 15 Versuchen. Das abhängige Maß ist die Bewertung der korrekt gespeicherten Objekte in Prozent.

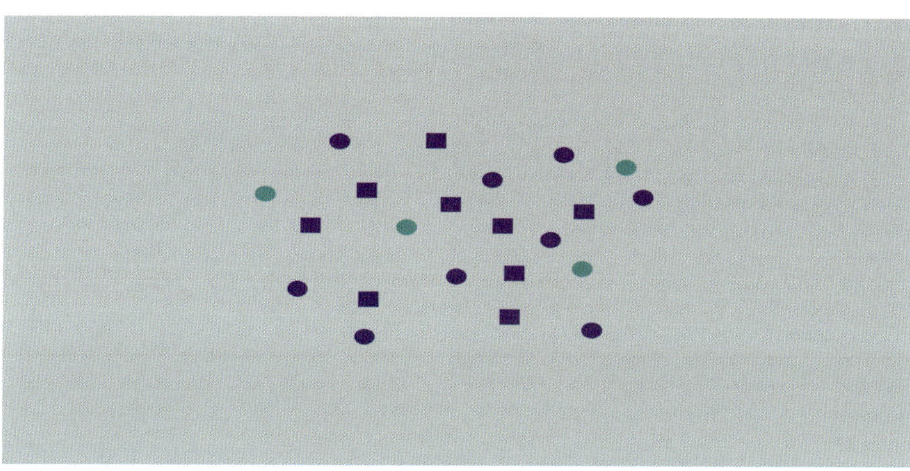

Abb. 12: Darstellung eines Displays des Arbeitsgedächtnistests von Conway et al. (2005). Der Spieler muss zwischen den Distraktoren (grüne Kreise und dunkelblaue Quadrat) alle dunkelblauen Kreise laut zählen und sich dann die Zählsummen für einen späteren Gedächtnisabruf merken.

4.1.3 Perceptual-Load-Test

Der *Perceptual-Load-Test* von Beck und Lavie (2005) ist ein Maß für die kognitive Hemmungsfähigkeit, da er misst, inwieweit die Spieler durch Reize abgelenkt werden, die für ihre Aufgabe völlig irrelevant sind. Die Spieler führen die handballspezifische Perceptual-Load-Aufgabe (Furley, Memmert & Schmid, 2013) durch. Sie beginnt mit zwei Beispielblöcken (eine hohe und eine niedrige kognitive Ablenkungsbelastung), gefolgt von acht Versuchsblöcken, die sich zwischen Blöcken mit niedriger und hoher Belastung abwechseln (vgl. Abb. 13).

Alle Spieler starten mit einem Block unter hoher Belastung. Vor jeder Messung wird ein Fixationskreuz 1.000 Millisekunden in der Mitte des Bildschirms angezeigt, gefolgt von der Taskanzeige mit der handballspezifischen Anordnung und dem Ablenkungsmanöver. Die Aufgabenanzeigen werden für 100 Millisekunden dargestellt.

Die Spieler bekommen die Anweisung, die Ablenkung zu ignorieren und so schnell und so genau wie möglich anzugeben, welcher Spieler in Ballbesitz gelangt. Das Ablenkungsmanöver zeigt sich immer an einem Befestigungspunkt (Beck & Lavie, 2005).

Die Teilnehmer reagieren mit Tastendruck auf die Zielreize. Eine neue Aufgabe wird durch die Reaktion des Spielers oder die Auslassungen innerhalb von zwei Sekunden ausgelöst. Nach jedem Versuch wird eine Rückmeldung über die Qualität der Antworten oder Auslassungen mittels eines Computertons gegeben. Nach jedem Block werden die Teilnehmer an die Tastenbelegung erinnert. Der Test besteht aus 160 Versuchen. Das abhängige Maß ist die Reaktionszeit der Wahrnehmungsbelastung, bezogen auf den Zustand der niedrigen und hohen Ablenkung.

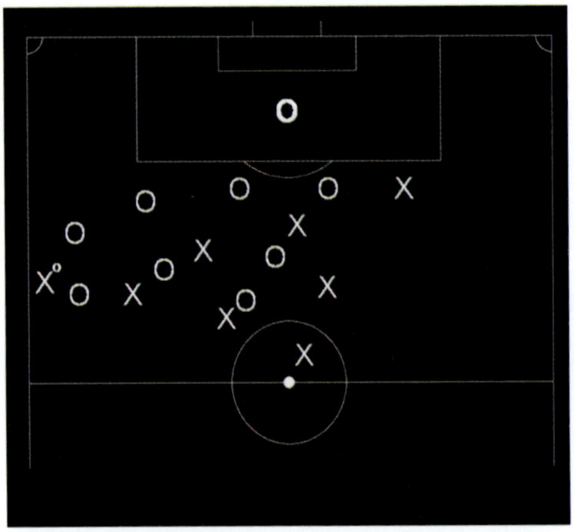

Abb. 13: Darstellung eines Displays der handballspezifischen Perceptual-Load-Aufgabe von Furley et al. (2013). Die Spieler haben die Aufgabe, die Ablenkung (O im Strafraum) zu ignorieren und so schnell und so genau wie möglich anzugeben, welcher Spieler in Ballbesitz ist (O = Abwehr oder X = Angriff).

4.1.4 Multiple-Object-Tracking-Test

Der *Multiple-Object-Tracking-Test* zur Verfolgung von Bewegungsobjekten misst, bis zu welcher Geschwindigkeit die Spieler in der Lage sind, mehrere relevante, bewegliche Objekte zu verfolgen (Alvarez & Franconeri, 2005). Ein Drei-D-Multiple-Object-Tracking-Training hat positive Effekte auf Passentscheidungen (Romeas, Guldner & Faubert, 2016), aber keine nennenswerten Transfereffekte auf andere visuelle oder exekutive Funktionen (Scharfen & Memmert, 2021).

Die Spieler überwachen die Positionen einer Reihe von bewegten Kreisen auf einem Computermonitor. Die Anzeige enthält zunächst vier grüne und drei blaue Kreise. Nach drei Sekunden im Ruhezustand werden die blauen Gegenstände grün und sind identisch mit den Zielen (grüne Kreise) und alle Kreise beginnen, sich zu bewegen, während die Spieler versuchen, die Positionen der anfänglich blauen Gegenstände zu verfolgen.

Der Test ist anpassungsfähig, sodass die Geschwindigkeitsschwellen und die Anzahl der Versuche von den Fähigkeiten der Spieler abhängen. Nach acht Sekunden bleiben die Kreise stehen und die Spieler müssen die drei ehemals blauen Kreise markieren.

Die Leistung wird über die Anzahl der korrekt verfolgten und markierten Kreise definiert. Diese Aufgabe zeigt individuelle Unterschiede in der Fähigkeit auf, die Aufmerksamkeit auf mehrere, unabhängig voneinander bewegliche Objekte zu teilen und zu erhalten (vgl. Abb. 14 a, 14 b und 14 c).

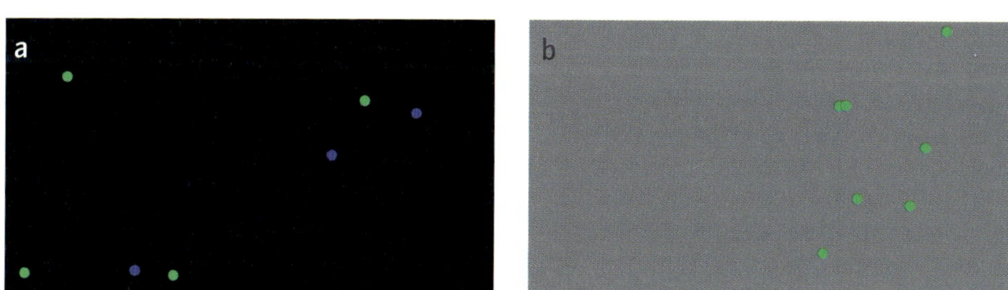

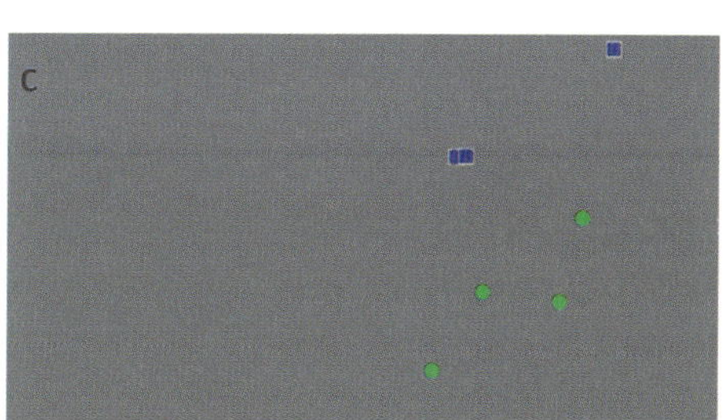

Abb. 14: Darstellung des Multiple-Object-Tracking-Tests (Cavanagh & Alvarez, 2005). Die Aufgabe besteht darin, mehrere – (a) Standbild zur Kennzeichnung – sich bewegende Objekte (b) gleichzeitig zu verfolgen und wahrzunehmen, um sie final am Ende des Tests zu identifizieren (c).

4.2 Feldtests

Elementare Kognitionen sind in der Sportspielpraxis auch als *Basistaktiken* bekannt (Memmert, 2004a). Wie bereits in Kap. 3.4 beschrieben, handelt es sich um grundlegende Kompetenzen, die in vielen Sportspielen, somit auch im Handball, von besonderer Bedeutung sind und das Fundament für spätere sportartspezifische (hier Handball) Taktiken bilden.

Spieltestsituationen können sowohl die taktische Kreativität (Memmert, 2010a, b; Memmert & Roth, 2007) als auch die Spielintelligenz (Bestlösungen) in basistaktischen Aufgabenstellungen bewertbar machen (vgl. Memmert, 2010b; Memmert & Roth, 2003; Memmert, 2013). Die daraus resultierenden konvergenten Leistungskennziffern können zur Talentdiagnostik im Verein oder zur Benotung im Sportunterricht dienen.

Im Verein kann es sinnvoll sein, mit einer Videokamera das Verhalten der Kinder aufzuzeichnen, um anschließend das taktische Verhalten mithilfe eines Videos und einer Skala zu beurteilen. In der Schule kann eine Lehrkraft auch mithilfe der entwickelten Skala die Bewertung direkt vornehmen.

Exemplarisch werden im Folgenden vier standardisierte Spieltestsituationen mit ihren Skalierungen zur Bewertung konvergenter taktischer Leistungen vorgestellt, die umfassend hinsichtlich der Gütekriterien geprüft wurden (vgl. Memmert, 2004a; b). Diese Diagnosemöglichkeiten verwenden die Basisbausteinetiketten von Memmert (2004a).

Da diese inhaltlich nahezu identisch mit den Basisbausteinen von Roth und Kröger (2011) sind, haben wir in Klammern die dazugehörigen Basisbausteineetiketten von Roth und Kröger (2011) ebenfalls aufgelistet.

Spieltestsituationen mit den Skalierungen zur Bewertung divergenter taktischer Leistungen können in Memmert (2010a; b) sowie Memmert und Roth (2007) nachgelesen werden. In allen Spieltestsituationen können die Spieler entweder mit der Hand, dem Fuß oder verschiedenen Schlägern agieren.

4.2.1 Spieltestsituation „Ball dem Ziel annähern"

In der Basistaktik *Ball dem Ziel annähern* (eine Überzahl herausspielen) müssen Sportspieler den Ball in die Nähe eines Abschlussraums transportieren. Dazu muss beurteilt werden, ob die sich gerade in Ballbesitz befindenden Spieler den Ball – wenn es sinnvoll ist – in eine bestimmte Richtung des Zielbereichs gespielt haben und ob eine möglichst große Distanz überbrückt wurde (erstes Bewertungskriterium).

Weiterhin müssen die Entscheidungen der Kinder unter Berücksichtigung der Situationen bewertet werden (zweites Bewertungskriterium).

Aus diesen beiden Komponenten soll ein Gesamturteil der individuellen Leistung gebildet werden. In dieser Spieltestsituation wird nur der am Ball aktive Spieler bewertet, es fließt nicht ein, wie gut sich die Spieler anbieten oder im Raum orientieren und wie das Zusammenspiel erfolgt (ein Beispiel aus einem aktuellen Forschungsprojekt ist in Kap. 3.4 in der Box dargestellt).

Die Testsituation wird folgendermaßen durchgeführt (vgl. Abb. 15): In einer Art Parteiballspiel spielen Mannschaft A und B um den Ballbesitz. Wichtig hierbei ist, dass die angreifende Mannschaft A sich mit 4 gegen 2 in der Überzahl befindet. Sie hat die Aufgabe, den Ball über die gegnerische Ziellinie zu transportieren. Die angreifenden Spieler dürfen sich den Ball zuwerfen, aber nicht mit ihm laufen (Schrittregel beachten!), ihn prellen oder führen.

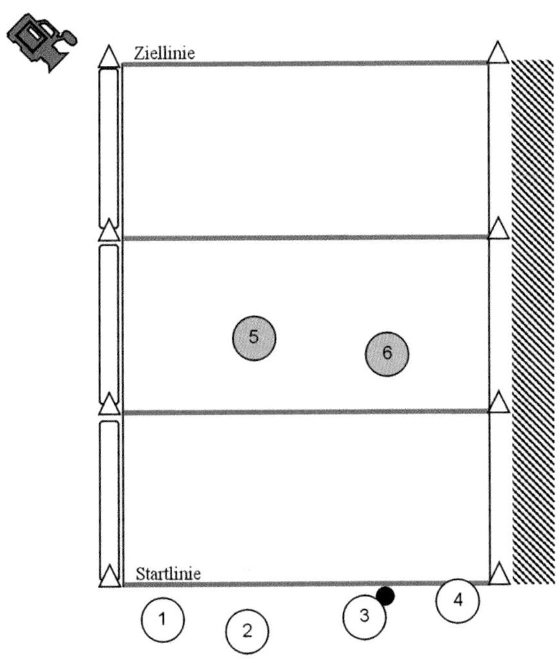

Abb. 15: Spielfeldgröße = 12 x 8 Meter; Unterteilung in drei gleich große Felder; Abstand der Videokamera zum Spielfeld = 3 Meter

Bei jedem Versuch befinden sich alle Spieler von Mannschaft A hinter der eigenen Startlinie, wohingegen sich die Spieler der verteidigenden Mannschaft B im mittleren Feld befinden. Jeder Versuch beginnt, wenn beide Mannschaften richtig aufgestellt sind, auf ein Signal des Lehrers oder Übungsleiters.

Die Spielerkonstellationen von Mannschaft A und B werden entgegen dem Uhrzeigersinn zweimal durchgewechselt, wobei jede Formation sechs Angriffe bekommt. Somit hat jeder Spieler 12 Angriffsversuche mit unterschiedlichen Partnern. Die Auswertung erfolgt über eine erprobte Skalierung (s. Tab. 5).

Tab. 5: Skalierung der Basistaktik „Ball dem Ziel annähern" (Memmert, 2004a).

Freies Anspiel in Richtung Zielbereich (Qualität der Lösung von Situationen)	Optimale Distanz-minimierung	Punkte	Ankerbeispiele
Optimal	Optimal, auch > 8 m (2 Felder)	10	Der Spieler hat, immer wenn es möglich war, den Ball in Richtung des Zielbereichs gespielt und dabei eine möglichst große Distanz überbrückt.
Optimal	Optimal, auch > 4 m (1 Feld)	9	Der Spieler hat fast immer den Ball in Richtung des Zielbereichs gespielt und dabei eine große Distanz überbrückt.
Optimal	Optimal, auch < 4 m (1 Feld)	8	Der Spieler hat meistens den Ball in Richtung des Zielbereichs gespielt und dabei eine große Distanz überbrückt.
Gut, es existiert eine bessere Alternative	Durchschnittlich, > 2 m	7	Der Spieler hat häufig den Ball in Richtung des Zielbereichs gespielt und dabei eine durchschnittliche Distanz überbrückt.
Gut, es existiert eine bessere Alternative	Befriedigend, < 2 m	6	Der Spieler hat häufig den Ball in Richtung des Zielbereichs gespielt und dabei eine befriedigende Distanz überbrückt.
Befriedigend, es existieren zwei bessere Alternativen	Durchschnittlich, > 2 m	5	Der Spieler hat relativ oft den Ball in Richtung des Zielbereichs gespielt und dabei eine durchschnittlich große Distanz überbrückt.
Befriedigend, es existieren zwei bessere Alternativen	Befriedigend, < 2 m	4	Der Spieler hat relativ selten den Ball in Richtung des Zielbereichs gespielt und dabei eine befriedigende Distanz überbrückt.
Ungenügend, es wurde eine schlechte Möglichkeit ausgewählt.	Durchschnittlich, < 4 m	3	Der Spieler hat selten den Ball in Richtung des Zielbereichs gespielt und dabei eine durchschnittliche Distanz überbrückt.
Ungenügend, es wurde eine schlechte Möglichkeit ausgewählt.	Durchschnittlich, > 1-4 m	2	Der Spieler hat fast nie den Ball in Richtung des Zielbereichs gespielt und dabei eine durchschnittliche Distanz überbrückt.
Ungenügend, es wurde eine schlechte Möglichkeit ausgewählt.	Befriedigend, < 1 m	1	Der Spieler hat fast nie den Ball in Richtung des Zielbereichs gespielt und dabei eine nur befriedigende Distanz überbrückt.

4.2.2 Spieltestsituation „Zusammenspiel"

Innerhalb der basistaktischen Spieltestsituation *Zusammenspiel* (Ballbesitz kooperativ) *sichern* müssen Bälle situationsgerecht und schnell zu Partnern weitergespielt werden. Dabei werden zwei taktische Komponenten bewertet: Entscheidungsqualität und -zeit.

Bei der Entscheidungsqualität werden räumliche Entscheidungsleistungen evaluiert bzw. bewertet, wie gut Sportspieler freie Mitspieler situationsgerecht anspielen. In diese Bewertung fließt ein, ob die Spieler im richtigen Moment und auch unter Bedrängung Möglichkeiten wahrnehmen, einen Ball weiterzuspielen.

Durch die zweite Komponente – Entscheidungszeit – wird bewertet, ob die Sportspieler zeitlich adäquate Lösungen erbringen bzw. mit welcher Geschwindigkeit ein Ball abgespielt wird. Wiederum wird nur der am Ball aktive Spieler bewertet.

Das Ergebnis repräsentiert ein Gesamturteil der individuellen taktischen Leistung bezüglich der Entscheidungsqualität und der Entscheidungszeit.

Abb. 16 veranschaulicht die Durchführung mit fünf Spielern. Die vier Angreifer stehen in den markierten Feldern und dürfen diese nicht verlassen. Weiterhin gibt es einen Abwehrspieler, dem das übrige Spielfeld zur Verfügung steht und der die vier Quadrate nicht betreten darf.

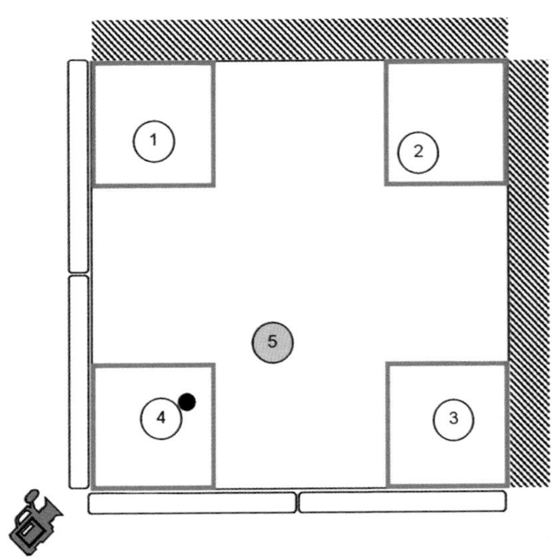

Abb. 16: Spielfeldgröße = 3,60 x 3,60 Meter; Seitenlängen der vier quadratischen Felder = 1,0 Meter; Abstand der Videokamera (auf einem Mattenwagen) zum Spielfeld = 6 Meter

Die Aufgabe der vier Angreifer ist, sich einen Ball in einer Minute so oft und so schnell wie möglich zuzuwerfen. Der ballbesitzende Spieler hat jeweils zwei Abspielmöglichkeiten, da Diagonalpässe nicht erlaubt sind. Die Aufgabe des Abwehrspielers ist es, das Zuspiel zu verhindern. Gelingt ihm dies, wird der Ball anschließend wieder schnellstmöglich freigegeben.

Die Angreifer dürfen den Ball nicht mittels „Bogenlampen" über den Abwehrspieler werfen. Nach jeweils einer Minute werden die Positionen nach einer vorgegebenen Rotationsfolge gewechselt. Somit hat jeder Spieler vier Minuten im Angriff (vgl. Tab. 6).

Tab. 6: Skalierung der Basistaktik „Zusammenspiel" (Memmert, 2004a).

Entscheidungsrichtigkeit adäquates Abspiel (Fehler/Qualität)	Entscheidungszeit Geschwindigkeit	Punkte	Ankerbeispiel
Immer optimal (keine Fehler)	Leicht verzögert	10	Der Spieler hat bis auf eine kritische Situation optimal und möglichst schnell abgespielt.
(Kaum Fehler)	Gar nicht verzögert		
Immer optimal (keine Fehler)	Leicht/stark verzögert	9	Der Spieler hat bis auf 1-2 kritische Situationen optimal abgespielt, allerdings häufig mit leichter Zeitverzögerung.
(Kaum Fehler/kritisch)	Gar nicht verzögert		
Meistens optimal (> 85 %) (kaum Fehler/kritisch)	Stark verzögert	8	Der Spieler hat stark verzögert den Ball abgespielt und dabei kaum Fehler gemacht.
(Wenige Fehler/kritisch)	Gar nicht/leicht verzögert		
Meistens optimal (wenige Fehler/kritisch)	Stark verzögert	7	Der Spieler hat leicht verzögert den Ball abgespielt und dabei wenige, hauptsächlich kritische Fehler gemacht.
(Wenige, hauptsächlich kritische Fehler)	Gar nicht/leicht verzögert		
Überwiegend gut (> 70 %) (wenige, hauptsächlich kritische Fehler)	Stark verzögert	6	Der Spieler hat schnellstmöglich den Ball abgespielt und dabei einige, teilweise grobe Fehler gemacht.
(Wenige kritische und grobe Fehler)	Leicht/ gar nicht verzögert		
Überwiegend gut (wenige kritische und grobe Fehler)	Stark verzögert	5	Der Spieler hat leicht verzögert den Ball abgespielt und dabei einige grobe Fehler gemacht.
(Wenige, hauptsächlich grobe Fehler)	Gar nicht/leicht verzögert		
Häufig schlecht (> 60 %) (mehrere, hauptsächlich kritische Fehler)	Stark verzögert	4	Der Spieler hat stark verzögert den Ball abgespielt und dabei einige grobe Fehler gemacht.
(Mehrere kritische und grobe Fehler)	Gar nicht/leicht verzögert		

Häufig schlecht (mehrere, kritische und grobe Fehler)	Stark verzögert	3	Der Spieler hat leicht verzögert den Ball abgespielt und viele kritische und grobe Fehler gemacht.
(Mehrere, hauptsächlich grobe Fehler)	Leicht verzögert		
Sehr häufig schlecht (< 60 %) (viele kritische und grobe Fehler)	Stark verzögert	2	Der Spieler hat stark verzögert den Ball abgespielt und dabei viele grobe Fehler gemacht. Das Treffen von Entscheidungen war kaum zu erkennen.
(Viele, hauptsächlich grobe Fehler)	Gar nicht/leicht verzögert		
Sehr häufig schlecht (< = 50 %) (sehr viele grobe Fehler)	Unabhängig von der Entscheidungszeit	1	Der Spieler hat wahllos den Ball abgespielt und dabei sehr viele grobe Fehler gemacht.

4.2.3 Spieltestsituation „Lücken ausnutzen"

Innerhalb der basistaktischen Spieltestsituation *Lücken ausnutzen* (Lücken erkennen) müssen Lücken situationsadäquat erkannt und genutzt werden. Daher wird beurteilt, ob Spieler die „optimale" Lücke erkannt bzw. vorhandene Lücken nicht erkannt haben. Falls in einer bestimmten Situation keine Lücke vorhanden ist, muss ein Abspiel in den eigenen Reihen erfolgen. Wiederum wird nur der am Ball aktive Spieler bewertet und nicht, wie gut sich die Spieler anbieten, im Raum orientieren oder wie das Zusammenspiel erfolgt.

Für die Durchführung dieser Spieltestsituation *Lücken ausnutzen* wird die aus vier Spielern bestehende, angreifende Mannschaft auf zwei Zonen mit jeweils zwei Spielern aufgeteilt (Abb. 17). Die abwehrende Mannschaft besteht aus drei Spielern und agiert im mittleren Bereich, den sie nicht verlassen darf. Weiterhin dürfen die angreifenden Mannschaften diesen mittleren Bereich nicht betreten.

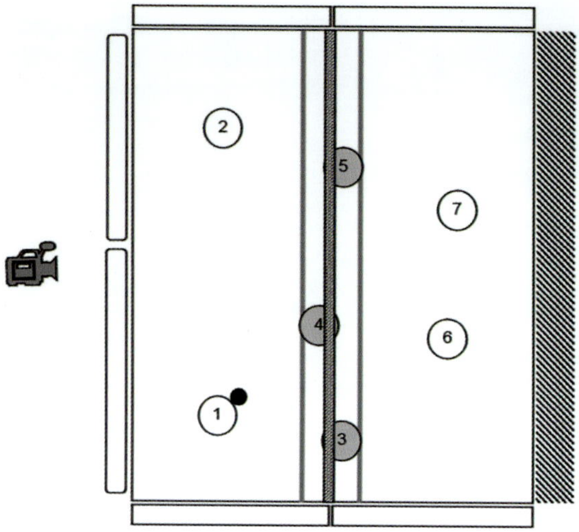

Abb. 17: Spielfeldgröße = 8 x 7 Meter; Breite der mittleren Zone = 1 Meter; Höhe des Baustellenbandes über der mittleren Zone = 1,50 Meter; Abstand der Videokamera zum Spielfeld = 8 Meter

Die angreifenden Spieler müssen ihre jeweiligen Plätze (links oder rechts des Aktionsfeldes) halten und dürfen nicht mit dem Ball laufen. Zuspiele innerhalb der beiden angreifenden Teams sind erlaubt. Die abwehrende Mannschaft dreht sich stets zum ballbesitzenden Spieler. Nach jeweils zwei Minuten werden die Positionen systematisch gewechselt, sodass jeder Spieler sich zweimal in einer Angriffsposition befindet (vgl. Tab. 7).

Tab. 7: Skalierung der Basistaktik „Lücken ausnutzen" (Memmert, 2004a).

Qualität der Lösung der Situation (Ausnutzen von Lücken oder Abspiel)	Deutlichkeit der Situation	Punkte	Ankerbeispiel
Optimal	Schwere Situation	10	Der Spieler hat auch bei schwierigen Situationen immer optimal die Lücke ausgenutzt oder zu einem Mitspieler mit einer besseren Lücke gepasst.
Optimal	Mittelschwere Situation	9	Der Spieler hat bis auf wenige kritische Entscheidungen optimal die Lücke ausgenutzt und mittelschwere Situationen vorgefunden.
Optimal	Leichte Situation	8	Der Spieler hat fast immer optimal die Lücke ausgenutzt und gegen eine schwache Abwehr gespielt, bei der leichte Situationen auftauchten.
Gut, es existiert nur eine bessere Alternative.	Schwere Situation	7	Der Spieler hat fast immer optimal die Lücke ausgenutzt und vorwiegend schwere Situationen gehabt.
Gut, es existiert nur eine bessere Alternative.	Mittelschwere Situation	6	Der Spieler hat bis auf wenige kritische Entscheidungen optimal die Lücke ausgenutzt, wobei leichte und schwierige Situationen vorkamen.

Befriedigend, es existieren zwei bessere Alternativen.	Mittelschwere Situation	5	Der Spieler hat mehrere kritische Entscheidungen gehabt, jedoch keine schlechten. Die Situationen waren mittelschwer.
Befriedigend, es existieren zwei bessere Alternativen.	Leichte Situation	4	Der Spieler hat einige schwere Fehler in leichten Situationen gemacht, sonst aber die Lücken gut erkannt.
Ungenügend, es wurde eine schlechte Möglichkeit ausgewählt.	Schwere Situation	3	Der Spieler hat mehrere schlechte Entscheidungen getroffen, aber sonst keine schweren Fehler in schweren Situationen gemacht.
Ungenügend, es wurde eine schlechte Möglichkeit ausgewählt.	Mittelschwere Situation	2	Der Spieler hat viele kritische Entscheidungen in leichten Situationen getroffen. Die Situationen waren als mittelschwer einzustufen.
Ungenügend, es wurde eine schlechte Möglichkeit ausgewählt.	Leichte Situation	1	Der Spieler hat mehrere schwere Fehler in leichten Situationen gemacht.

4.2.4 Spieltestsituation „Überzahl herausspielen“

In der standardisierten Spieltestsituation *Überzahl herausspielen* (Anbieten und Orientieren) geht es darum, zum richtigen Zeitpunkt eine optimale Position auf dem Spielfeld (vgl. Abb. 18) einzunehmen. Daher ist das zu bewertende Kriterium das adäquate Aufsuchen von anspielbaren Positionen im Raum. Demzufolge werden die Spieler, die nicht am Ball sind, beurteilt.

Im Gegensatz zu den vorherigen Spieltestsituationen fließt in die Bewertung NICHT ein, ob ein Pass gespielt wird oder erfolgreich ist bzw. ob eine Distanzüberwindung oder eine Zielorientierung stattfindet.

Weiterhin wird versucht, die Schwierigkeit der Situation mit zu bewerten. Das Ergebnis stellt ein Gesamturteil der individuellen Leistung in Bezug auf das Einnehmen von anspielbaren Positionen im Raum dar.

Für die Durchführung der Spieltestsituation *Überzahl herausspielen* agiert ein angreifendes Team A und ein abwehrendes Team B gegeneinander, die jeweils aus drei Spielern bestehen. Die Aufgabe der angreifenden Mannschaft A ist, sich den Ball so oft wie möglich zuzuspielen, wobei mit dem Ball nicht gelaufen werden darf. Team B versucht, die Zuspiele abzufangen. Die Abwehrspieler müssen zwei Meter Abstand zum Ballhalter wahren.

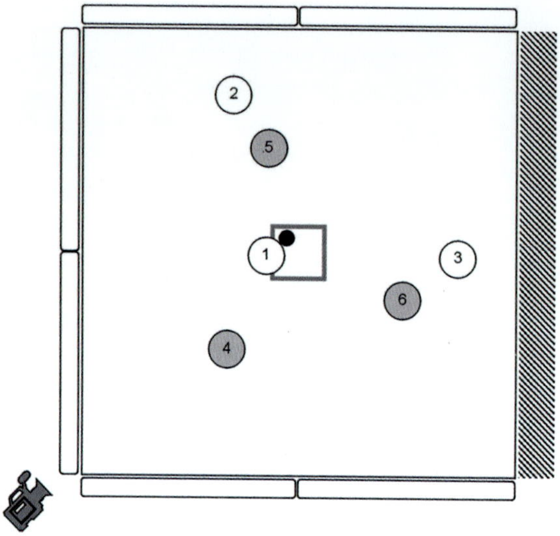

Abb. 18: Spielfeldgröße = 9 x 9 Meter; Startquadratgröße = 1 x 1 Meter; Abstand der Videokamera zum Spielfeld = 4 Meter

Zu Beginn des Spiels oder nach einem von den Abwehrspielern abgefangenen Ball muss sich ein Angreifer mit Ball in einem vordefinierten Startquadrat befinden. Die übrigen Spieler können sich frei auf dem gesamten Spielfeld verteilen. Nach jeweils zwei Minuten werden die Spieler aus den drei Mannschaften systematisch durchgewechselt, damit sich jeder Spieler im Laufe des Spieltests mit unterschiedlichen Partnern zweimal im Angriff befindet (vgl. Tab. 8).

Tab. 8: Skalierung der Basistaktik „Anbieten und Orientieren" (Memmert, 2004a).

Qualität der Leistung (adäquates Aufsuchen von anspielbaren Positionen im Raum)	Deutlichkeit der Situation für den Agierenden	Punkte	Ankerbeispiele
Optimal: immer anspielbar	Eher schwer	10	Der Spieler hat trotz einer eher schweren Situation immer die optimale Position aufgesucht und so dem Ballbesitzenden immer die Möglichkeit gegeben, ihn anzuspielen.
Optimal: immer anspielbar	Eher leicht	9	Der Spieler hat immer die optimale Position aufgesucht und so dem Ballbesitzenden immer die Möglichkeit gegeben, ihn anzuspielen. Die Situation war jedoch weniger schwierig.
Fast optimal: fast immer anspielbar	Eher schwer	8	Der Spieler hat trotz einer eher schweren Situation fast immer die optimale Position aufgesucht und so dem Ballbesitzenden meist die Möglichkeit gegeben, ihn anzuspielen.

Fast optimal: fast immer anspielbar	Eher leicht	7	Der Spieler hat fast immer die optimale Position aufgesucht und so dem Ballbesitzenden meist die Möglichkeit gegeben, ihn anzuspielen. Die Situation war jedoch weniger schwierig.
Gut: häufig anspielbar	Eher schwer	6	Der Spieler hat trotz einer eher schweren Situation häufig die optimale Position aufgesucht und so dem Ballbesitzenden oft die Möglichkeit gegeben, ihn anzuspielen.
Befriedigend: unregelmäßig anspielbar	Eher leicht	5	Der Spieler hat unregelmäßig die optimale Position aufgesucht und so dem Ballbesitzenden manchmal die Möglichkeit gegeben, ihn anzuspielen. Die Situation war weniger schwierig.
Mangelhaft: fast nie anspielbar	Eher schwer	4	Der Spieler hat fast nie die optimale Position aufgesucht und so dem Ballbesitzenden selten die Möglichkeit gegeben, ihn anzuspielen. Die Situation war aber eher schwer.
Mangelhaft: fast nie anspielbar	Eher leicht	3	Der Spieler hat trotz einer eher leichteren Situation fast nie die optimale Position aufgesucht und so dem Ballbesitzenden selten die Möglichkeit gegeben, ihn anzuspielen.
Ungenügend: nie anspielbar	Eher schwer	2	Der Spieler hat nie die optimale Position aufgesucht und so dem Ballbesitzenden nie die Möglichkeit gegeben, ihn anzuspielen. Die Situation war aber eher schwer.
Ungenügend: nie anspielbar	Eher leicht	1	Der Spieler hat trotz einer eher leichteren Situation nie die optimale Position aufgesucht und so dem Ballbesitzenden nie die Möglichkeit gegeben, ihn anzuspielen.

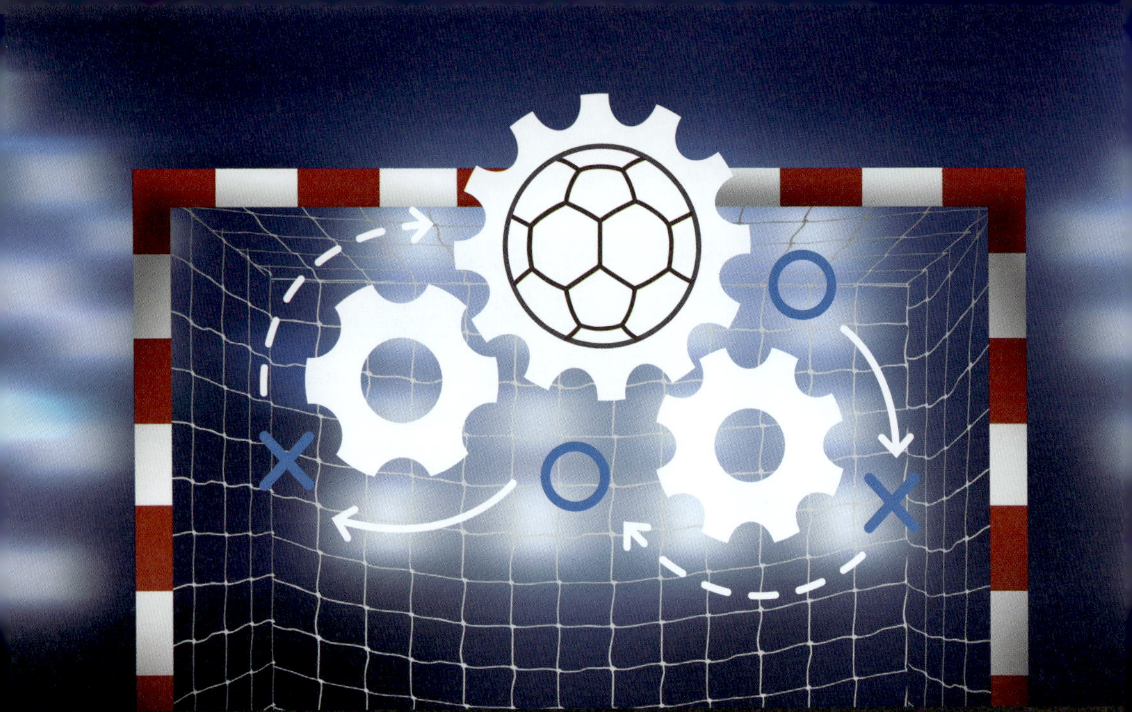

5 SPIELFORMEN ZUM KOGNITIVEN TRAINING

Kognitives Training ist altersunabhängig – für einen Sechsjährigen ebenso wichtig und notwendig wie für einen Bundesligaprofi. Selbst in hohem Alter können Kognitionen gewinnbringend trainiert werden (für einen Überblick: Lampit, Hallock & Valenzuela, 2014; Kelly, Loughrey, Lawlor, Robertson, Walsh & Brennan, 2014; Toril, Reales & Ballesteros, 2014; Shao, Mang, Li, Wang, Deng & Xu, 2015). Aber vor allem elementare Kognitionen, sportspielübergreifende Basistaktiken, wie etwa Anbieten und Orientieren oder das Ausnutzen von Lücken, sind im Anfänger- und Kindertraining sehr früh zu schulen.

Dennoch: Wenn ein Trainer in der Bezirksklasse die Schnelligkeit und Technik seiner Spieler schult, weil er an Spritzigkeit oder Passqualität arbeiten will, dann sollte er in genau demselben Maße auch Kognition trainieren, wenn er glaubt, dass sein Team viele schlechte Lösungen auf dem Feld wählt; handballspezifisches Kognitionstraining ist nicht nur altersunabhängig, sondern auch spielklassenunabhängig. Somit können Kognitionen als ebenso wichtig wie Schnelligkeit, Kraft, Ausdauer oder Technik angesehen werden.

Handballspezifisches Kognitionstraining ist letztlich eine wichtige Grundlage für ein optimales Technik-Taktik-Training. Das kann in allen Altersklassen und auf allen Spielniveaus strukturiert trainiert werden. Deshalb sollte Kognitionstraining auch stärker und ganz systematisch in der Trainerausbildung verankert werden.

Mit Blick auf die Trainingssteuerung und -periodisierung kann das Lösen von Spielsituationen in jeder Phase der Saison, also in jeder Trainingseinheit, seinen Platz finden: sowohl in der Vorbereitung als auch während der Spielzeit. Handballspezifisches Kognitionstraining ist oftmals sehr effektiv in spezielle Spiel- und Übungsformen integrierbar.

Obwohl hierzu noch keine systematischen Studien vorliegen, kann man in Analogie zum Techniktraining vermuten (Augste, 2006; Olivier, 1996), dass es keine wesentliche Rolle spielen dürfte, ob man die Kognitionen innerhalb einer Einheit zu Beginn üben lässt oder am Ende. Der Zusammenhang zwischen Konditions- und Techniktraining wurde früher überschätzt, das ist heute so nicht mehr haltbar.

Spieler lernen im ausgeruhten Zustand genauso viel wie während oder nach einer Belastung. Im Wettkampf müssen Spieler schließlich auch in den letzten 10 Minuten eines Spiels noch gute Entscheidungen treffen. Folglich muss diese Situation aus dem Training bekannt sein.

Natürlich werden handballspezifische Kognitionen auch beiläufig geschult. Aber im Kern geht es ja darum, einzelne Kognitionen gezielt und differenziert anzusprechen, um einzelne Spieler und das Team besser zu machen. Einfach nur Spielformen anzubieten und zu hoffen, dass man Kognitionen im Handball als Nebeneffekt mitschult, ist unsystematisch und greift zu kurz.

Nachfolgend wird eine Vielzahl von Spiel-, Wettkampf- und ergänzenden Übungsformen beschrieben, die die einzelnen Kognitionen in handballspezifischen Situationen schulen können. Dabei wurden nicht alle Aufgabenstellungen neu erfunden. Einerseits wurden interessante Spiele aus der Literatur zusammengetragen und gegebenenfalls entsprechend modifiziert. Andererseits wurden aber auch neue Spiele entwickelt, welche in der Praxis erprobt wurden.

Naturgemäß finden sich nicht zu allen Kognitionen gleich viele Spielformen. Während Antizipation extrem spezifisch zu schulen ist, lässt sich die Aufmerksamkeit auf sehr viele verschiedene Weisen trainieren. Für die Kreativitätsschulung werden methodische Hinweise gegeben, die die Trainer in ihren spezifischen taktischen Spielformen berücksichtigen können.

Die Beschreibungen bzw. Skizzen der Spielformen orientieren sich an den üblichen Positionsbezeichnungen und Abkürzungen der Fachliteratur. Sie sind in Abb. 19 nochmals dargestellt und erklärt.

Aktionsbereiche der Spielpositionen	Positionsbezeichnungen
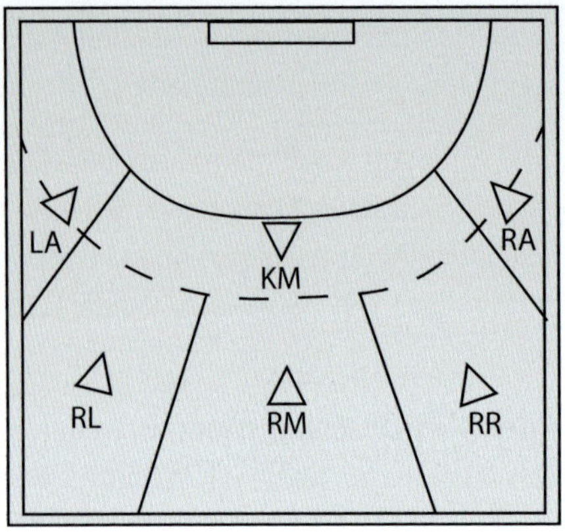	LA = Linksaußen RL = Rückraum links RM = Rückraum Mitte KM = Kreis Mitte RR = Rückraum rechts RA = Rechtsaußen
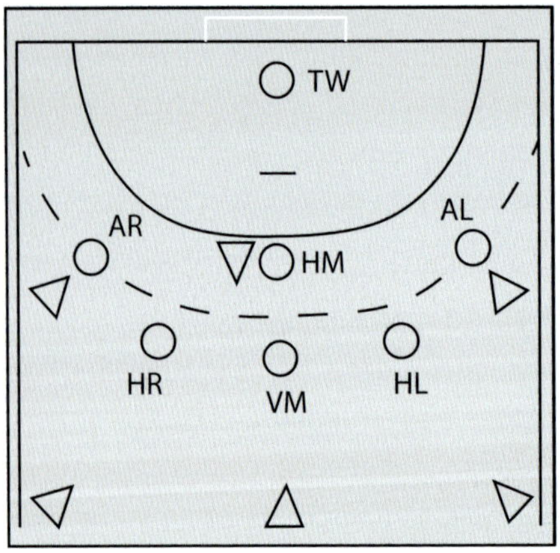	AR = Außen rechts HR = Halbrechts HM = Hinten Mitte VM = Vorne Mitte HL = Halblinks AL = Außen links

Abb. 19: Angriffs- und Abwehrpositionen im Handball.

Ein grundlegendes Equipment wird für fast alle Übungen benötigt. Für die meisten Spielformen reichen Spielfeldmarkierungen, mehrere Bälle und Parteibänder oder verschiedenfarbige Leibchen. Sollten weitere Materialien, wie Kleinkästen, Minitore, andere oder sehr viele Bälle oder Fitlights, benötigt werden, wird in der Übungsorganisation darauf hingewiesen. Stoppuhren, ein Kartenset oder Trillerpfeifen können nützliche Helfer sein, um Zeiten einzuhalten, Signale zu geben und die Gruppe zusammenzurufen.

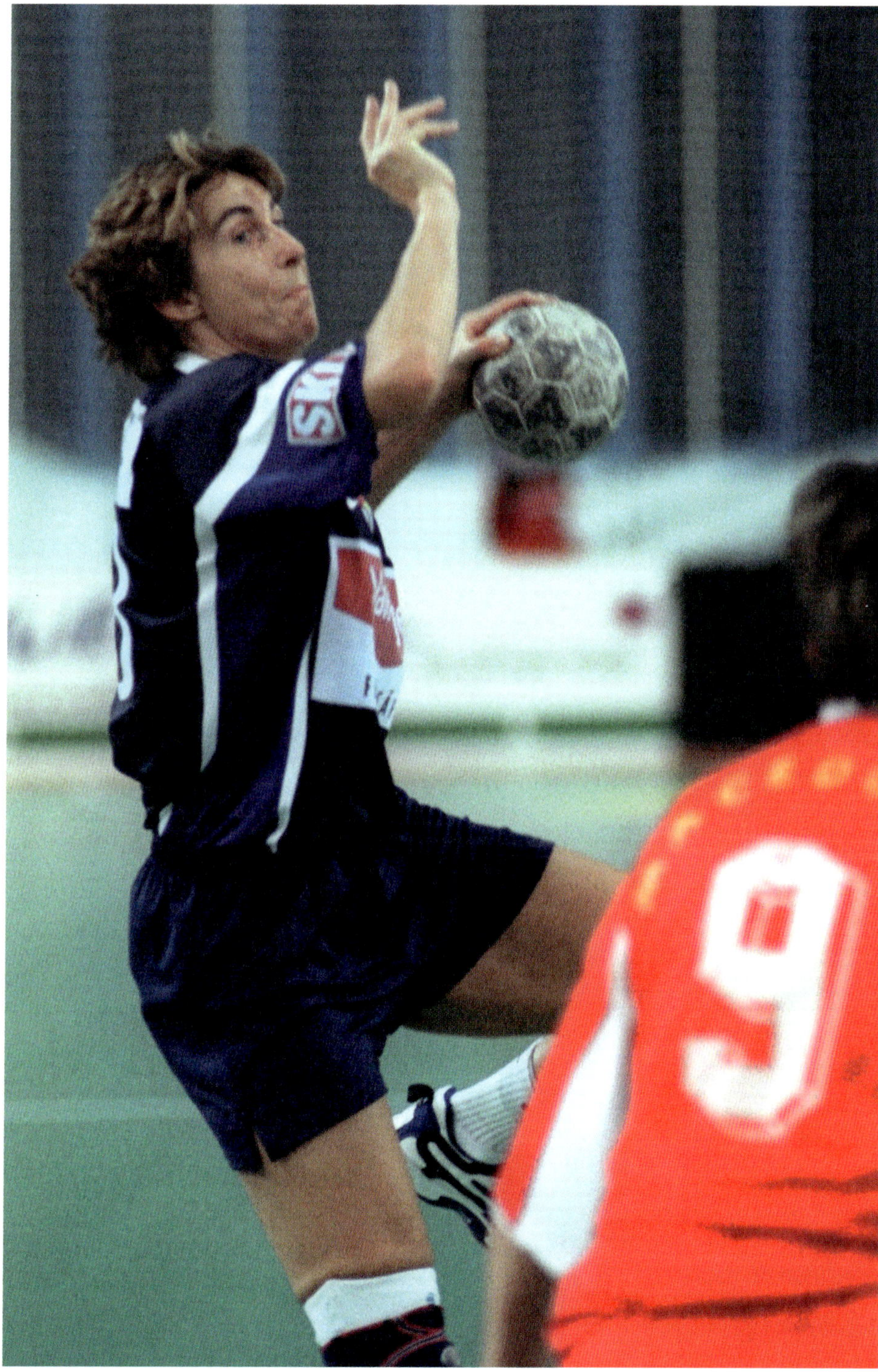

5.1 Spielformen zur Antizipation

5.1.1 Spiel 1 gegen 1 im Halbfeld

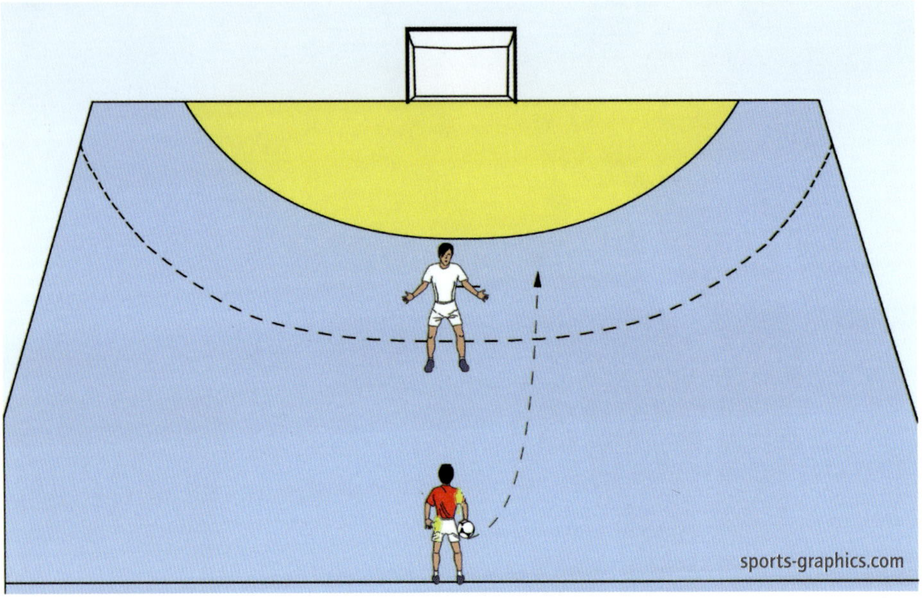

Organisation

Zwei Spieler stehen sich gegenüber. Beim Spieler mit Ball (Blick zum Tor, Grundposition an der Mittellinie) werden Schulter und Hüfte mit gelben Klebepunkten markiert. Der Spieler ohne Ball und ohne Markierung steht seinem Gegenspieler im Abstand von circa zwei Metern und mit Rücken zum Tor gegenüber. Pro Halbfeld sind 3 bis 4 Zweiergruppen möglich, gestartet werden kann von unterschiedlichen Positionen.

Ablauf

Ziel des Angreifers ist, mit einem Torwurf abzuschließen. Er startet zunächst mit verhaltenem Tempo und eröffnet auf ein Zeichen des Torhüters die Aktion. Der Verteidiger versucht, dem Angreifer beim Prellen den Ball herauszuspielen oder ihn aus dem Sektor zu drängen. Hierbei muss er nicht nur den Ball, sondern auch Hüfte und Schulter des Angreifers beobachten. Nach Abschluss eines Durchgangs starten die beiden mit umgekehrten Aufgaben.

Sobald ein Paar abgeschlossen hat, starten die nächsten beiden Spieler.

Variationen

- **Spiel 1 gegen 1 plus 2:** Hinzunahme von zwei neutralen Spielern, die circa 11 Meter vor dem Angreifer stehen; diese sind zunächst statisch, danach können sie sich bewegen. Der Angreifer kann sich nach Anspiel eines der beiden neutralen Spieler (Position RL und RR) ohne Ball freilaufen. Der Verteidiger beobachtet vor allem die Hüfte des Gegenspielers.
- **Zweiter Versuch:** Gewinnt der Verteidiger das Duell (s. o.), muss der Angreifer sofort einen zweiten Ball holen und startet erneut. Einen Ballkasten an der Mittellinie deponieren.

5.1.2 Den Ball erobern im Spiel 5 gegen 3

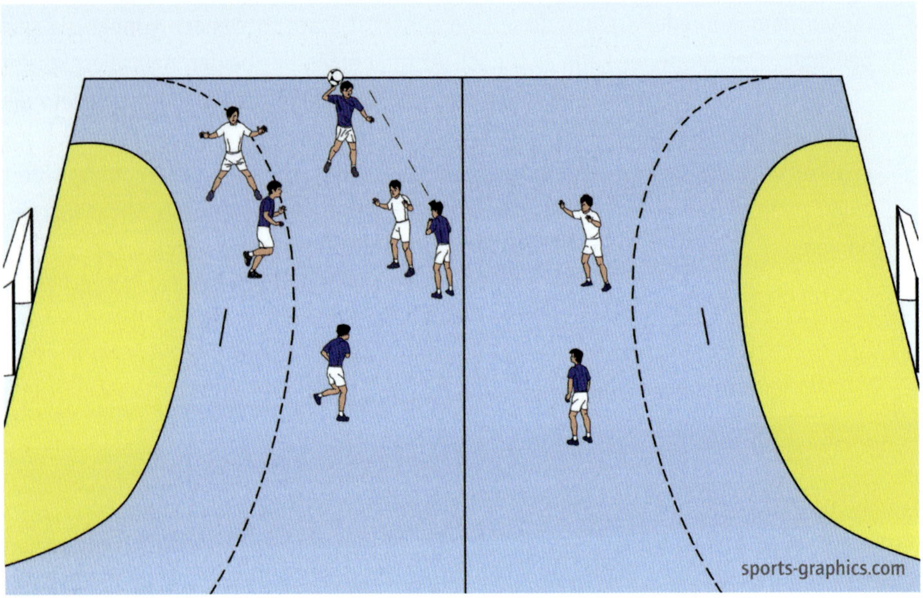

Organisation

Es spielen fünf Angreifer (ein Ball) gegen drei Verteidiger. Ziel der Verteidiger ist es, den Ballbesitzer zu berühren. Die Angreifer versuchen, den Ball für eine vorgegebene Zeit (z. B. 20 Sekunden) ohne Gegnerberührung in den eigenen Reihen zu halten (Parteiballprinzip).

Ablauf

Auf ein Startsignal hin spielen sich die fünf Angreifer den Ball untereinander zu. Die Verteidiger versuchen, durch genaue Beobachtungen Ballwege zu antizipieren und dadurch rechtzeitig beim Ballbesitzer zu sein. Hierzu ist es erforderlich, dass sie das Blickverhalten und die Oberkörperaktionen der Angreifer genau beobachten. Wird der Ballbesitzer berührt, beginnt das Spiel von Neuem. Ziel ist, in einem vorgegebenen Zeitfenster so häufig wie möglich den Ballbesitzer zu berühren.

Variationen

- Je nach Können und Größe des Teams sind andere Konstellationen (z. B. 4 gegen 2, 5 gegen 3 plus 1) möglich.
- **Wechsel von Angriff und Abwehr:** Die verteidigende Mannschaft hat zwei Ersatzspieler außerhalb des Feldes. Sobald die Verteidiger es schaffen, den Ballbesitzer zu berühren, werden alle Verteidiger (3 plus 2) zu Angreifern, die Angreifer werden zur Verteidigung, wobei zwei Spieler das Spielfeld verlassen.

5.1.3 Wandball

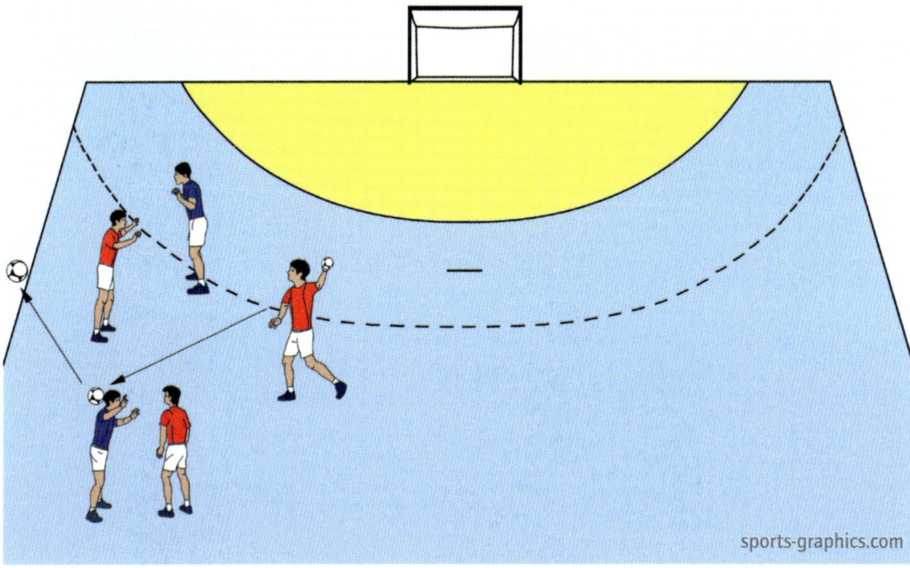

Organisation

Zwei Mannschaften (Teamgröße je nach Spieleranzahl und Feldgröße) spielen in einem Hallendrittel oder in zwei oder drei quer bzw. längs im Hallendrittel liegenden Feldern gegeneinander. Die beiden Querseiten des Spielfeldes (Hallenwände) sind die Tore.

Ablauf

Ein Punkt (Tor) kann erzielt werden, indem ein Spieler den Ball als Aufsetzer an die Wand spielt und der zurückprallende Ball anschließend den Boden berührt. Fängt ein Abwehrspieler den zurückkommenden Ball, so ist es kein Punkt (Tor).

Weitere Regeln: Es wird ohne Prellen bzw. Tippen gespielt; es dürfen maximal drei Schritte mit Ball ausgeführt werden.

Variationen

- Ein Punkt kann nur erzielt werden, wenn alle Angreifer in der eigenen Angriffshälfte sind (eine Mittellinie festlegen).
- Ein Punkt zählt doppelt, wenn nicht alle Abwehrspieler in die Abwehrhälfte zurückgelaufen sind (hohes Spieltempo).
- Beide Variationen miteinander verbinden.
- Ein Aufsetzer darf erst ab einer bestimmten Linie, z. B. ab der Mittellinie, gespielt werden.

5.1.4 Hütchentorball

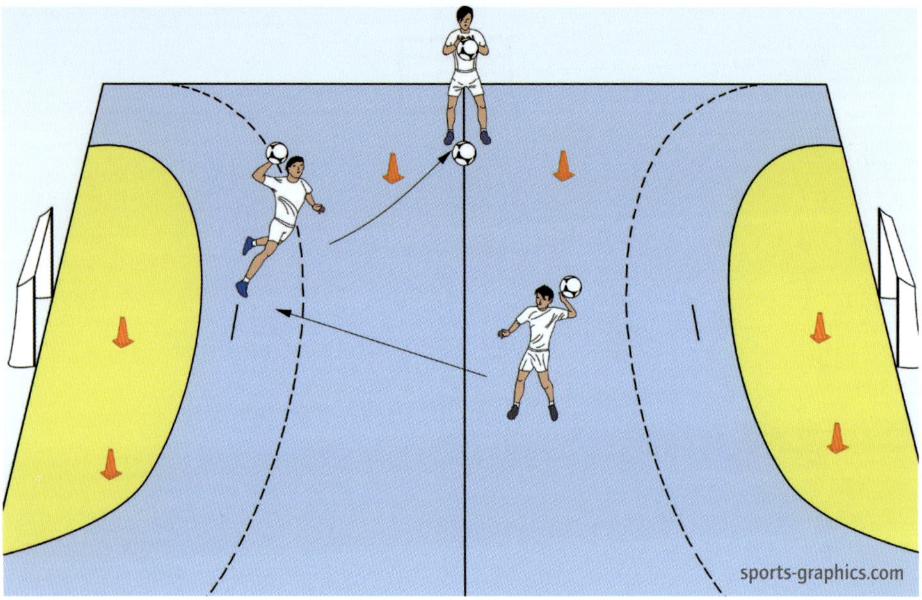

Organisation

Zwei Mannschaften spielen auf einem Spielfeld gegeneinander Parteiball. Ziel ist es, mittels eines indirekten Passes durch eines der drei Hütchentore (Markierungen aller Art sind möglich) zu einem Mitspieler einen Punkt zu erzielen.

Ablauf

Anspiel nach Auslosung oder Jump. Die ballbesitzende Mannschaft versucht, sich so in Positionen zu bringen, dass ein Bodenpass durch eines der drei Hütchentore möglich ist. Der Spieler, der den indirekten Pass fängt, legt den Ball sofort auf den Boden. Von dort setzt die andere Mannschaft das Spiel fort.

Variationen

- Die erfolgreiche Mannschaft kann weiterspielen, also mehrere Punkte nacheinander erzielen, die verteidigende Mannschaft muss den Ball erobern.
- Der den indirekten Pass annehmende Spieler muss dies im Sprung (beide Beine in der Luft) tun.
- Die Tore können „gesperrt" werden, wenn ein Verteidiger sich zwischen die Markierungen stellt.

  Achtung: Mehr Tore als Verteidiger sind notwendig.

Hinweis

- Je nach Mannschaftsgröße zusätzliche Hütchentore aufstellen.

5.1.5 Handball-Rugby

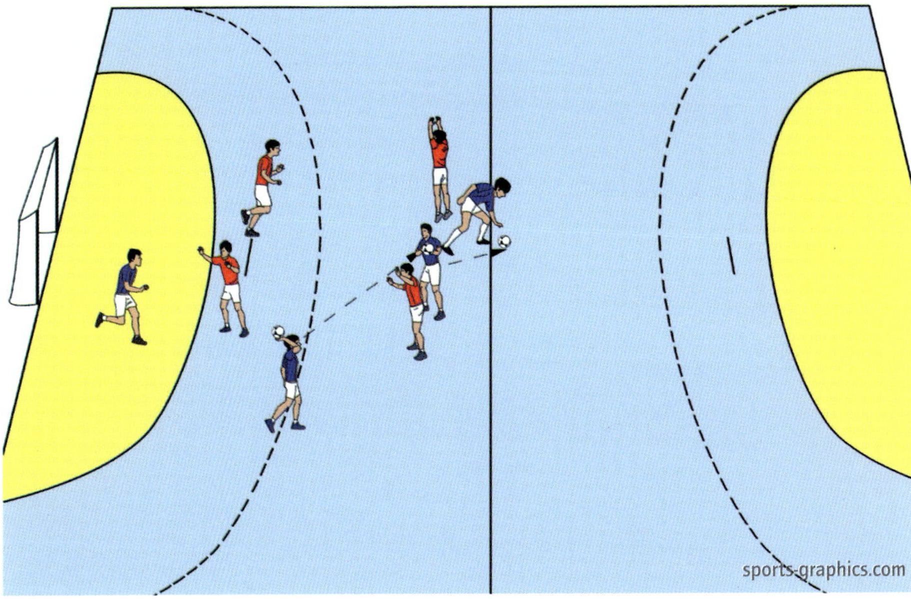

Organisation

Ziel des Spiels ist, den Ball hinter der gegnerischen Grundlinie abzulegen. Von dort beginnt die verteidigende Mannschaft das Spiel erneut. Anspielregel: Fuß auf Linie.

Ablauf

Das Spiel wird durch Anspiel, Jump oder Einwurf eröffnet. Beide Mannschaften spielen nach Handballregeln. Durch Freilaufen wird versucht, einen Spieler so in Position zu bringen, dass er den Ball ohne Schrittfehler hinter der gegnerischen Grundlinie ablegen kann.

Regel: Das Spiel wird ohne Prellen gespielt.

Variationen

- Die ballbesitzende Mannschaft verliert den Ball, wenn der Ballbesitzer von einem Verteidiger berührt wird.
- Der Punkt kann nur durch das Kempa-Element (Ballannahme in der Luft und Landung hinter der Grundlinie) erzielt werden.
- Ballablage ist nur in markierten Zonen der Grundlinie möglich (Markierung durch Schaumstoffwürfel, Floormarker, o. ä.).
- Die angreifende Mannschaft muss nach einer festgelegten Anzahl von Pässen (z. B. sechs Pässe) den Ball hinter der Grundlinie abgelegt haben.

5.1.6 Korridor-Handball

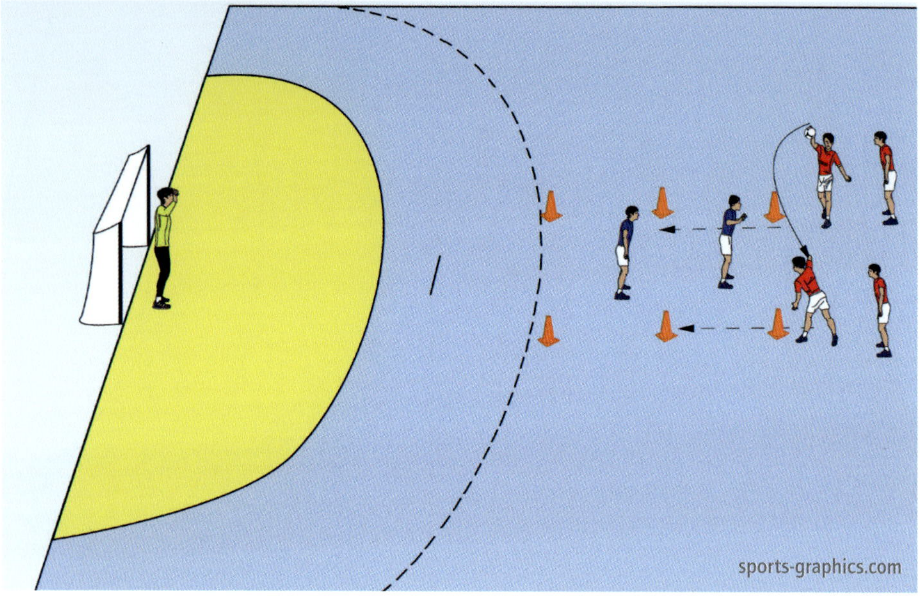

Organisation

In Verlängerung der Torpfosten werden von der Freiwurflinie bis etwa zur Mittellinie Hütchen oder Floormarker aufgestellt. Diese sollen als Begrenzung des Laufwegs der Angreifer und der Abwehrzone dienen. Die Breite des Korridors kann unterschiedlich festgelegt werden (drei Meter, vier Meter, ...); entscheidend ist das Leistungsniveau der Spieler.

Ablauf

Zwei Abwehrspieler stellen sich verteilt mit gleichem Abstand hintereinander in den Korridor. Ein Torhüter befindet sich im Tor, gegebenenfalls wechseln sich zwei Torhüter in kürzeren Abständen ab. Zwei Angriffsspieler (A und B, mehrere Gruppen bilden) stellen sich mit Ball an der Mittellinie auf und müssen durch geschicktes Passen und Prellen den Ball in Richtung Tor transportieren, ohne aus der Begrenzung zu kommen. Die Abwehrspieler versuchen, Fehler zu provozieren, Bälle herauszuschlagen/zu fangen. Vor der Sechs-Meter-Linie erfolgt der Abschluss durch einen Schlagwurf. Wer mehr Tore erzielt, gewinnt.

Variationen

- Balltransport ohne Prellen.
- Abschluss durch einen Sprungwurf.
- Ein Zweierteam absolviert mehrere Durchgänge hintereinander, das heißt, nach dem Torwurf laufen sie zurück und starten mit einem neuen Ball.

5.1.7 Liegestütz-Handball

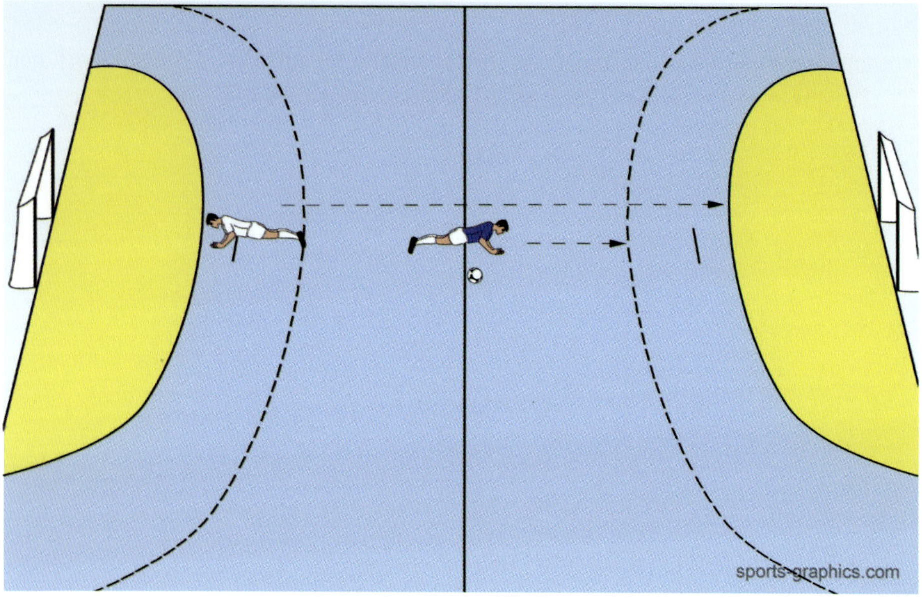

Organisation

Die Spieler gehen paarweise zusammen und nehmen die Liegestützposition ein. A ist an der Mittellinie, B an der Freiwurflinie. A schaut zum gegnerischen Tor, B ist mit dem Rücken zum gegnerischen Tor. Der Ball liegt neben A.

Ablauf

Auf Pfiff des Trainers sprinten beide zum gegnerischen Tor. A mit dem Ball (Prellen! Schrittregel!), B ohne Ball. B versucht, schneller als A am Tor zu sein, um A am Torwurf zu hindern. A versucht, einen Torabschluss zu erzielen. Die Spieler besetzen die beiden Positionen im Wechsel.

Variationen

- Die Anfangsposition kann variiert werden: Skippings, auf dem Bauch/Rücken liegend usw.
- A und B befinden sich im Mittelkreis in der Liegestützposition. Sie versuchen, den Gegenspieler durch Wegziehen der Arme umzuschubsen, ohne dabei selbst umzufallen. Das Verlassen des Mittelkreises ist dabei untersagt. Nach einigen Sekunden wirft der Trainer einen Ball in Richtung Tor. Sobald diese Aktion erfolgt ist, sprinten die

beiden Spieler zum Ball. Derjenige, der den Ball zuerst hat, wird Angreifer, der andere wehrt ab. Der Spieler, der ein Tor erzielt hat, bekommt einen Punkt.

- Der Ball kann vom Trainer auf den Boden gelegt oder in verschiedene Richtungen geworfen werden.
- **Variation der Anforderung im Mittelkreis:** Die beiden Spieler müssen ...
  - ... sich im Stehen auf den Unterschenkel mit den Händen klatschen.
  - ... ein Leibchen, welches hinten in die Hose gesteckt wurde, herausziehen.

5.1.8 Rebounderball

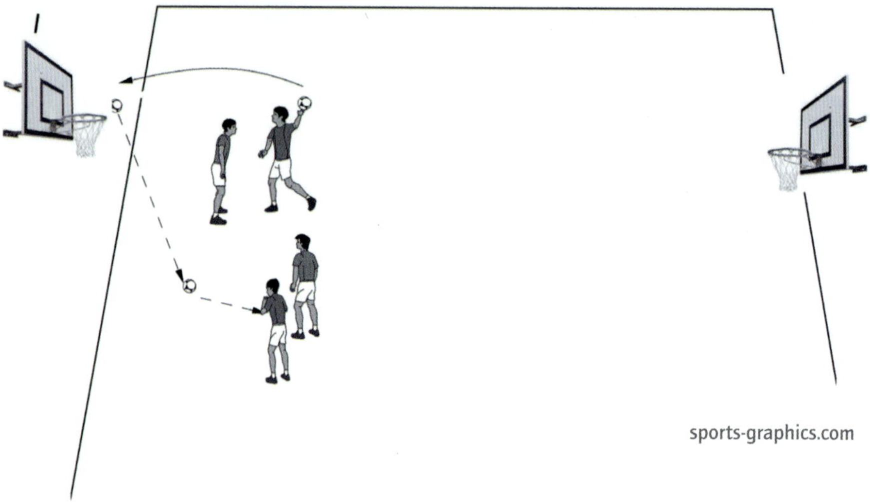

Organisation

Zwei Mannschaften spielen gegeneinander auf einem Basketballfeld (z. B. Querfeld in einem Hallendrittel). Punkte können erzielt werden, indem der Ball an das Basketballbrett geworfen wird und von dort so zurückprallt, dass er den Boden berührt.

Ablauf

Spieleröffnung durch Anspiel, Einwurf oder Jump. Das ballbesitzende Team (A) spielt sich den Ball zu und versucht, ihn gegen das Brett zu werfen. Team B muss verteidigen und „rebounden".

Variationen

- Ein zweiter Angreifer oder der Werfer muss den zurückprallenden Ball fangen.
- Spiel mit Doppelrebound, das heißt, der erste Rebound wird im Sprung gefangen und sofort wieder gegen das Brett geworfen, der zweite Rebound muss den Boden berühren.
- Berührt ein Verteidiger den Ballbesitzer, wechselt der Ballbesitz.

5.1.9 Gegenstoß 1 gegen 0

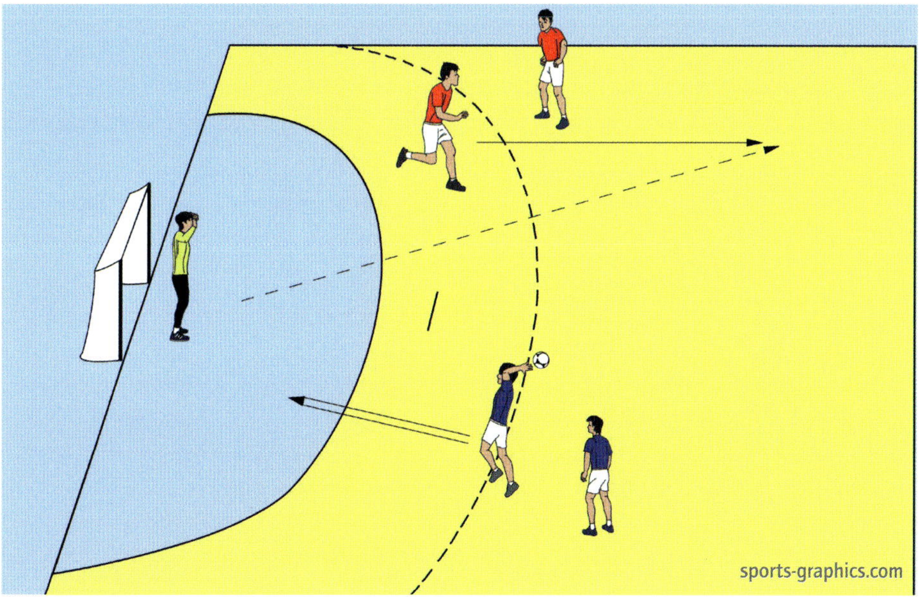

Organisation

Torwurf nach einer vorgegebenen angriffstaktischen Aufgabe in der Zweiergruppe, z. B. Kreuzen oder Stoßen und Rückpass bzw. Doppelstoßen. Ein Verteidiger steht auf der Außenposition und antizipiert den Torwurf. Ein Torhüter befindet sich im Tor.

Ein Ballkasten wird neben das Tor gestellt, um immer schnell Bälle für den Gegenstoß bereit zu haben.

Ablauf

RL und RR spielen Stoßen und Rückpass, RL wirft mit Sprungwurf aufs Tor. Der Abwehrspieler (er hat nur eine Beobachtungsaufgabe) wartet nicht, bis der Ball unterwegs ist (Reaktion), sondern antizipiert den „Point of no Return" (Beginn der Wurfbewegung); dann startet er zum Gegenstoß. Der Torhüter wehrt den Ball ab und spielt einen Gegenstoß.

Variationen

- Die angriffstaktischen Aufgaben variieren.
- Beide Außenverteidiger agieren abwechselnd.
- Beide Außenverteidiger starten gleichzeitig, es muss ein zusätzlicher Pass in der anderen Hälfte gespielt werden.
- Bei erfolgreichem Torwurf wird „schnelle Mitte" gespielt.

5.1.10 Gegenstoß 2 gegen 1

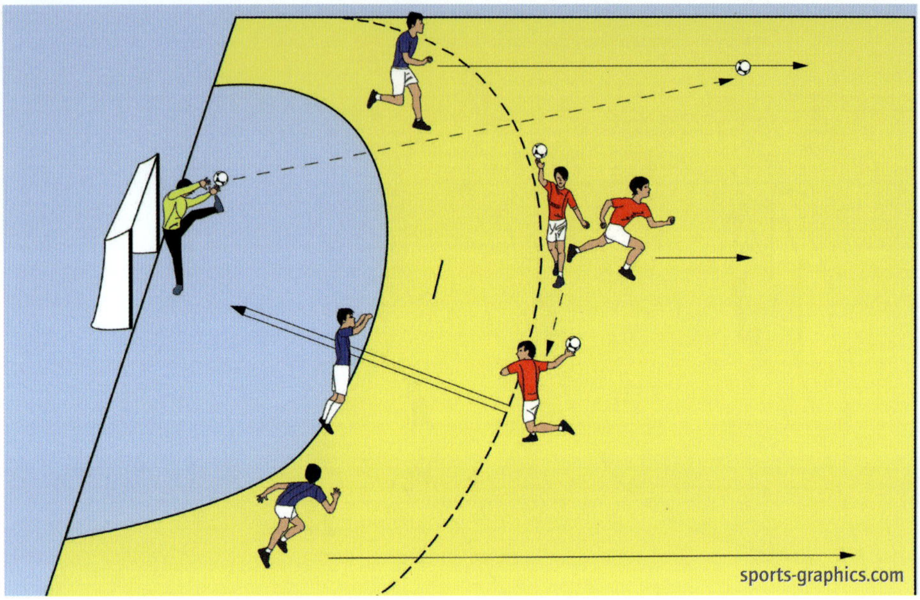

Organisation

A und B spielen Stoßen und Rückpass und werden dabei von einem Innenverteidiger gestört (2-gegen-1-Situation), A wirft aufs Tor. Die beiden Abwehrspieler (AL/AR) antizipieren die Situation (ohne aktive Abwehrfunktion) und starten zum Gegenstoß.

Ablauf

A und B spielen Stoßen und Rückpass, A wirft mit Sprungwurf aufs Tor. Der Torhüter wehrt den Ball ab und spielt einen Gegenstoß. Beide Außenverteidiger warten nicht, bis der Ball unterwegs ist (Reaktion), sondern antizipieren den „Point of no Return" (Beginn der Wurfbewegung); dann starten beide gleichzeitig zum Gegenstoß. Der Nichtwerfer (z. B. B) sprintet zurück und versucht, den Gegenstoß zu stören. Die Gegenstoßspieler lösen die 2-gegen-1-Situation.

Variationen

- Die angriffstaktischen Aufgaben variieren.
- Einen zusätzlichen Abwehrspieler in der zweiten Hälfte positionieren.
- Bei erfolgreichem Torwurf wird „schnelle Mitte" gespielt.

5.1.11 Gegenstoß 1 gegen 1 und 2 gegen 2

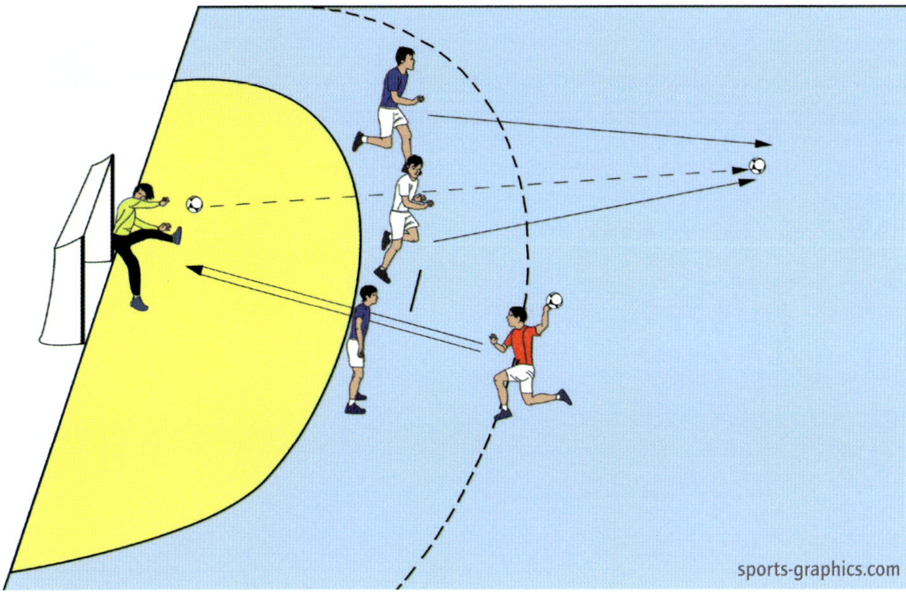

Organisation

A und B spielen Stoßen und Rückpass und werden dabei von einem Innenverteidiger gestört (2-gegen-1-Situation), A wirft aufs Tor. Ein Außenabwehrspieler (AL oder AR) beobachtet den Ablauf; Gleiches gilt für einen neutralen Spieler N, der sich an der Sieben-Meter-Linie befindet (weißer Spieler).

Ablauf

A und B spielen Stoßen und Rückpass, A wirft mit Sprungwurf aufs Tor. Der Torhüter wehrt den Ball ab und muss einen Gegenstoß spielen. Der Außenverteidiger und der neutrale Spieler N warten nicht, bis der Ball geworfen wird (Reaktion), sondern antizipieren den „Point of no Return" (Beginn der Wurfbewegung); dann starten beide gleichzeitig. Der Außenverteidiger läuft einen Gegenstoß, der neutrale Spieler N versucht, diesen Gegenstoß zu unterbinden.

Variationen

- Gegenstoßspiel auf beiden Seiten im Wechsel, das heißt, die Positionen AL und AR sowie zwei N besetzen.
- Beide Außenverteidiger starten und können zusammenspielen. Es läuft ein Spieler N zurück.
- Der Nichtwerfer (A oder B) sprintet zusätzlich zurück und versucht, den Gegenstoß zu stören. Die Gegenstoßspieler lösen die 2-gegen-2-Situation.

5.1.12 Variables Gegenstoßspiel

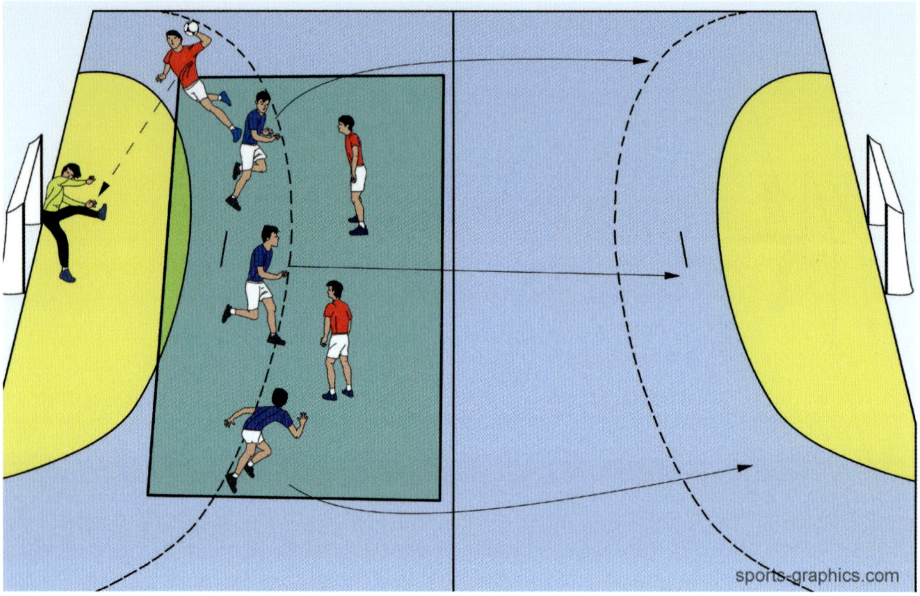

Organisation

Zwei Teams à drei Spieler spielen Parteiball in einem Rechteck zwischen Wurfkreis und Mittellinie. Ziel ist ein blitzschnelles Umschalten der Verteidigung nach Ballverlust oder Torwurf der Angreifer.

Ablauf

Team A spielt im markierten Rechteck Parteiball gegen B. Das ballbesitzende Team A hat drei Möglichkeiten:

- Torwurf;
- Zuspiel zum Torhüter oder
- den Ball ablegen (im Feld).

In jedem dieser drei Fälle muss Team B sofort einen Gegenstoß spielen; dies gilt auch, falls sie den Ball erobern. Hierbei ist auf Signale der Angreifer zu achten, die eine bestimmte Handlung, z. B. Pass zum Torhüter, erwarten lassen. Die Spieler von A laufen zurück.

Variationen

- Variation der Teamgröße.
- Variation der Spielfeldgröße.
- Überzahlspiel: Der ballabgebende Spieler läuft nicht zurück.
- Das Rechteck wird auf beiden Seiten markiert; das Gegenstoßspiel erfolgt im Wechsel in beide Richtungen.

5.1.13 Passzeck (Duell, 1981)

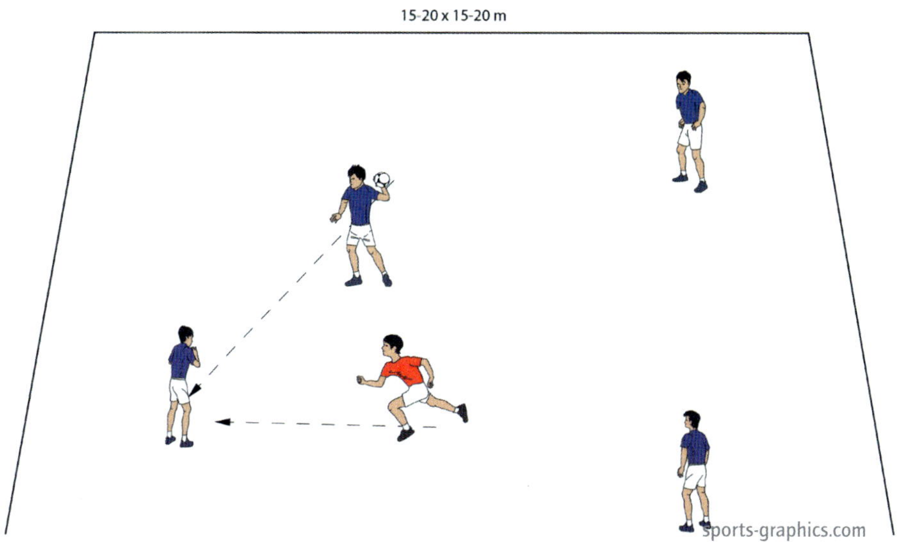

Organisation

Alle Spieler bewegen sich in einem Rechteck von 15–20 x 15–20 Metern. Ein Spieler fungiert als Fänger (unbedingt farblich markieren).

Ablauf

Die Spieler passen sich einen Ball bei freien Lauf- und Passwegen zu. Der Fänger versucht, einen Angreifer, der gerade in Ballbesitz ist, abzuschlagen. Gelingt dies, wechseln Fänger und Gefangener die Aufgabe.

Ein Fänger muss bei diesem Spiel mögliche Passwege antizipieren, nur dann hat er eine echte Chance.

Variationen

- Es wird mit zwei Bällen gespielt.
- Es wird mit zwei oder mehreren Fängern gespielt.
- Der Wechsel erfolgt erst nach einer vorgegebenen Zeit, der Fänger muss dann so viele Punkte wie möglich machen.
- Abgefangene Bälle ergeben zwei Punkte.

5.1.14 Antizipatives Verteidigen (Brack & Bauer, 2020)

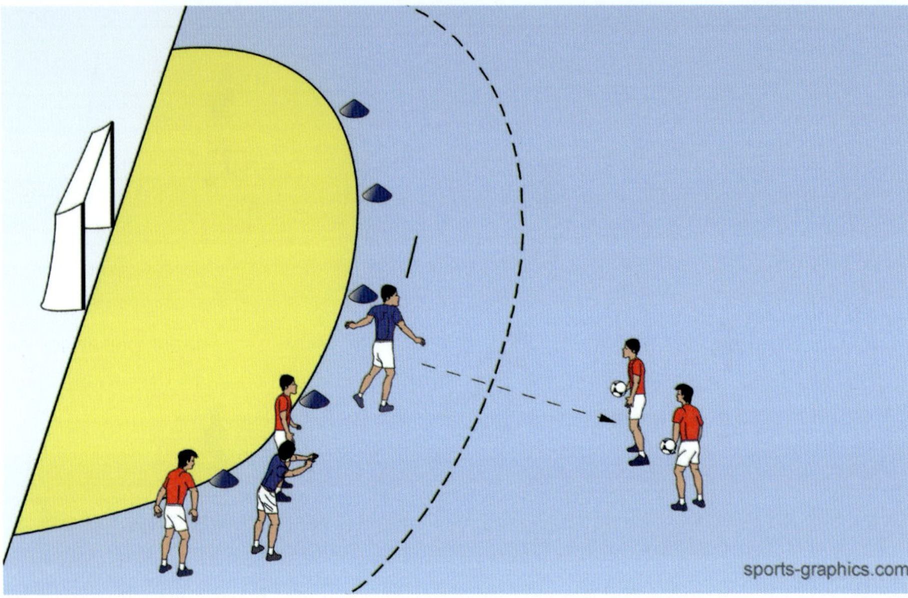

Organisation

Zwei Hütchen auf der Torraumlinie begrenzen den linken bzw. rechten Aktionsraum. Je ein Spieler besetzt die Position KL bzw. KR; der Aktionsraum der Kreisspieler wird durch je zwei auf der Torraumlinie ausgelegte Markierungsflecken (Abstand maximal ein Meter) stark eingegrenzt. Je ein Angreifer besetzt die LA- bzw. die RA-Position. Im linken Aktionsraum agieren AR und HR und im rechten Aktionsraum AL und HL als Verteidiger.

Die übrigen Spieler verteilen sich gleichmäßig auf die Positionen RL und RR (jeder mit Ball).

RL1 bzw. RR1 positionieren sich etwa einen Meter außerhalb des Freiwurfraums.

Ablauf

HR tritt gegen RL1 heraus und berührt diesen kurz mit der Hand. RL muss daraufhin – aus einem einmaligen Tippen – umgehend eine abschlussorientierte Aktion durchführen. Er kann

- selbst aufs Tor werfen;
- den Kreisspieler (KL) anspielen oder
- zu LA passen.

HR und AR versuchen, einen erfolgreichen Abschluss der Angreifer zu verhindern, mindestens aber maximal zu erschweren, indem sie vorausschauend Passwege zustellen.

Anschließend folgt der gleiche Ablauf im rechten Aktionsraum.

Variationen

- Auftaktpass RL/RR mit zusätzlichem RM.
- Nach dem Pass RL/RR zu RM dreht sich RL um 180 Grad (Blick in Richtung Mittellinie). Auf Zeichen von RM führt RL einen Drehsprung aus (dabei hat er RM stets im Blick!), erhält im Sprung den Pass von RM und agiert anschließend wie im Grundablauf.
- RL1 hat keinen Ball und steht so, dass er RL2 im Blick hat. Sobald dieser seinen Ball per Bodenpass an ihm vorbeispielt, führt RL1 einen 180-Grad-Drehsprung aus, nimmt den Ball auf und agiert anschließend wie im Grundablauf.

5.2 Spielformen zur Wahrnehmung

5.2.1 Verfolgungsprellen

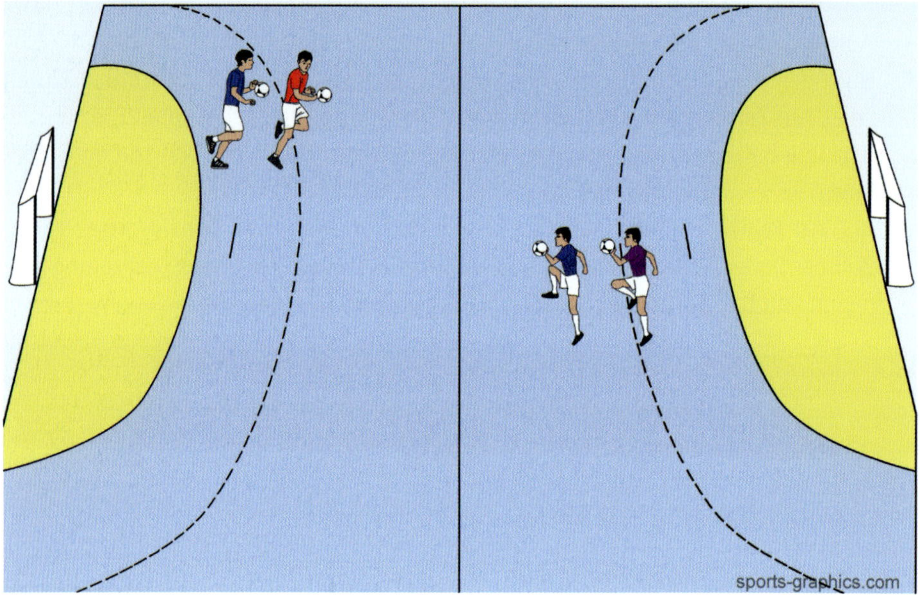

Organisation

Die Spieler werden in Zweierteams eingeteilt. Jeder Akteur hat einen Ball.

Ablauf

Bei jedem Zweierteam läuft ein Spieler A voraus und variiert seine Laufbewegungen. Spieler B agiert als Schatten, das heißt, er imitiert A so genau wie möglich. Wechsel der Aufgaben auf optisches Zeichen des Trainers (z. B. eine Hand hochhalten, ein Markierungshemd fallen lassen, sich hinsetzen...).

Variationen

- Wechsel der Zuordnung, wenn zwei vorauslaufende Spieler sich eng passieren, das heißt, B 1 folgt jetzt A 2 und umgekehrt.
- Die Zweierteams versuchen immer wieder, zwischen einem anderen Zweierteam hindurchzulaufen. Gelingt dies, erfolgt ein Wechsel der beiden Schatten.
- Vor Zuordnungswechsel eine Zusatzaufgabe (z. B. Abklatschen, den Ball tauschen, o. ä.) ausführen, das heißt, der Zeitdruck wird erhöht.

5.2.2 Klimaviereck

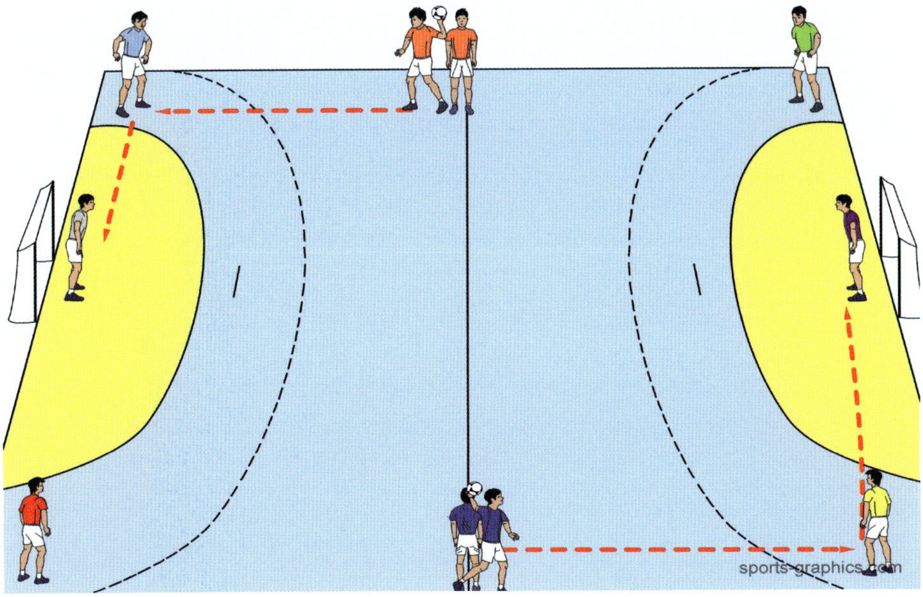

Organisation

Acht Spieler bilden ein Quadrat; sie stehen auf den vier Ecken und vier Seitenmitten; zwei Bälle pro Quadrat. die Bälle sind am Anfang auf gegenüberliegenden Positionen.

Ablauf

Die beiden Bälle werden auf Zeichen des Trainers gleichzeitig nach rechts gespielt. Wichtig ist, dass der Ball grundsätzlich nach rechts gespielt und danach sofort nach links geschaut wird; man muss jederzeit anspielbereit sein.

Wichtig: Nicht im Stand spielen, sondern in der Stoßbewegung.

Variationen

- Die Bälle werden im Uhrzeigersinn (auf ein optisches Zeichen hin), also nach links, gepasst.
- Die Größe des Quadrats verändern (mit Hütchen markieren).
- Es wird mit der „schwachen" Hand gepasst.
- Die Seitenmitten laufen nach dem Abspiel auf die gegenüberliegende Position. **Wichtig**: Nach rechts abspielen, laufen, der Blick geht nach links, fangen und wieder nach rechts abspielen usw.
- Jetzt laufen die Ecken nach dem Abspiel auf die gegenüberliegende Position.
- Kombination von beiden Teilübungen.

5.2.3 Zahlenpassen (Braun, 1992)

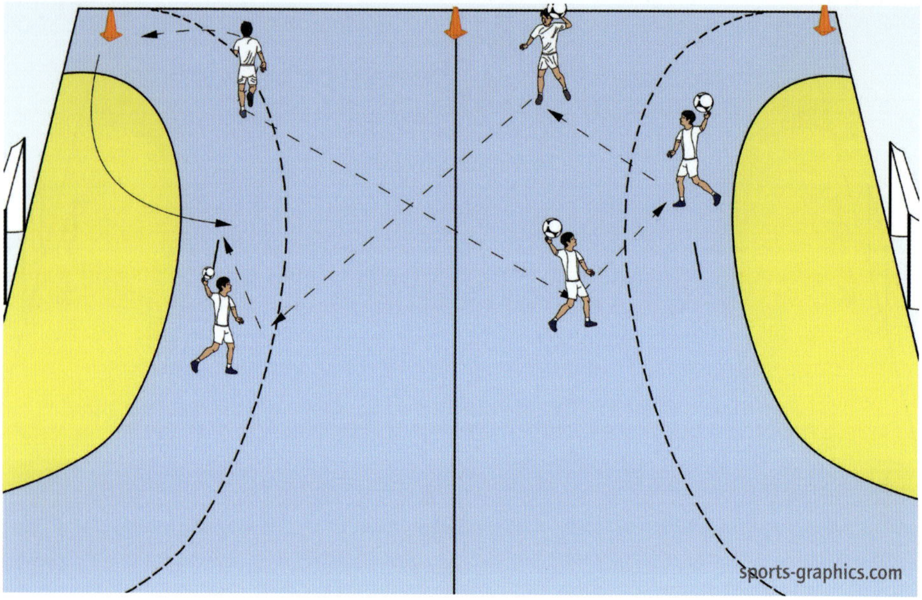

Organisation

Die Halle wird in vier Rechtecke aufgeteilt, die alle mit vier oder sechs Hütchen oder Floormarkern begrenzt werden. Die Spieler werden in 4 bis 6 Gruppen geteilt; jedes Gruppenmitglied erhält eine Zahl von 1 bis x (je nach Größe der Gruppe).

Ablauf

Die Aufgabe ist, sich in der Reihenfolge der Zahlen den Ball zuzuspielen, also 1 – 2 – 3 – ... – x – 1 usw. Zusätzlich gilt: Wer den Ball abgespielt hat, umläuft eines der Hütchen bzw. der Floormarker.

Variationen

- Zusatzaufgabe am Hütchen, z. B. Strecksprung, Bodenklatsch etc.
- Umlaufen von zwei Hütchen
- Umgekehrte Passreihenfolge
- Die Passart variieren, z. B. indirekte Pässe, Überkopfpässe, Unterhandpässe, Wechsel der Wurfhand etc.
- Der Trainer ruft eine Zahl: Dieser Spieler prellt zu einer zusätzlich ausgelegten Matte und legt dort den Ball ab. Ersatzbälle bereitstellen.

- Der Trainer pfeift: Das Team transportiert per Pass den Ball zu einer Matte. Die Reihenfolge muss nicht eingehalten werden.

5.2.4 Vier-Farben-Parteiball

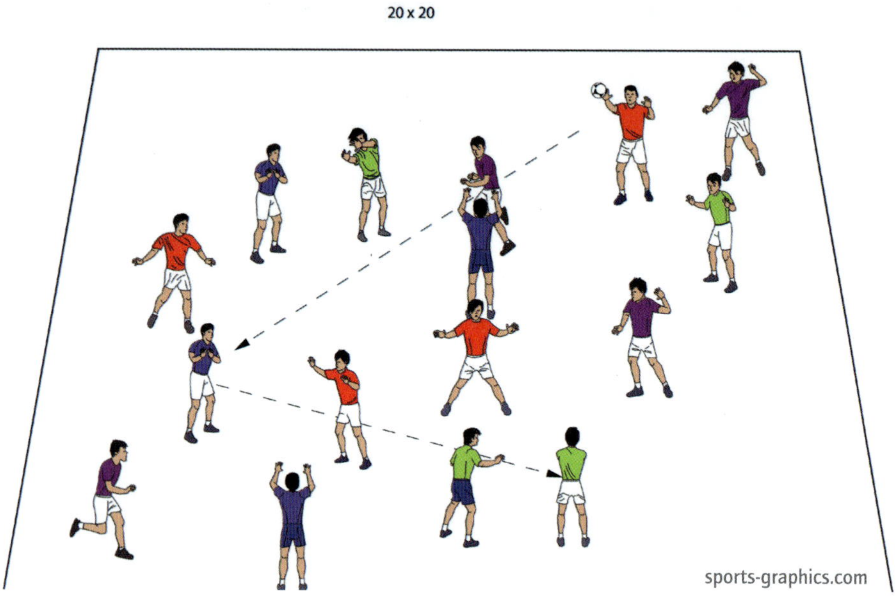

Organisation

Es werden Leibchen oder Parteibänder in vier Farben benötigt. Die Spieler teilen sich in vier Teams mit verschiedenfarbigen Leibchen auf. Die vier Teams stellen sich in einem quadratischen Spielfeld mit einer Größe von 20 x 20 Meter auf (die Größe hängt von der Spieleranzahl ab). Es gibt zwei Bälle pro Spielfeld.

Ablauf

Eins der vier Teams ist das „Gegnerteam". Die drei Teams, welche sich die beiden Bälle zuspielen, müssen dies in einer vom Trainer vorab festgelegten Reihenfolge tun; beispielsweise soll der Ball immer von Rot zu Blau zu Grün gepasst werden.

Dies erfordert für die Spieler konstante Orientierung. Sie müssen sich nicht nur merken, zu wem sie spielen sollen, sondern müssen auch durchgehend Informationen peripher wahrnehmen, um einen freien Mitspieler der jeweiligen Farbe zu finden.

Die Spieler ohne Ball (lila) müssen sich dagegen so bewegen, dass sie als Team die Pässe der drei Gegnerteams verhindern. Schaffen die drei Teams 10 Pässe (Anzahl nach Vorgabe des Trainers), wechseln die Teams und ein neues Gegnerteam versucht, die Pässe abzuwehren. Unterläuft den drei angreifenden Teams ein Fehler (die Abwehrmannschaft fängt den Ball ab bzw. er fällt zu Boden oder geht ins Aus, werden die Pässe von vorne, sprich von null an, wieder gezählt.

Variationen

- Verschiedene Wurfvorgaben:
  - Ausschließlich indirekte/direkte Pässe
  - Nur mit der schwächeren Wurfarmseite passen
- Verschiedene Wurfreihenfolge:
  - Von Blau zu Gelb zu Rot
  - Von Blau zu Blau zu Gelb zu Rot
- Variation der Anzahl der Bälle im Spielfeld
- Die abwehrende Mannschaft spielt in Überzahl
- Je nach Spieleranzahl kann das Spiel innerhalb der Neun-Meter-Linie oder auf einem halben Handballfeld erfolgen.

5.2.5 Vier-Ecken-Handball

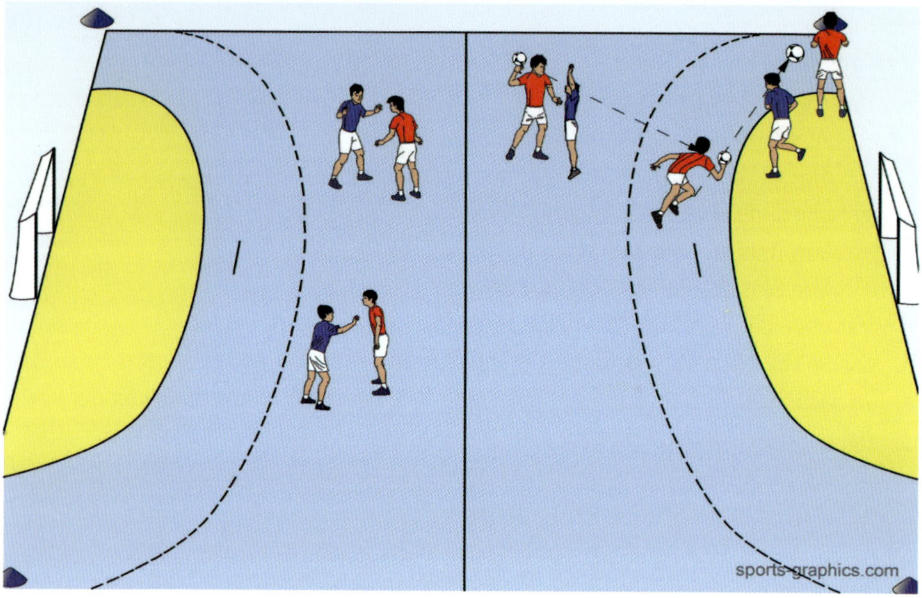

Organisation

Zwei Mannschaften spielen in einem rechteckigen Feld gegeneinander nach Handballregeln. Ziel ist, den Ball in einer der vier Spielfeldecken (Hütchen als Orientierungspunkt) abzulegen.

Ablauf

Spieleröffnung durch Jump, Einwurf oder Anspiel. Danach wird Parteiball nach Handballregeln gespielt. Ist der Ball in einer der vier Ecken abgelegt, erfolgt ein Wechsel des Ballbesitzes. Das Weiterspielen nach Punktgewinn erfolgt aus dieser Ecke.

Variationen

- Das Prellen kann erlaubt oder per Regel ausgeschlossen werden.
- Nach einem Punktgewinn spielt dieselbe Mannschaft weiter, und zwar so lange, bis die Verteidigung den Ball erobert.
- Punkte können nur durch „Kempa-Zuspiele" erzielt werden. Dabei muss der in der Luft angespielte Spieler in einem der Reifen landen.
- Variation der Wurfarten: Direkte/indirekte Pässe mit der schwachen Hand werfen. Bei dieser Variante müssen die Hütchen durch Reifen ersetzt werden.

5.2.6 Vier-Tore-Handball

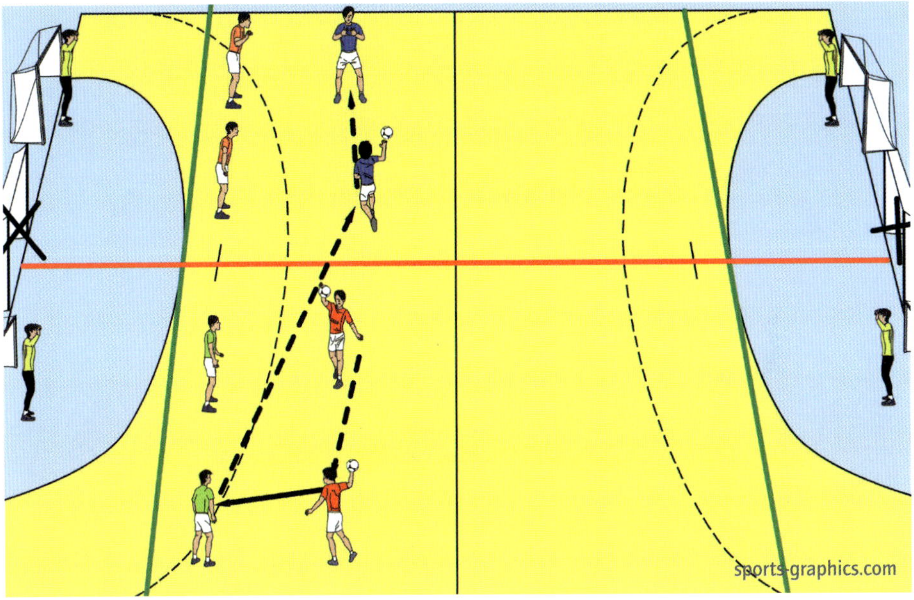

Organisation

Ein Spielfeld mit zwei Toren auf jeder Seite (reguläre Handballtore, Matten o. Ä.), der Wurfkreis wird zu einer Linie (sechs Meter parallel zur Grundlinie) verändert (Klebestreifen). Das Spielfeld wird zunächst in zwei Längsstreifen geteilt (siehe rote Linie). In jedem Längsstreifen agieren zwei Teams (2 bis 4 Spieler) gegeneinander, es werden vier Torhüter benötigt.

Ablauf

In der Grundform spielen die Teams mit nur einem Ball, der durch überraschendes Spielen ins andere Feld das Geschehen verlagert. Hierzu ist es erforderlich, dass immer alle Spieler den Ball wahrnehmen. Die Teams ohne Feld haben jeweils eine kurze Pause, müssen aber das andere Team beobachten, falls ein Wechsel erfolgt.

Variationen

- Überzahlspiel, das heißt, der jeweilige Torwart spielt im Angriff mit.
- Die Längslinie aufheben, es gibt nur noch ein Team pro Spielrichtung, welches auf beide Tore werfen kann.
- Die Längslinie bleibt bestehen, dafür ist pro Spielfeld ein Ball im Spiel, der ins andere Feld gespielt werden kann. Von dort wird dann entweder der eigene Ball zurückgespielt oder es erfolgt ein Angriff mit zwei Bällen (nicht gleichzeitig!).

5.2.7 Aufsetzer-Handball (König & Husz, 2015)

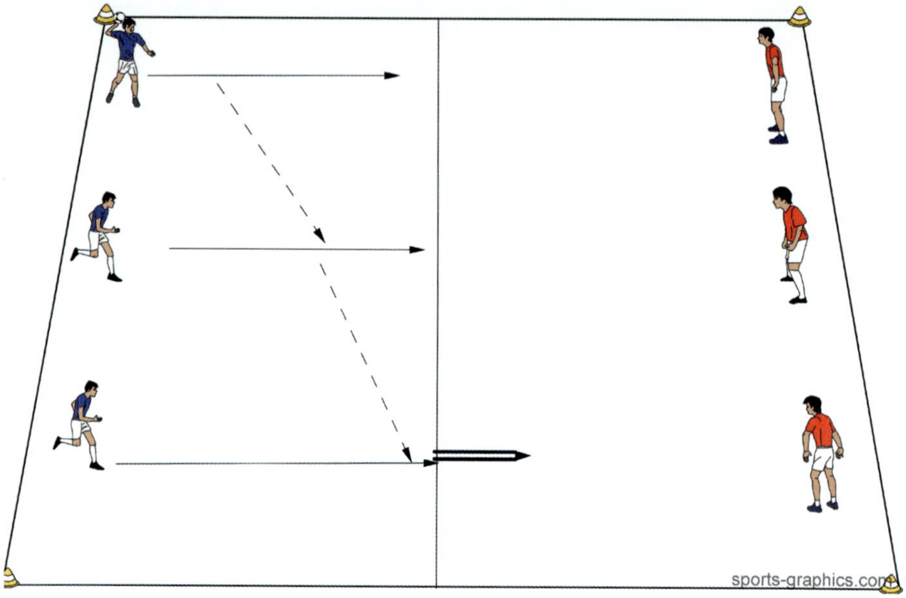

Organisation

Bei diesem Wurfspiel wird ein Spielfeld (Rechteck) durch eine Wurflinie in zwei Hälften geteilt. Es spielen zwei Teams à zwei oder drei Spieler gegeneinander. Ziel ist, ein Tor per Aufsetzer zu werfen, wobei die Tore der jeweils gesamten Grundlinie entsprechen (Hütchen- oder Stangenmarkierung).

Ablauf

Team A eröffnet das Spiel durch Balltransport von der eigenen Grundlinie und wirft vor der Wurflinie auf das Tor von B (Aufsetzer!). Alle Spieler sind Torhüter. Wehrt ein Spieler von B den Ball ab, erfolgt sofort der Gegenangriff. Bei einem Tor von A wird der Ball von der Grundlinie durch Anwurf ins Spiel gebracht (der Fuß ist auf der Linie).

Variationen

- Beide Teams stellen einen Spieler als Verteidiger nach vorne an die Wurflinie, der die Aufgabe hat, Wurfkorridore zuzustellen oder Würfe zu blockieren.
- Beide Teams schicken einen oder zwei Verteidiger ins andere Feld, die den Aufbau der gegnerischen Mannschaft stören. Bei Ballbesitz des eigenen Teams gehen sie aus dem Feld.
- Zur Sprungwurfschulung auch als Netzhandball organisierbar. Aufbau: Volleyballnetz statt Wurflinie.

5.2.8 Befreiungsprellen

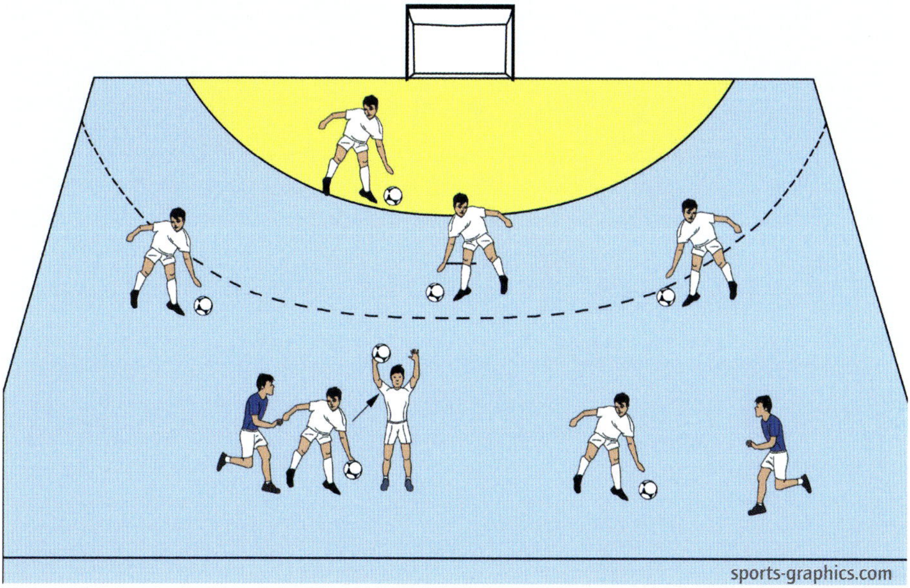

Organisation

Jeder Spieler hat einen Ball. Mehrere Fänger sind farblich markiert. Bei größeren Gruppen wird auf zwei getrennten Feldern gespielt.

Ablauf

Alle Spieler prellen in einem gekennzeichneten Feld (z. B. Halbfeld). 2 bis 4 Spieler agieren als Fänger (ohne/mit Ball). Wer von einem Fänger abgeschlagen wird, bleibt stehen und zeigt dies durch Hochhalten des Balls an. Die Befreiung erfolgt, indem ein Mitspieler dem abgeschlagenen Spieler seinen Ball durch die Beine prellt.

Variationen

Befreiungsaktion

- ... durch Freischlagen des Mitspielers (mit der Hand, mit dem Ball)
- ... indem der Ball durch die Beine gerollt und auf der anderen Seite aufgenommen wird
- ... durch Balltausch (direkt/indirekt)
- ... indem ein Mitspieler dem Gefangenen durch die Beine kriecht.

5.2.9 Parteiball 5 gegen 2 mit 2 Bällen

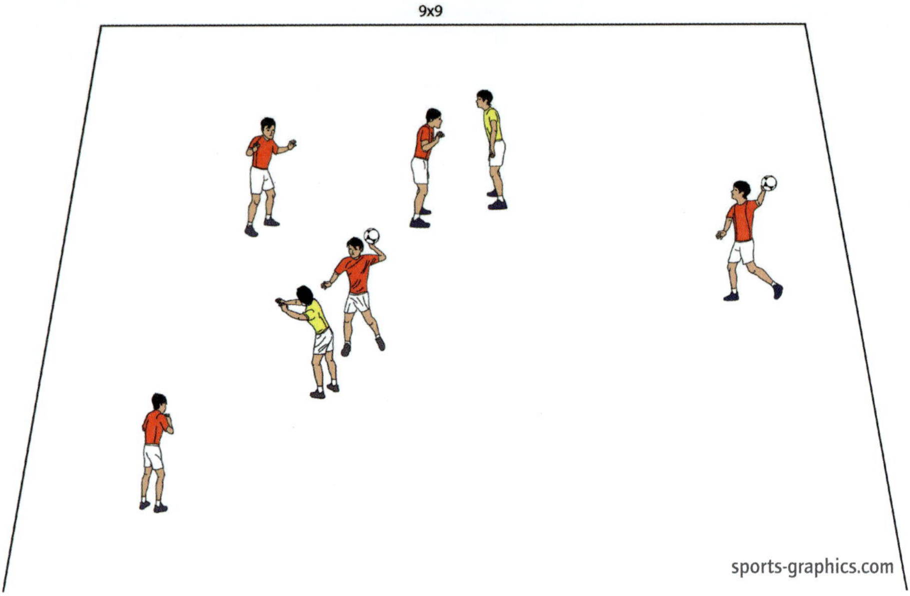

Organisation

Ein Fünferteam mit zwei Bällen spielt Parteiball gegen zwei Balljäger, die farblich markiert sind. Das Spiel wird in einem Viereck von 9 x 9 Meter durchgeführt.

Ablauf

Das ballbesitzende Team spielt beide Bälle zeitgleich und versucht, so viele gelungene Pässe wie möglich zu realisieren. Die beiden Balljäger versuchen, Bälle abzufangen. Wird ein Ball abgefangen, wird dieser sofort auf dem Boden abgelegt; die Angreifer holen den Ball und bringen ihn wieder ins Spiel.

Ziel: So viele Pässe wie möglich ausführen, im Vergleich verschiedener Teams.

Variationen

- „Umgekehrte" Form: Zeitstopp für eine vorgegebene Anzahl an Pässen (z. B. 20); abgefangene Pässe zählen nicht.
- Abgefangene Bälle fallen weg. Welches Team hält die Bälle am längsten im Spiel?
- Abgefangene Bälle werden abgezogen, die Anzahl der Pässe wird um ein 1 reduziert.

5.2.10 Chinesische Mauer

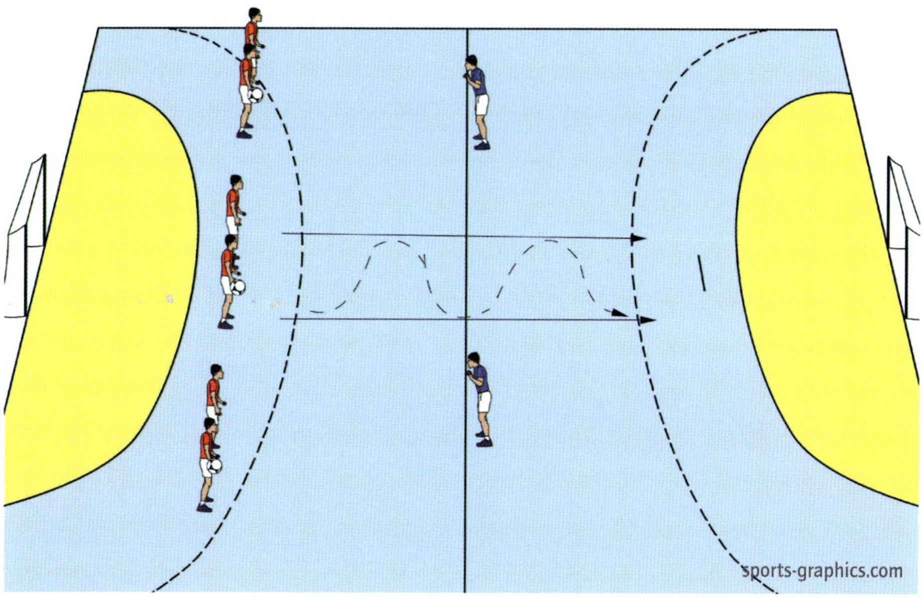

Organisation

Die Spieler gehen in Zweierteams zusammen und sammeln sich an einer Grundlinie oder in einem Wurfkreis. Hinter der Grundlinie (im Wurfkreis) liegen weitere Bälle bereit. An der Mittellinie stehen mehrere Fänger (farblich markieren).

Ablauf

Die Zweierteams versuchen, per Passspiel ihren Ball hinter die andere Grundlinie zu transportieren und dort abzulegen. Gelingt dies, laufen sie zurück und holen einen neuen Ball. Bei erfolgreicher Aktion laufen die Spieler außerhalb des Spielfeldes zurück. Die Aufgabe der Fänger besteht darin, den Balltransport der Teams durch Abfangen der Bälle zu unterbinden. Verliert eine Mannschaft ihren Ball, muss sie umdrehen und einen neuen Ball holen. Ziel ist, in vorgegebener Zeit möglichst viele Bälle „durch die Mauer hindurch" zu transportieren.

Variationen

- Hat ein Team einen Ball abgelegt, läuft es im Spielfeld zurück; wird dort einer abgeschlagen, müssen beide wieder hinter die Ablegelinie zurück.
- Wird der Spieler ohne Ball von einem Fänger berührt, schaltet der Ballbesitzer sofort auf Prellen um und transportiert den Ball auf diese Weise auf die andere Seite.
- „Wer hat Angst vor Uwe Gensheimer"? Analog zur Spielform: „Wer hat Angst vor dem schwarzen Mann?", wird das Spiel mit Prellen gespielt.

5.2.11 Hochgeschwindigkeitspassen (Sichelschmidt et al., 1988)

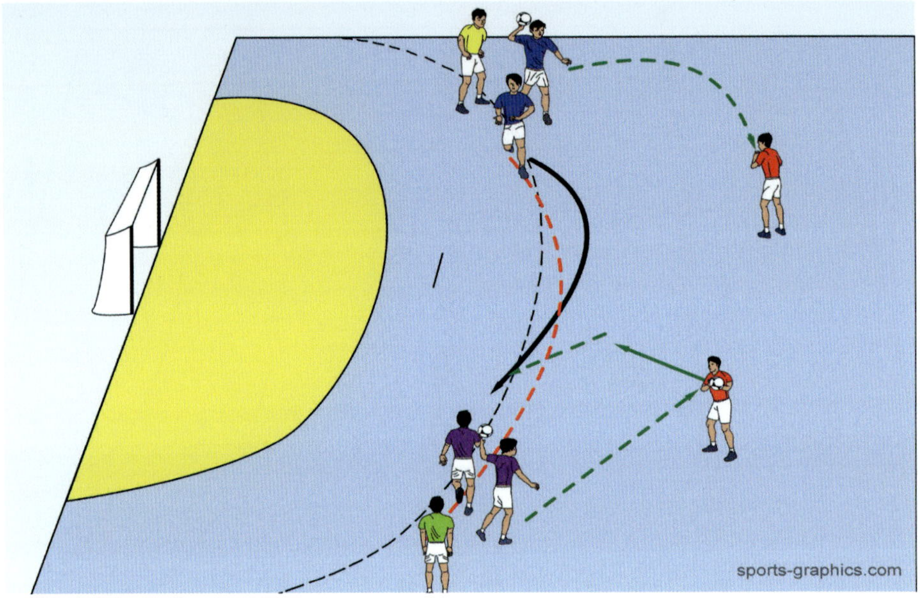

Organisation

Die Spieler besetzen die LA- bzw. die RA-Position mehrfach (Linienaußen). Ebenfalls werden RL und RR besetzt. Jeweils der erste LA- und RA-Spieler hat einen Ball; es ist sinnvoll, Reservebälle bereitzulegen.

Ablauf

Die Spieler LA 1 und RA 1 eröffnen die Übungsform, indem sie zeitlich ihrem jeweiligen Rückraumspieler den Ball in die Stoßbewegung passen und entlang der Freiwurflinie auf die andere Seite laufen. RL spielt den Ball an den einlaufenden RA 1, RR analog auf LA 1. Beide Außen spielen den Ball wiederum dem nächsten LA bzw. RA zu und stellen sich an. Pass- und Laufwege erfordern eine hohe Wahrnehmungsleistung.

Variationen

- Passvarianten einfordern.
- Abwehrspieler AR und AL integrieren: Die einlaufenden Außen müssen freie Laufwege wahrnehmen.
- Abwehrspieler HR und HL integrieren: Die Rückraumspieler RL und RR müssen freie Passwege wahrnehmen.

5.2.12 Sprungwurfkönig

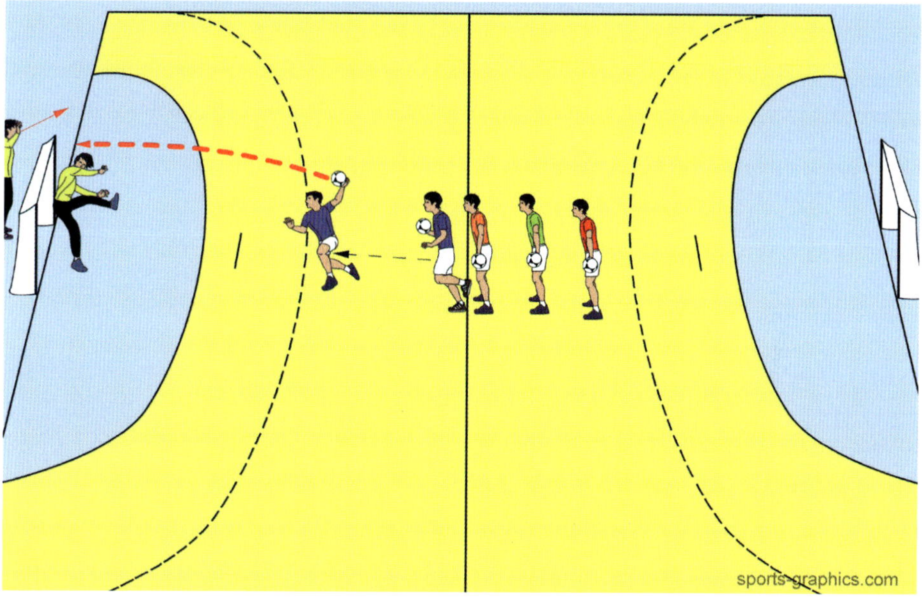

Organisation

Sämtliche Spieler stellen sich in einer Reihe (hintereinander) an der Mittellinie auf. Jeder hat einen Ball. Ein Torwart stellt sich ins Tor (TW 1), der zweite hinter das Tor (TW 2).

Ablauf

Der erste Spieler läuft an, prellt einmal oder wirft sich den Ball selbst an und führt einen Sprungwurf aus. Im Sprung zeigt TW 2 mit der Hand, in welche Ecke der Spieler werfen soll. Trifft der Spieler in diese Ecke, erhält er einen Punkt. Wählt er die richtige Ecke, erzielt aber kein Tor, gibt es null Punkte; bei falscher Ecke gibt es einen Minuspunkt. Gewonnen hat der Spieler, welcher zuerst eine vorgegebene Punktezahl erreicht.

Variationen

- Erhöhung des Komplexitätsdrucks durch verschiedene Laufvariationen im Anlauf: Mit der linken/rechten Hand prellen, zunächst eine Koordinationsleiter durchlaufen, dann erfolgt der Sprungwurf.
- Die Hütchen/Floormarker werden im „Zickzack" aufgestellt. Sie müssen nacheinander mit Sidesteps und in Abwehrhaltung abgelaufen werden; dann erfolgt der Wurf.
- Statt Handzeichen werden durch TW 2 farbige Karten in der Ecke hochgehalten: blau = Sprungwurf, rot = Schlagwurf.
- Statt Dribbling von der Mittellinie Doppelpass mit RM und Wurf abwechselnd von RL bzw. RR.

5.2.13 Spiel 1 gegen 1 aus dem Rückraum

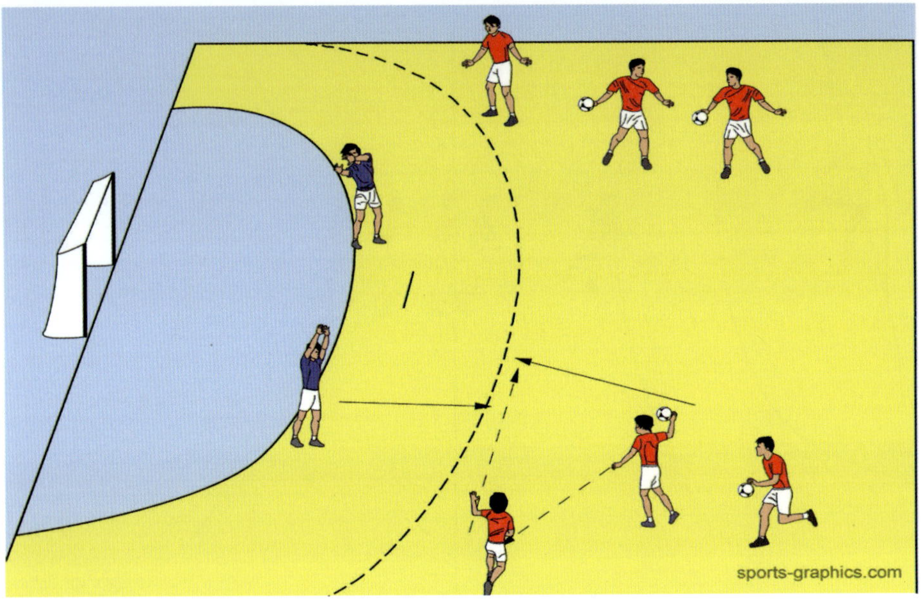

Organisation

Die Spieler besetzen die RL- und RR-Position mehrfach, je ein Zuspieler steht auf LA und RA. In der Abwehr werden HR und HL einfach besetzt (Markierungshemden). Alle RL-/RR-Spieler haben einen Ball.

Ablauf

RL spielt den Ball zu LA und erhält ihn zurück; beide führen bei diesem Doppelpass eine Stoßbewegung aus. Zwischenzeitlich hat der Verteidiger HR eine eindeutig defensive (Sechs-Meter-Kreis, Blockhaltung) oder offensive (Neun-Meter-Linie, Abwehrgrundstellung) Position eingenommen. Je nach Position entscheidet der Angreifer sich für ein 1 gegen 1 oder für einen Sprungwurf.

Variationen

- Jeder Rückraumspieler absolviert zwei Aktionen nacheinander: Die erste Aktion wie oben, die zweite Aktion mit Doppelpass über RM (zusätzlicher Anspieler notwendig).
- HL/HR wählen bei offensiver Position eine versetzte Stellung => RL/RR muss sich jetzt gezielt für Durchbruch zur oder gegen die Wurfhand entscheiden.
- Wettkampf zwischen RL und RR: Wer erzielt bei 10 Aktionen mehr Treffer? (Wahrnehmung unter Druck!)

5.2.14 Spiel 2 gegen 1 und 3 gegen 2

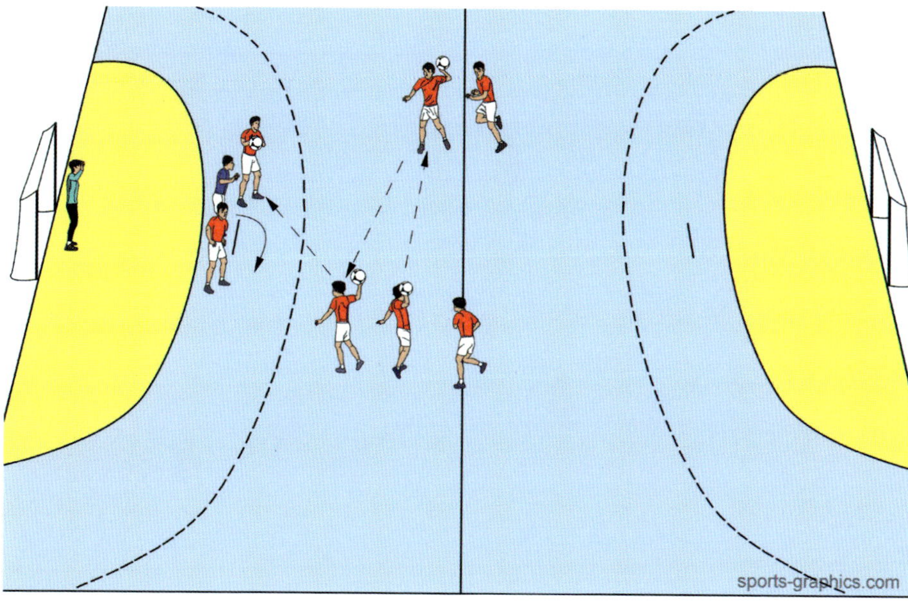

Organisation

Die Spieler besetzen die RL- und RR-Position mehrfach, je ein Kreisspieler steht auf KL und KR. In der Abwehr steht ein HM zwischen den Kreisläufern (Markierungshemden). Alle RL-/RR-Spieler haben einen Ball.

Ablauf

RL spielt den Ball zu RR und erhält ihn zurück; bei dieser Aktion führen beide eine Stoßbewegung aus. Mit dem Rückpass (so spät wie möglich) hat der Verteidiger HM eine eindeutige Zuordnung zu einem Kreisspieler eingenommen. Je nach Position des HM entscheidet der Angreifer sich für einen Pass zu KR oder KL.

Das Spiel wird von RR fortgesetzt.

Variationen

- Hinzunahme eines zweiten Verteidigers (Situation 3 gegen 2): Die beiden Verteidiger ordnen sich entweder beiden (RL/RR: Torwurf) oder einem Kreisläufer zu und greifen zusätzlich RL/RR an (Pass zu freiem Kreis).
- Wettkampf zwischen RL und RR: Wer erzielt bei 10 Aktionen mehr Treffer? (Wahrnehmung unter Druck!)

5.2.15 Spiel mit zwei Kreisläufern (Duell, Eyser & Späte, 1981)

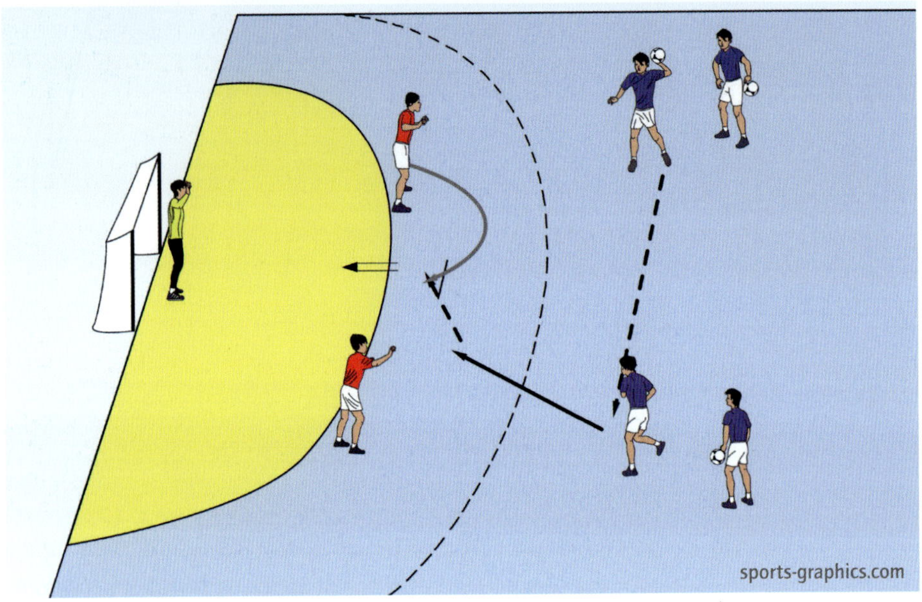

Organisation

Das angreifende Team besetzt die Positionen RL und RR (mehrfach). Bis auf den ersten Spieler auf RL haben alle Spieler einen Ball. Ebenfalls sind die Positionen des Torhüters sowie KL und KR einfach besetzt. Zwei Torhüter können sich gegebenenfalls auch in kurzen Intervallen abwechseln.

Ablauf

RR1 spielt RL1 den Ball in die dynamische Vorwärtsbewegung. Bei Ballannahme des RL bietet sich einer der beiden Kreisläufer an (kurze Absprache vorher per Blick notwendig), indem er dem RL einen oder zwei Schritte entgegengeht und den Ball fordert (die Hände zeigen Annahmebereitschaft). Dieser Spieler erhält den Ball und wirft auf das Tor. Dann beginnt der Ablauf von der anderen Seite, RL1 stellt sich hinten an.

Variationen

- Hinzunahme weiterer Entscheidungsalternativen, z. B. Torwurf, wenn sich weder KL noch KR anbieten.
- KL und KR wird jeweils ein Verteidiger zugeordnet, der Torwurf erfolgt dann in einer Zweikampfsituation.

- TW hebt die Hand => sofortiger Torwurf des RL/RR nach kurzem Dribbling zum Wurfkreis.
- Vor Lösung der Spielsituation mehrere Pässe zwischen RL und RR spielen; eventuell auch LA und RA als zusätzliche Passstationen einbauen.

5.3 Spielformen zur Aufmerksamkeit

5.3.1 Prellspiel mit Partner

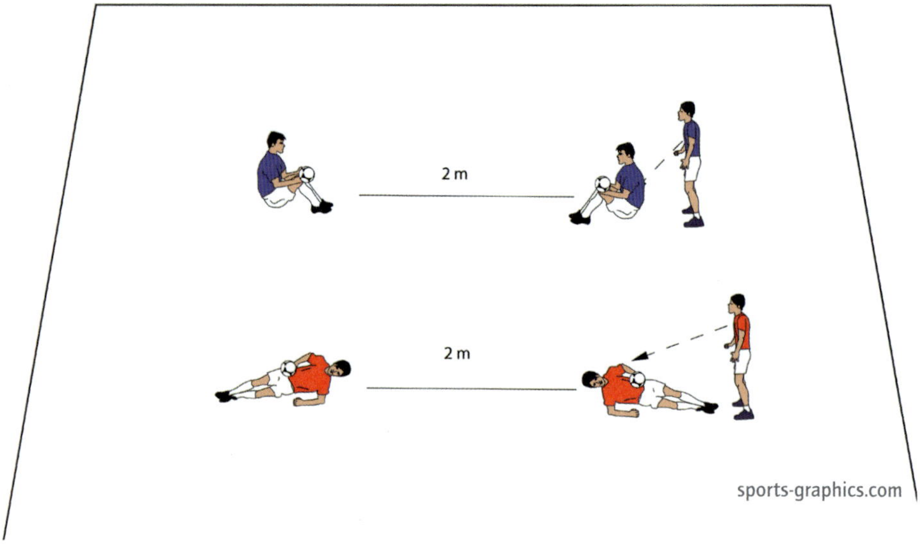

Organisation

Die Spieler gehen paarweise zusammen, jeder hat einen Ball. Die Zweiergruppen stehen sich im Abstand von 2–3 Metern gegenüber.

Ablauf

Spieler A führt verschiedene Übungen zum Prellen am Ort aus, z. B. sich hinsetzen – aufstehen, Kniestand – aufstehen, Rückenlage – aufstehen usw. Spieler B imitiert seinen Partner möglichst zeitgleich. Wechsel nach einer bestimmten Zeit, z. B. 30 Sekunden.

Hier sind ausdrücklich auch Ideen der Spieler gefordert.

Variationen

- Der Wechsel erfolgt aufgrund eines optischen Zeichens des Trainers, z. B. eine Hand hochhalten, ein Markierungshemd fallen lassen, sich hinsetzen usw.
- Der Wechsel erfolgt auf Zeichen des Spielers A, z. B. einen Ball hochhalten.
- Ausführung in der Dreiergruppe, das heißt, A demonstriert, B und C imitieren.
- **Ausführung in der Dreiergruppe:** Jetzt wechseln sich B und C im Demonstrieren ab und A imitiert. Dabei muss er immer beide beobachten, um sehr schnell auf den Wechsel reagieren zu können.

5.3.2 Reifenball

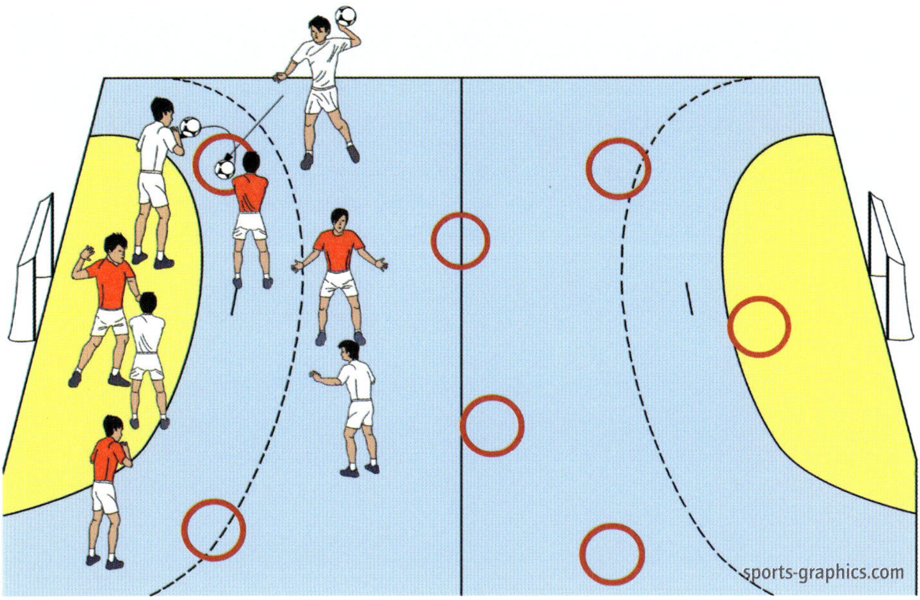

Organisation

Die Halle wird in zwei Querspielfelder aufgeteilt. Pro Spielfeld agieren zwei Mannschaften à 4 bis 5 Spieler. Es liegen 2-3 Reifen mehr als Spieler einer Mannschaft in jedem Spielfeld (Beispiel: Viererteams erfordern sechs oder mehr Reifen).

Ablauf

Zwei Mannschaften spielen gegeneinander. Ein Punkt wird erzielt, wenn ein Spieler einen Aufsetzer durch einen Reifen spielt und ein Mitspieler diesen Ball fängt. Ein Reifen ist gesperrt, wenn ein Abwehrspieler einen Fuß im oder auf dem Reifen hat.

Jede Mannschaft kann an jedem Reifen Punkte erzielen. Nach Punktgewinn wird der Ball abgelegt, der Gegner bekommt den Ball. Anschließend muss mindestens ein Pass gespielt werden, danach kann wieder an jedem Reifen ein Punkt erzielt werden.

Es wird ohne Prellen und ohne Tippen gespielt, maximal sind drei Schritte erlaubt.

Variationen

- Ein Team kann mehrere Punkte hintereinander erzielen; das andere Team muss den Ball erobern.
- Der nächste Punkt darf nicht im selben Reifen erfolgen.
- In Turnierform spielen; kurze Spielzeiten einplanen.

5.3.3 Vier-Ecken-Ball als Königsball

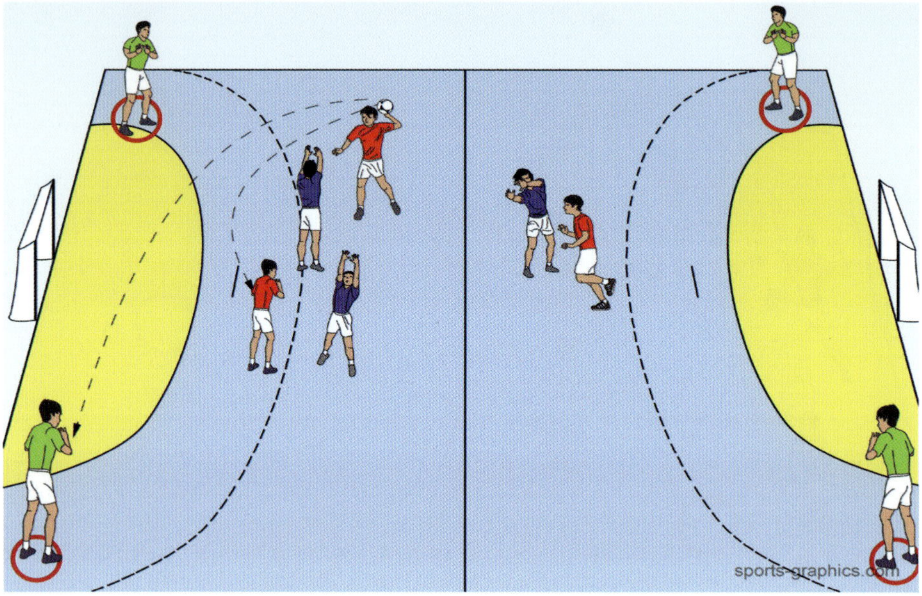

Organisation

Zwei Teams spielen in einem rechteckigen Feld gegeneinander; es sind mehrere Felder nebeneinander denkbar. In den vier Spielfeldecken liegt je ein Reifen. In jedem Reifen steht ein Spieler, der als Anspielstation dient.

Ablauf

Die ballbesitzende Mannschaft versucht, den Ball so lange wie möglich in den eigenen Reihen zu halten (Parteiballprinzip), wobei die vier „Könige" helfen, das heißt, diese können als neutrale Anspielstationen eingesetzt werden, während sich die anderen Spieler etwas Luft verschaffen und sich freilaufen.

Variationen

- Zeitvorgabe und so viele Pässe wie möglich spielen.
- Pass zum „König" nur als Sprungwurf.
- Einen zusätzlichen Verteidiger einbauen, die Passwege schließen.
- Die Könige dürfen sich entlang einer Seitenlinie bewegen, können ihren Reifen also verlassen.
- Bei Zuspiel zu einem König wechselt der Zuspieler mit diesem die Position.

5.3.4 Jeder gegen jeden

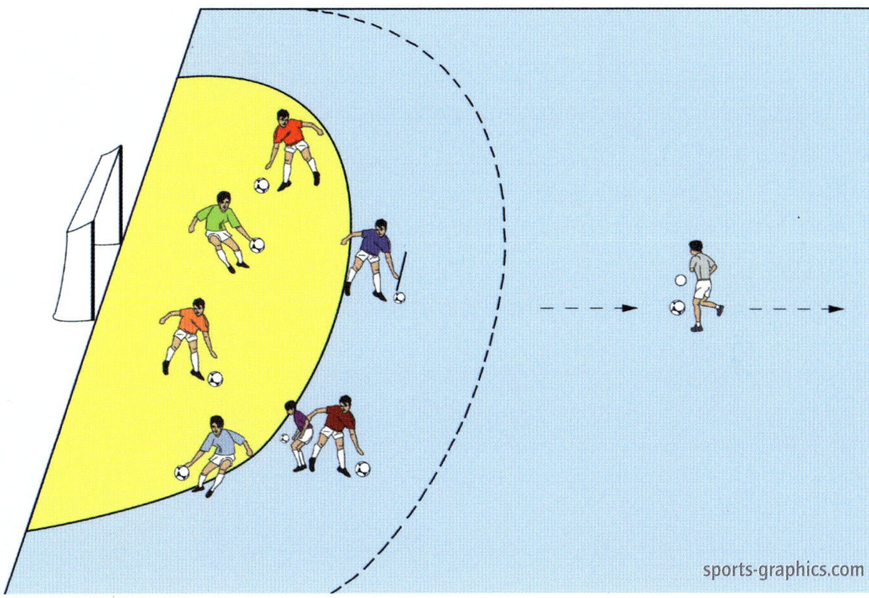

Organisation

Jeder Spieler hat einen Ball, bei größeren Gruppen wird die Übung parallel auf beiden Seiten eines Handballfeldes durchgeführt. Eine Gruppe befindet sich im Wurfkreis oder innerhalb des Neun-Meter-Raums.

Ablauf

Jeder Spieler hat einen Ball und prellt kreuz und quer im Feld. Ziel ist, möglichst viele Mitschüler an der Schulter (Po, Oberschenkel, Fuß) zu berühren und selbst nicht berührt zu werden. Wer berührt wird, prellt bis zur Mittellinie, dreht dort um und kommt wieder zurück.

Aus Sicherheitsgründen sollten die Spieler vorwärts den Wurfkreis verlassen und dann beginnen, rückwärts zu prellen.

Variationen

- Wer berührt wird, prellt rückwärts bis zur Mittellinie und im Hopserlauf zum Spielfeld zurück.
- Wer berührt wird, prellt in Schlangenlinien bis zur Mittellinie und im Steigerungslauf zurück.
- Wer kurz bevor er berührt wird, den Ball hochhält (sich hinsetzt, in den Liegestütz geht, ...), kann nicht abgeschlagen werden.
- Wer berührt wird, prellt mit der schwachen Hand bis zur Mittellinie und zurück.

5.3.5 Handball mit Spielfeldwechsel

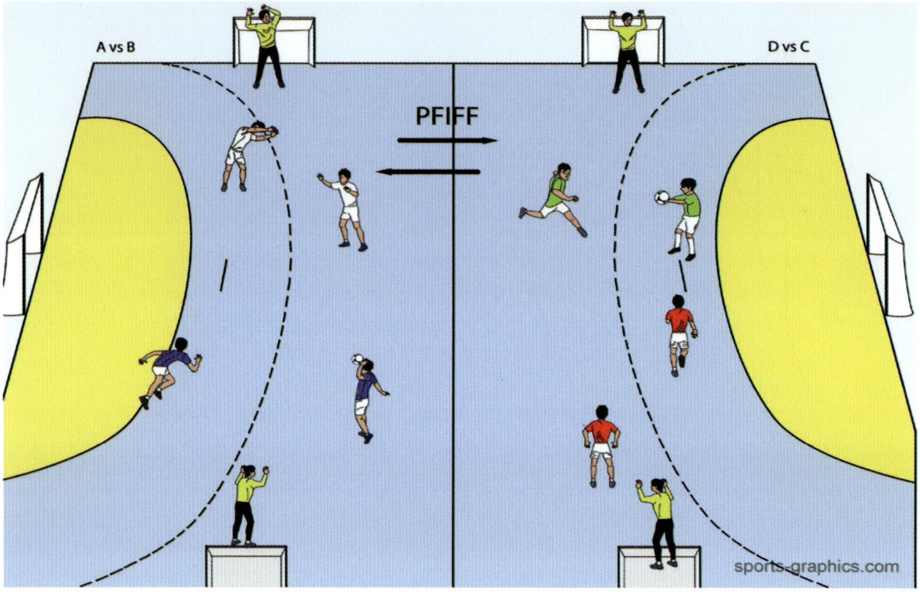

Organisation

In der Halle werden zwei Querfelder markiert und aufgebaut (Tore). Auf Feld 1 spielt Team A gegen B, auf Feld 2 spielt Team C gegen D (2 gegen 2 oder 3 gegen 3). Gespielt wird entweder auf Stangentore (Torwürfe nur als Aufsetzer) oder auf kleine Handballtore (oder Hockeytore). Die Torhüter werden im Laufe des Spiels durchgewechselt.

Ablauf

Auf beiden Feldern wird nach Anpfiff Handball gespielt.

Auf Signal des Trainers werden folgende Aktionen durchgeführt:

- Pfiff: Die Mannschaften B und D wechseln die Felder und müssen sich sofort neu orientieren.
- Verbales Kommando „Hepp“: A und C wechseln die Felder.

Die Torhüter bleiben in ihrem Tor (kein Spielfeldwechsel).

Hinweis: Muss die ballbesitzende Mannschaft das Feld wechseln, wird der Ball abgelegt und das Spiel läuft anschließend an dieser Stelle weiter.

Variation

- Für größere Gruppen: Der Spieler, der ein Tor erzielt hat, wechselt das Feld und spielt dort im Team derselben Farbe weiter; ein anderer wechselt dafür auf die andere Seite. Es findet kein Spielfeldwechsel ganzer Mannschaften statt.

5.3.6 Bewegliche Reifen

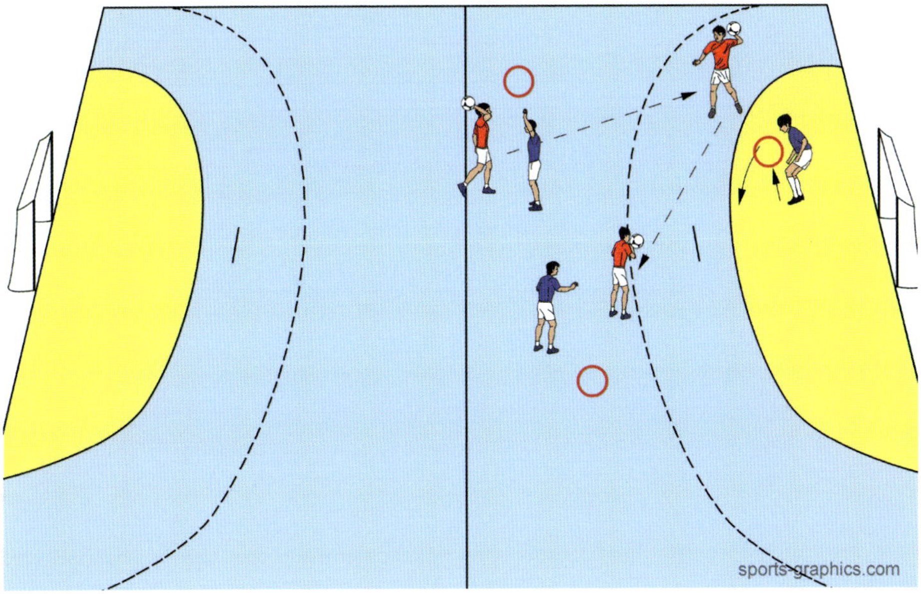

Organisation

Pro Hallenhälfte spielen zwei Mannschaften gegeneinander Parteiball. Ziel ist, den Ball in einem der verteilten Reifen abzulegen und von dort sofort weiterzuspielen. Die verteidigende Mannschaft darf die Reifen verschieben (mit den Füßen wegziehen, aber nicht kicken).

Ablauf

Eröffnung durch Anspiel, Jump oder Einwurf. Die ballbesitzende Mannschaft A versucht, den Ball in einem der drei Reifen abzulegen. Das verteidigende Team B kann Bälle abfangen oder die Reifen mit dem Schuh wegziehen, sodass die Lage sich ändert und A neu aufbauen muss.

Variationen

- Die Reifen können durch Berühren mit beiden Händen blockiert werden.
- Die Reifen dürfen weggekickt werden (in diesem Fall empfiehlt es sich, für jedes Team eine Reifenfarbe zu wählen).
- Ziel ist, einen indirekten Pass zu einem Mitspieler durch den Reifen zu spielen. Die Reifen dürfen aber von der verteidigenden Mannschaft verschoben werden.

5.3.7 Drei gewinnt

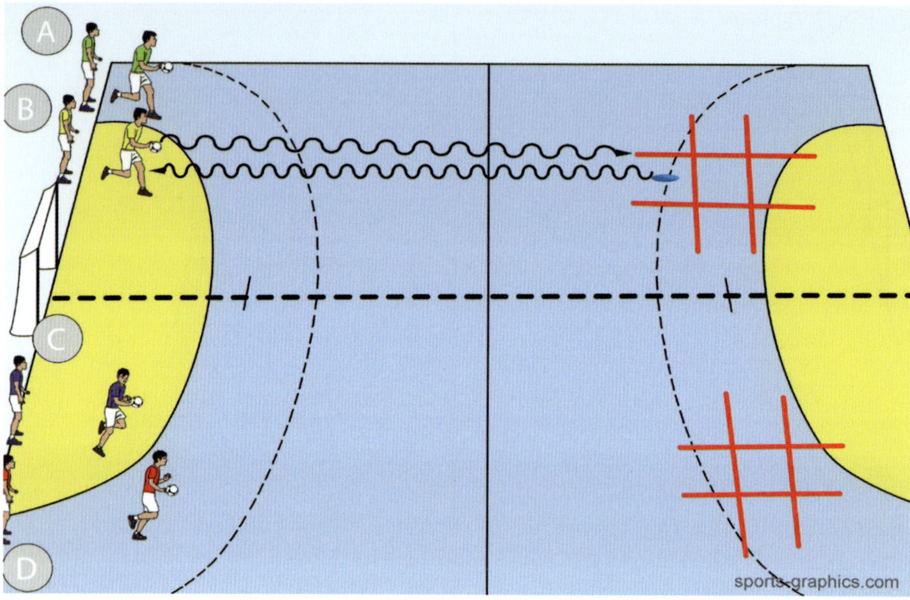

Organisation

Es werden vier Mannschaften gebildet (A, B, C, D), wobei immer zwei Mannschaften gegeneinander spielen. Alle Teams stellen sich hinter der Grundlinie (jeweils in einer Reihe) auf. Jede Mannschaft hat jeweils einen Ball. Auf der anderen Hallenseite ist das Spielfeld von „Drei gewinnt" mit Tape auf dem Boden abgeklebt. Jeder Spieler hat ein Markierungshemd in der Teamfarbe an (Bsp.: Team A = rot, Team B = grün usw.).

Ablauf

Auf Pfiff startet der erste Spieler jeder Mannschaft. Dieser muss prellend zum Spielfeld laufen und sein Leibchen in ein entsprechend passendes Feld legen. Dabei legen immer zwei Mannschaften die Leibchen in ein gemeinsames Spielfeld. Anschließend prellt der Spieler so schnell wie möglich zurück und übergibt den Handball dem nächsten Spieler. Die Mannschaft gewinnt, die als Erste drei Leibchen in eine Zeile, Spalte oder Diagonale setzen kann.

Variationen

- Erhöhung des Präzisionsdrucks durch Laufvariationen (mit der linken/rechten Hand prellen, vorwärts/rückwärts prellen etc.)

- Erhöhung des Aufmerksamkeitsfokus durch Spielfeldwechsel (Trainerzeichen): A spielt dann plötzlich gegen C oder D.
- Erhöhung des Aufmerksamkeitsfokus durch Teamkombinationen, das heißt, A und C können sich jetzt gegenseitig helfen.
- Die Spielfelder „Drei gewinnt" werden mit neun Reifen oder Teppichfliesen aufgebaut.

5.3.8 Zwei-Felder-Passspiel

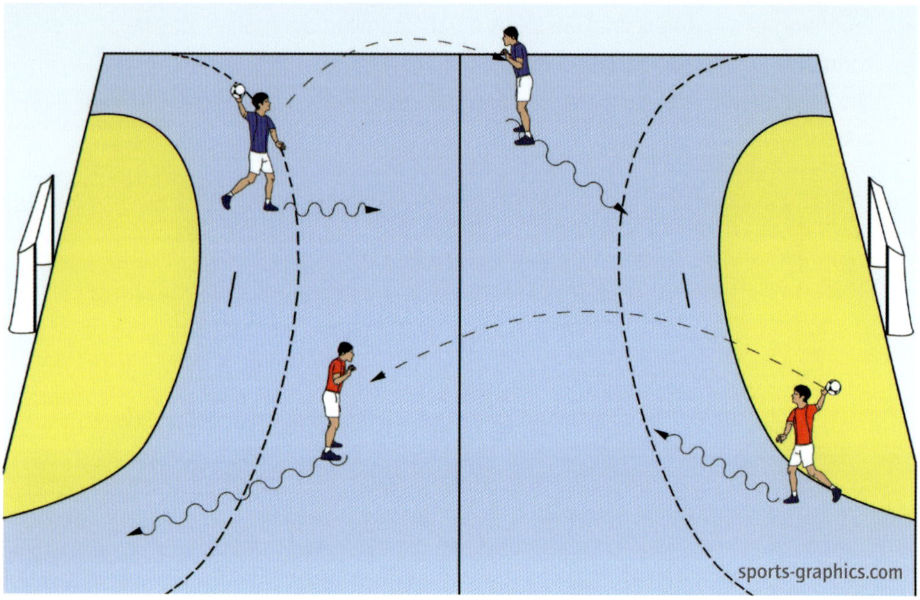

Organisation

Die Spieler gehen in Zweierteams zusammen (A, B), jedes Team hat einen Ball. Gespielt wird in einem rechteckigen Feld, das durch eine Mittellinie zweigeteilt wird. Im einfachsten Fall wird das Handballspielfeld genutzt.

Ablauf

Alle Spieler A gehen in eine Hälfte des Feldes, alle Spieler B in die andere. Der Ball wird permanent im eigenen Zweierteam hin- und hergespielt, wobei sämtliche Spieler sich ständig frei im eigenen Feld bewegen.

Variationen

- Zuspielvarianten, z. B. nur Sprungwürfe.
- Auf ein optisches Zeichen des Trainers wechseln alle Spieler das Feld, wobei die jeweiligen Ballbesitzer dies prellend tun.
- In beiden Hälften werden zusätzliche und farblich markierte Spieler eingesetzt. Diese können angespielt werden, wenn ein direkter Pass im Moment schwierig ist.
- Diese Spieler werden zu Verteidigern, die das Passspiel stören.

5.3.9 Prellchampion

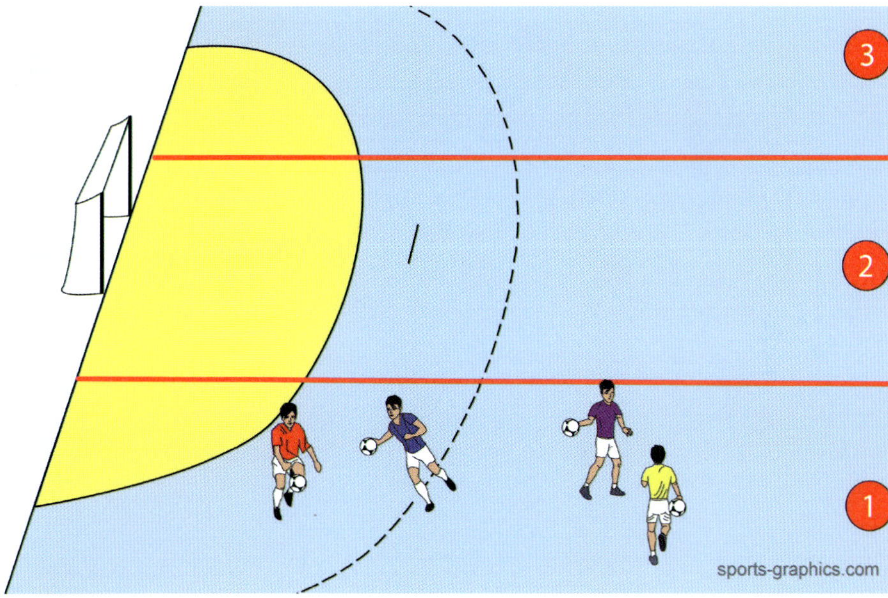

Organisation

Eine Hallenhälfte wird in drei gleich große Spielfelder unterteilt (Hütchen, Floormarker, o. ä.). Alle Spieler haben einen Ball und befinden sich in Feld 1.

Ablauf

Nach dem Prinzip „jeder gegen jeden" versuchen alle Spieler, den anderen den Ball wegzuspielen. Wer seinen Ball verliert, holt diesen zurück und prellt in Feld 2 weiter. Gleiches gilt für einen Wechsel in Feld 3. Wer in Feld 1 übrig bleibt, gewinnt.

Variationen

- Wem es gelingt, in Feld 2 oder 3 einen Ball herauszuspielen, darf wieder ein Feld zurück, also zum Beispiel von 2 nach 1.
- Die Spieler gehen jetzt in Zweierteams zusammen; jedes Zweierteam hat einen Ball. Ebenfalls werden zwei oder drei Fänger bestimmt. Wird ein Ballbesitzer von einem Fänger berührt, muss dieses Team ein Feld weiterwechseln.
- Statt der Fänger versuchen die Nicht-Ballbesitzer der Teams, andere Spieler zu berühren.

5.3.10 Bleibe in der Spur

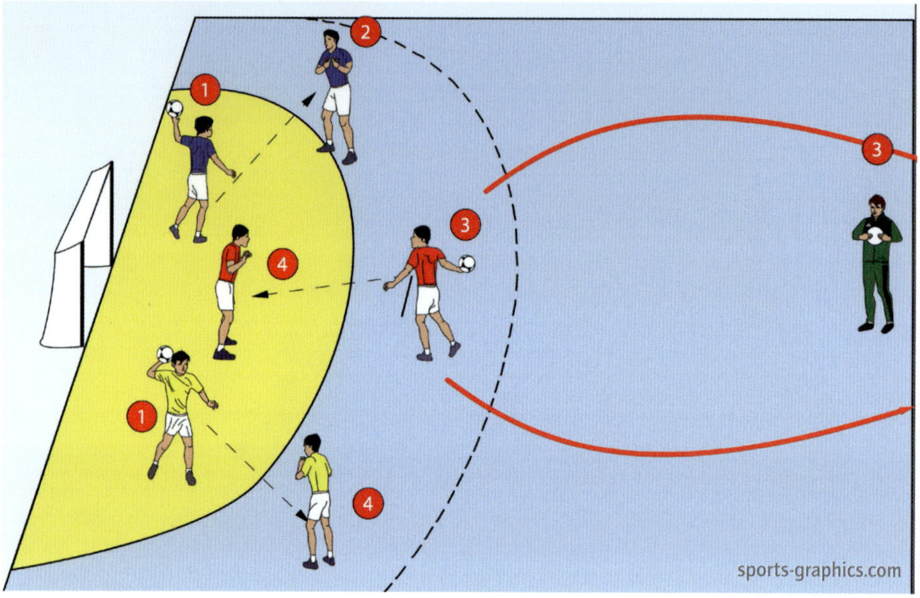

Organisation

Es werden zwei gleich große Teams gebildet und durchnummeriert (jeder Spieler eines Teams erhält eine Zahl, für beide Teams werden dieselben Zahlen verwendet). Jedes Team hat einen Ball und spielt sich diesen der Reihenfolge entsprechend im Neun-Meter-Raum zu.

Ablauf

Während die Teams passen, ruft der Trainer eine Zahl. Beide Spieler, die diese Zahl haben, laufen in Richtung anderes Tor los. Sollte einer der beiden oder gar beide in diesem Moment den Ball haben, spielen sie noch schnell ab. Der Trainer spielt einen der beiden an. Anschließend Angriff 1 gegen 1 auf das andere Tor.

Variationen

- Der Wechsel der Passreihenfolge erfolgt auf ein optisches Zeichen.
- Die beiden aufgerufenen Spieler spielen zusammen 2 gegen 1; dies erfordert einen zusätzlichen Abwehrspieler in der anderen Hälfte.
- Einschränkung des Korridors für das Spiel 2 gegen 1.

5.3.11 So schnell wie der Ball

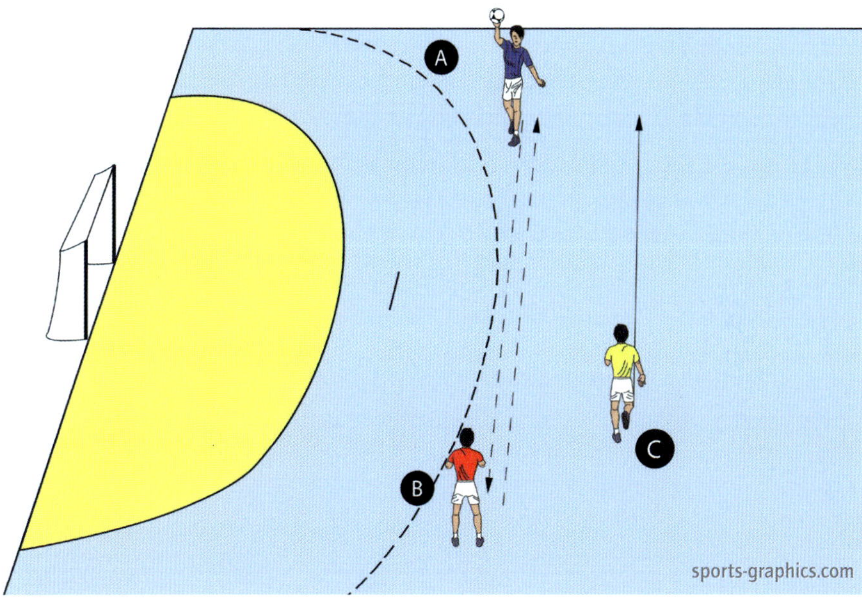

Organisation

Die Spieler werden in Dreier-(Vierer-)Teams eingeteilt. Jedes Team erhält einen Ball. Zwei Spieler (A, B) stehen sich im Abstand von 6 bis 8 Metern gegenüber, der/die anderen (C, eventuell D) stehen seitlich.

Ablauf

A und B passen sich den Ball in unterschiedlicher Geschwindigkeit zu, Spieler C versucht, sich auf Ballhöhe zu bewegen (Laufbewegungen oder abwehrspezifische Steppbewegungen). Hält ein Spieler den Ball hoch, sprintet C sofort zu diesem und berührt den Ball.

Variationen

- Weitere Aufgaben, die Spieler C zu Aufmerksamkeit zwingen (z. B. A oder B prellen kurzfristig, dann macht C Strecksprünge).
- Hin und wieder lassen A oder B den Ball abtropfen, C reagiert und erläuft den Ball.
- Deuten A oder B durch eindeutigen Blick einen Pass zu C an, fordert dieser sofort den Ball durch Entgegenlaufen und spielt einen Doppelpass.

5.3.12 Schnelle Abwehr

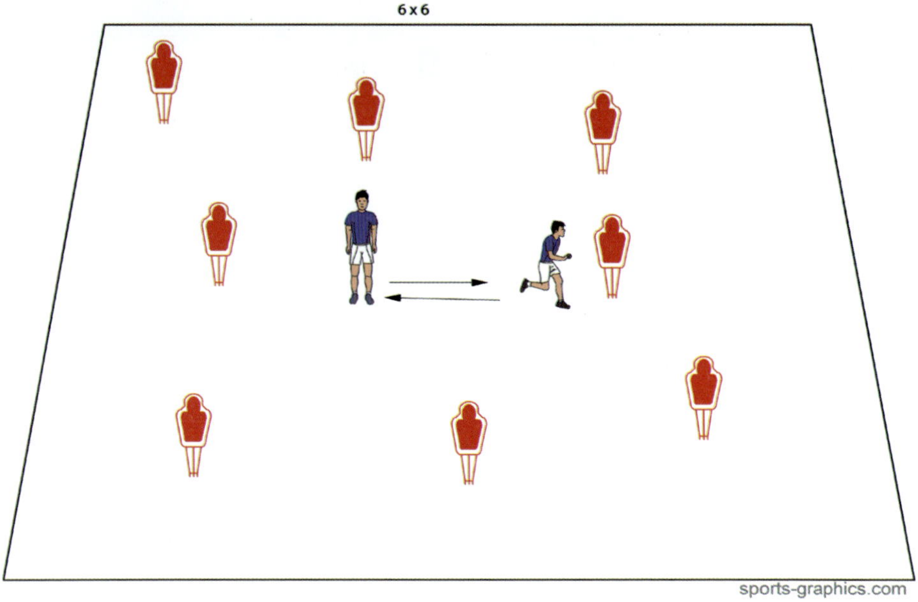

Organisation

In einem Rechteck (z. B. 6 x 6 Meter) werden 6 bis 8 Fitlights positioniert. Ein Abwehrspieler steht in der Mitte des Feldes und bewegt sich locker auf der Stelle (Laufen, abwehrspezifische Bewegungen). Er versucht, alle Fitlights im Blick zu behalten.

Ablauf

Bei Aufblinken einer Lampe sprintet der Spieler dorthin, berührt das Fitlight mit einer Hand und bewegt sich zur Ausgangsposition in Abwehrbewegungen zurück. Dann beginnt alles von vorne.

Variationen

- Alle Aktionen werden mit Ball ausgeführt (Prellen).
- Zwei Spieler wechseln sich ab, das heißt, der zweite Spieler bleibt jeweils auf der Ausgangsposition.
- Der zweite Spieler bewegt sich jeweils eine kurze Strecke mit und imitiert eine Sicherung.
- Verbindung mit Gegenstoß, das heißt, ein Fitlight hat eine andere Farbe; leuchtet es auf, läuft der Spieler einen Gegenstoß, erhält einen Pass und schließt auf der gegenüberliegenden Seite ab.

5.4 Spielformen zur Spielintelligenz

5.4.1 Sektorenspiel in Überzahl 3 gegen 2

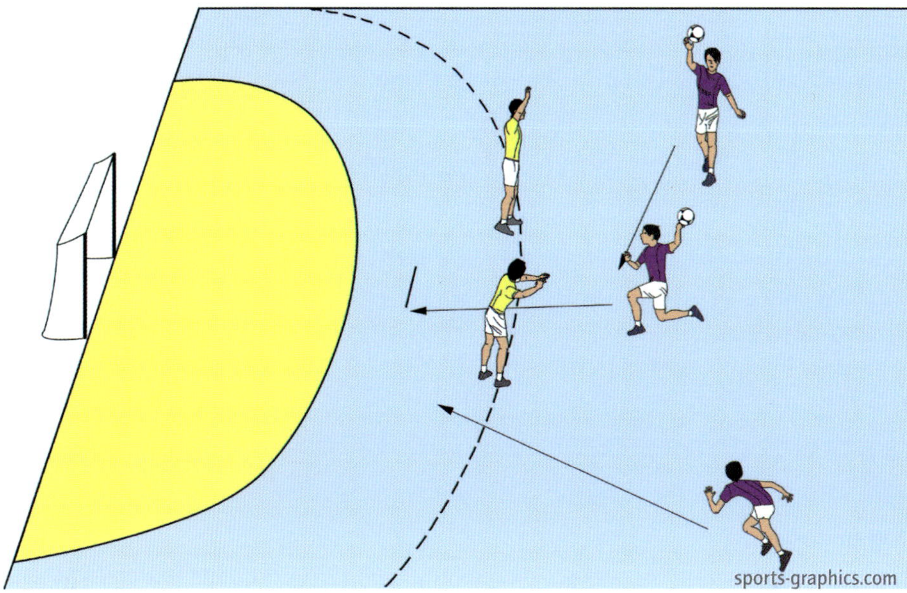

Organisation

Die Spieler besetzen im Angriff die drei Rückraumpositionen RL, RM und RR. Des Weiteren werden zwei Abwehrpositionen besetzt. Da die Spielsequenzen in der Regel schnell ablaufen, ist eine Mehrfachbesetzung jeder Position zu empfehlen.

Ablauf

Die Rückraumspieler sollen sich durch schnelle Pässe und Stoßbewegungen einen Raumvorteil verschaffen und dadurch Wurfgelegenheiten erarbeiten. Zunächst ist deshalb auf relativ strenges Positionsspiel zu achten. Sinnvoll ist es, die Möglichkeit der Bogenpässe zunächst per Regel auszuschließen. Die Aktion wird mit einem Torwurf abgeschlossen.

Variationen

- Variante Mitte mit zwei Rückraumspielern und einem Kreisläufer.
- Variante links, das heißt, RL, LA und KM.
- Variante rechts, das heißt, RR, RA und KM.

5.4.2 Sektorenspiel in Überzahl 4 gegen 3

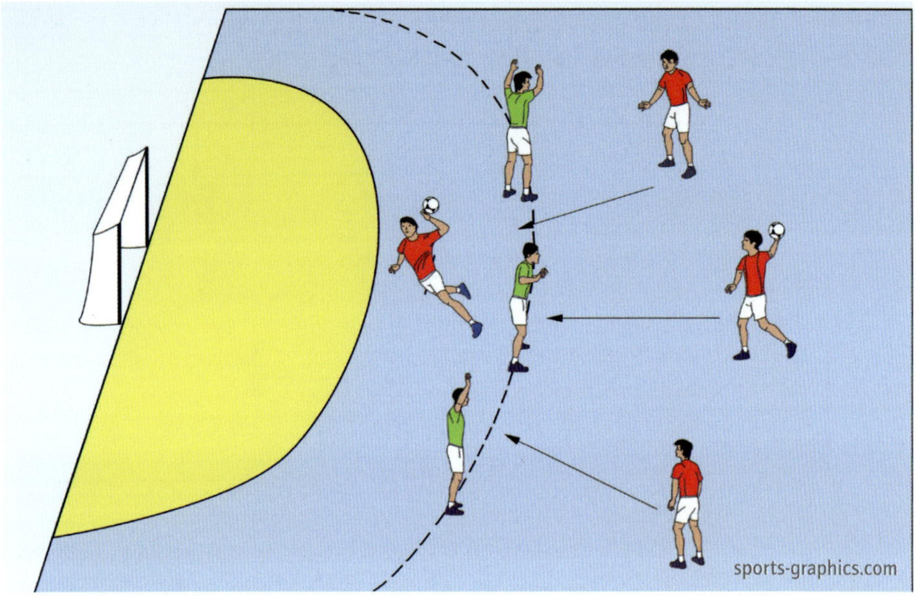

Organisation

Die Spieler besetzen im Angriff die drei Rückraumpositionen RL, RM, RR und KM. Des Weiteren werden drei Abwehrpositionen an der Freiwurflinie besetzt. Da die Spielsequenzen in der Regel schnell ablaufen, ist eine Mehrfachbesetzung jeder Position zu empfehlen.

Ablauf

Wichtig in dieser Spielform ist der konsequente Einsatz des Kreisspielers, sodass sich einfache Partnerhilfen (z. B. Doppelpass, Rückpass) häufig aus der Spielsituation ergeben.

Variationen

- Variante „links" (LA, RL, RM, KM) oder Variante „rechts" (RA, RR, RM, KM); diese Variante kann auch an zwei Toren getrennt praktiziert werden.
- Spiel 4 gegen 3 als Dreier-Handball.

5.4.3 Sektorenspiel in Gleichzahl 3 gegen 3

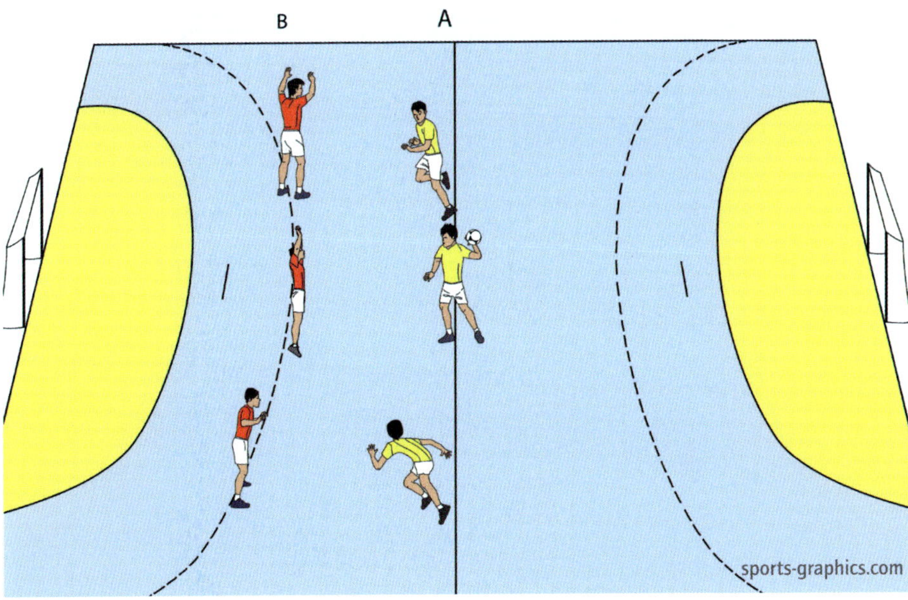

Organisation

Die Spieler besetzen im Angriff die drei Rückraumpositionen RL, RM und RR. Ebenfalls werden drei Verteidigerpositionen (VM, HL, HR) besetzt. Da die Spielsequenzen in der Regel schnell ablaufen, ist eine Mehrfachbesetzung jeder Angriffsposition zu empfehlen.

Ablauf

Die drei Rückraumspieler sollen sich durch schnelle Pässe und Rückpässe einen Raumvorteil verschaffen und dadurch Wurfgelegenheiten erarbeiten. Wichtig ist, dass die Spieler lernen, auch kleine Lücken im Abwehrverband zu nutzen.

Variationen

- Variante „zwei Rückraumspieler und ein Kreisläufer".
- Variante „Rückraum-, Kreis- und ein Außenspieler"; diese Variante kann im Wechsel auf ein Tor gespielt werden.

5.4.4 Sektorenspiel in Gleichzahl 4 gegen 4

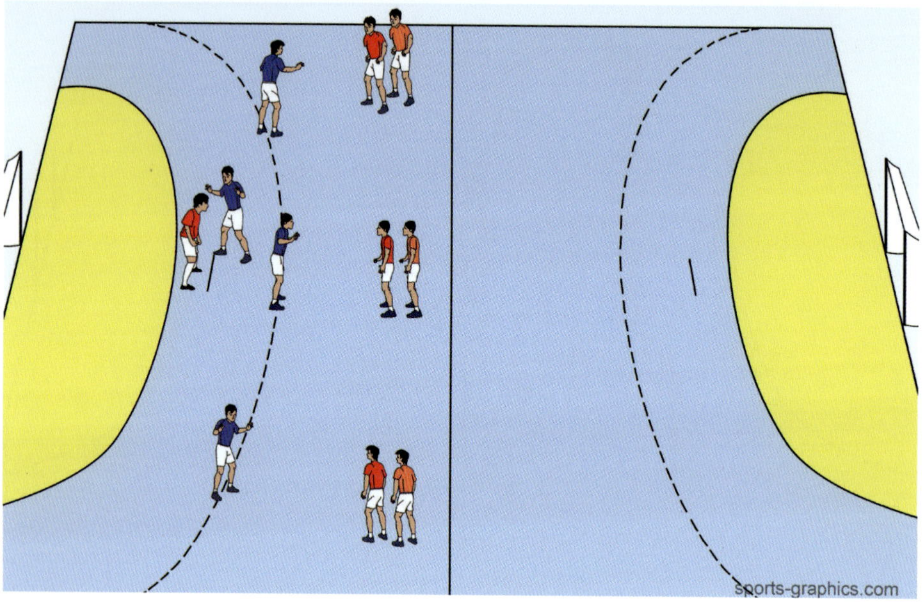

Organisation

Die Spieler besetzen im Angriff die drei Rückraumpositionen RL, RM, RR sowie KM. Ebenfalls werden vier Verteidigerpositionen (VM, HL, HR, HM) besetzt. Da die Spielsequenzen in der Regel schnell ablaufen, ist eine doppelte Besetzung jeder Angreiferposition zu empfehlen.

Ablauf

Die Rückraumspieler sollen sich durch schnelle Pässe und Rückpässe einen Raumvorteil verschaffen und dadurch Wurfgelegenheiten erarbeiten. Wichtig ist, dass die Spieler lernen, auch kleine Lücken im Abwehrverband zu nutzen und dabei verstärkt auch den Kreisspieler einzusetzen.

Variationen

- Die drei Rückraumspieler agieren konsequent mit einem Übergang, z. B. von RM. Anschließend wird in der 2 gegen 2-Formation eine Wurfgelegenheit herausgespielt.
- Variante links: Der Angriff setzt sich aus LA, RL, RM und KL zusammen.
- Variante rechts: Der Angriff setzt sich aus RA, RR, RM und KR zusammen.

5.4.5 Sektorenspiele in Gleichzahl 3 gegen 3 als Dreierhandball

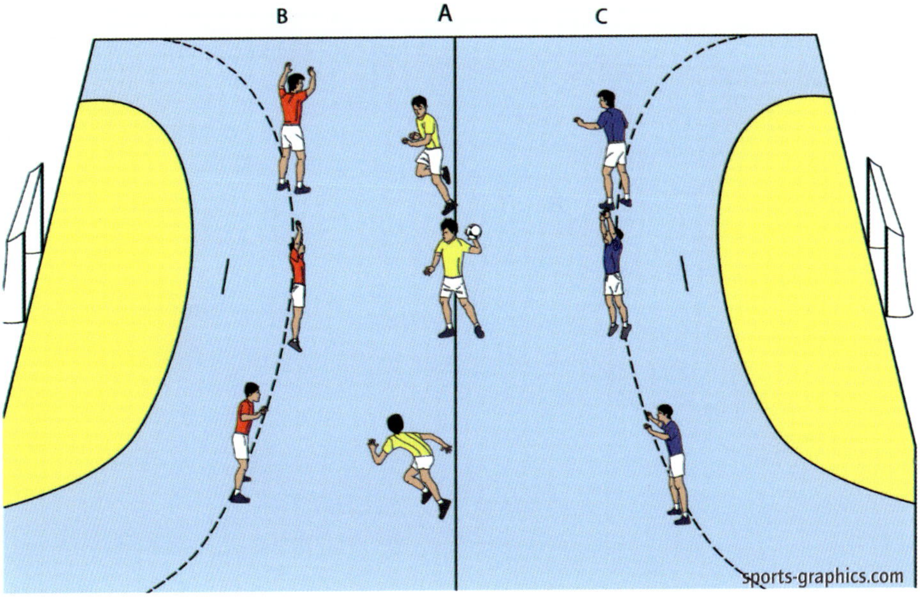

Organisation

Die Grundidee der Sektorenspiele wird auf das gesamte Spielfeld erweitert. An jedem Wurfkreis steht eine Mannschaft (B, C) und eine Mannschaft spielt an (A).

Ablauf

Spiel auf zwei Tore, bei dem drei Mannschaften im Wechsel gegeneinander spielen. Mannschaft A greift gegen B auf Tor 1 an, nach Abschluss spielt Mannschaft B gegen C auf Tor 2, dann C gegen A auf Tor 1 usw.

Die jeweils angreifende Mannschaft agiert mit verschiedenen gruppentaktischen Maßnahmen, insbesondere mit Übergängen von den verschiedenen Positionen.

Variationen

- Die neu in Ballbesitz gekommene Mannschaft wird bis zur Mittellinie von den Angreifern gestört.
- Erweiterung zum Spiel 4 gegen 4.

5.4.6 Mattenball

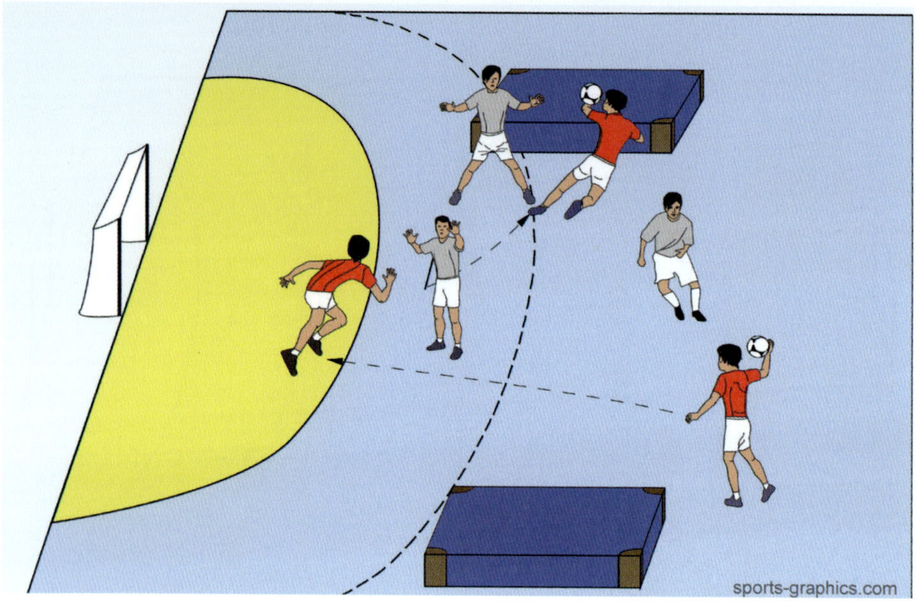

Organisation

Die Halle wird längs oder quer in zwei kleinere Spielfelder geteilt. Pro Spielfeld werden zwei Weichbodenmatten oder zwei blaue Turnmatten benötigt. Eine Mannschaft besteht aus 3 bis 5 Spielern, die farblich markiert sind. Das Anspiel erfolgt durch Jump (wie im Basketball).

Ablauf

Ziel des Spiels ist, den Ball mit beiden Händen auf der Matte abzulegen (die Spieler können sich dazu auch auf die Matte werfen). Es wird ohne Prellen und Tippen gespielt, gewünscht ist schnelles und genaues Passspiel.

Wichtig: Es darf nur der Ballhalter auf die Matte, die anderen Spieler dürfen die Matte nicht betreten oder über die Matte laufen.

Variationen

- In Turnierform spielen, z. B. nach dem Prinzip „jeder gegen jeden", das heißt, Team A gegen B, C gegen D usw.
- Spielaufgaben stellen, z. B. alle Angreifer müssen die Mittellinie überquert haben, o. ä.
- Spielstand 5:5 auf allen Feldern, noch zwei Minuten Restspielzeit.
- Spielstand 5:5; alle Spiele enden, wenn eine Mannschaft 10 Punkte hat.

5.4.7 Transition Game 1

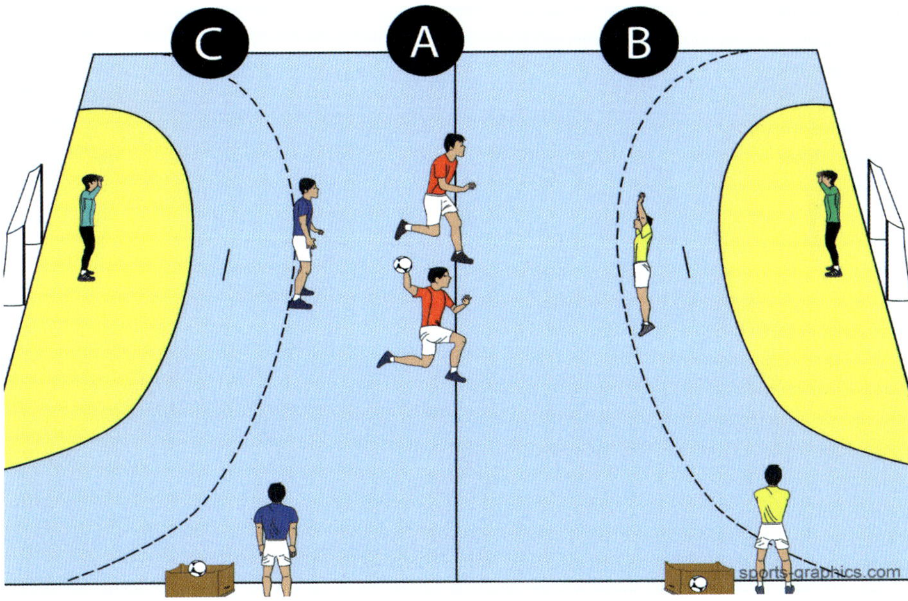

Organisation

Auf einer Spielfeldseite (längs) sind 2 Ballkästen etwa auf Höhe der Freiwurflinie deponiert. Für dieses Transition Game werden drei Teams à zwei Spieler sowie zwei Torhüter benötigt.

Ablauf

Mannschaft A (rot) greift gegen einen Spieler der Mannschaft B (gelb) an, der zweite Spieler von B befindet sich außerhalb des Spielfeldes neben dem ersten Ballkasten. Sofort nach Abschluss des Angriffs bringt B 2 einen Ball von außen ins Spiel, und Team B versucht, so schnell wie möglich gegen einen Spieler von C (blau) eine Überzahl herauszuspielen. Danach spielt C gegen A.

Variationen

- Erste Erweiterung des Spiels zum 3 gegen 2.
- Zweite Erweiterung des Spiels zum 4 gegen 3.
- Auftakthandlung der Angreifer, z. B. durch Kreuzen o. ä.
- Das Überzahlspiel muss ohne Prellen gelöst werden.

5.4.8 Transition Game 2

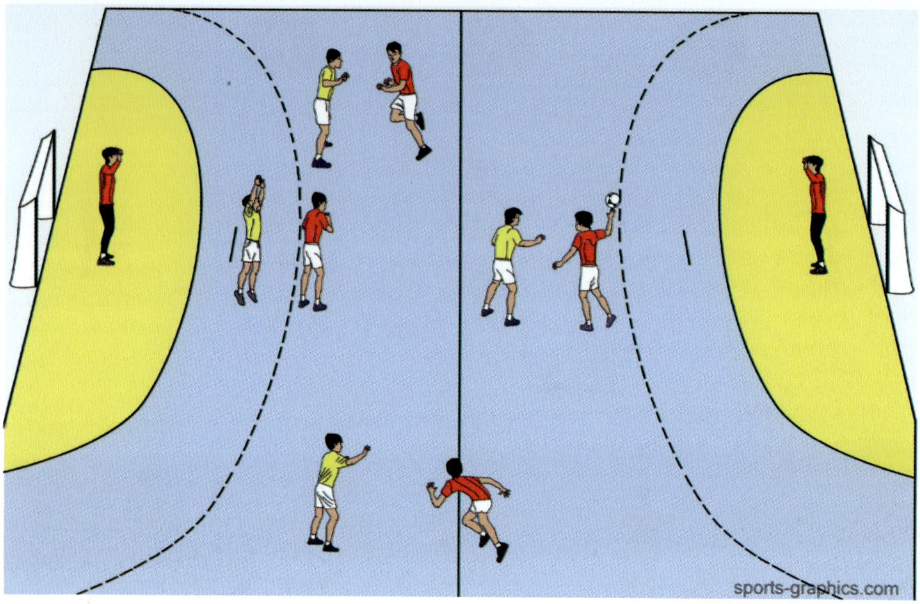

Organisation

Handballspiel auf zwei Tore im 4 gegen 4 (mit Torwart). Abwehraufstellung im 1 gegen 3, Angriff spielt 3 gegen 1.

Ablauf

Bei Ballgewinn durch die Abwehr läuft die Mannschaft sofort mit den drei vorderen Spielern einen Gegenstoß, Spieler 4 (HM) sichert ab. Wird mit weniger als drei (vier) Pässen ein Gegenstoßtor erzielt, erhält die Mannschaft einen Bonusangriff.

Diese Form erfordert spielintelligente Entscheidungen vom Torwart und allen Angreifern.

Variationen

- Konsequente Raumvorgaben an die Spieler der ersten Welle in Spuren: linke und rechte Außenspur, Innenspur.
- Veränderung zum Spiel 5 gegen 5, das heißt, der Angriff agiert ohne KM, die Verteidigung ohne HM. Ziel: Die beiden Außenspieler in den Gegenstoß zu bringen. Differenzierung in die erste und zweite Welle.

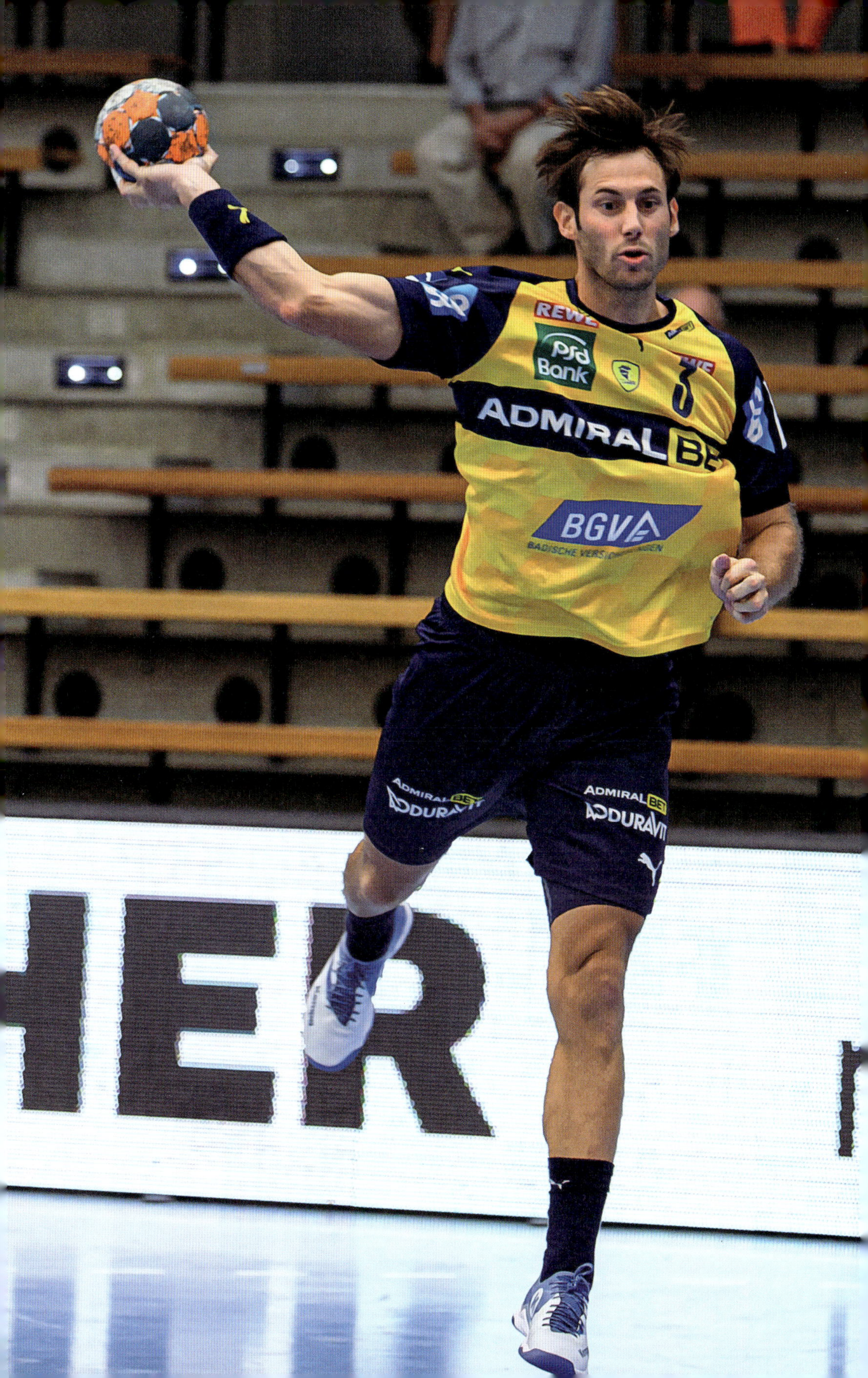
REWE
PSD Bank
ADMIRALBET
BGV

5.4.9 Viterer-Handball

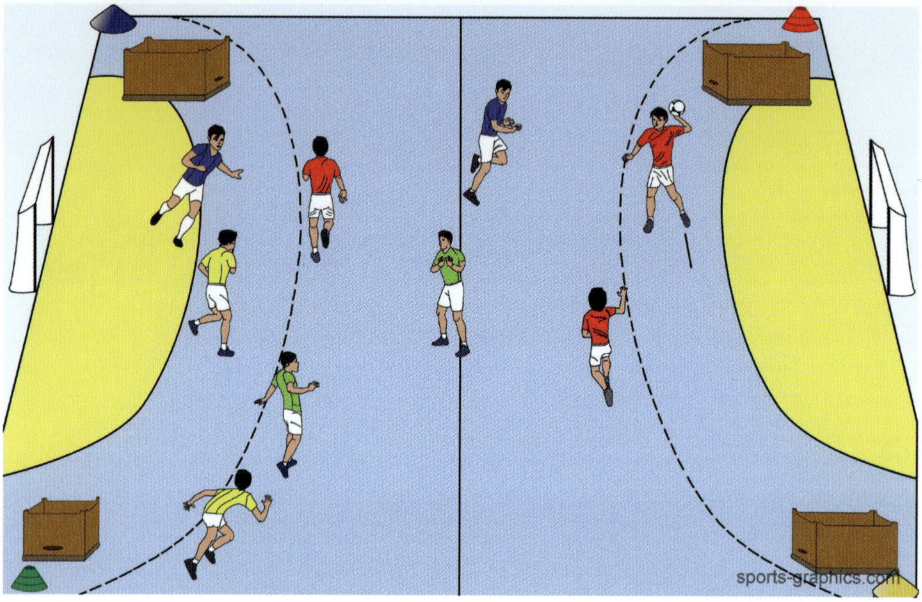

Organisation

In jede Hallenecke wird ein umgedrehter Kleinkasten gestellt (alternativ: Matten). Es werden vier Mannschaften gebildet, die farblich gekennzeichnet sind. Jeder Mannschaft wird ein Kasten zugeordnet, der mit einem farbigen Hütchen oder einem Floormarker gekennzeichnet wird (Trikotfarbe = Hütchenfarbe). Der jeweils diagonal gegenüberliegende Kasten ist der zweite Kasten einer Mannschaft. In der Mitte der Halle befindet sich ein begrenztes Spielfeld, in dem sich die Mannschaften zunächst aufhalten.

Ablauf

Alle Spieler laufen durcheinander und spielen sich einen Ball innerhalb ihrer Mannschaften zu. Es darf nicht geprellt werden. Wenn der Trainer „1" ruft, muss jede Mannschaft so schnell wie möglich zu ihrem ersten (farbig markierten) Kasten gelangen. Es darf weiterhin nicht geprellt werden und der Ball darf nicht länger als drei Sekunden gehalten werden. Diejenige Mannschaft bekommt einen Punkt, die zuerst ihren Ball im Kasten abgelegt hat und bei der alle Teammitglieder den Kasten berühren. Es beginnt ein neuer Durchgang.

Ruft der Trainer „2", müssen die Mannschaften ihren Ball im zweiten Kasten (gegenüber vom farbig markierten Kasten) ablegen und gemeinsam den Kasten berühren.

Variationen

- Wenn z. B. „2" gerufen wird, muss die Mannschaft erst zu ihrem Kasten „1" laufen, diesen mit allen Teammitgliedern umrunden und dann den Ball im Kasten „2" ablegen sowie den Kasten mit den Händen berühren.
- Statt Zurufe des Trainers werden optische Zeichen verwendet.
- Laufvariationen und/oder Passvarianten einbauen.
- Bilaterales Training, das heißt, das Spiel wird mit der nicht dominanten Hand ausgeführt.

5.4.10 Fußball-Handball

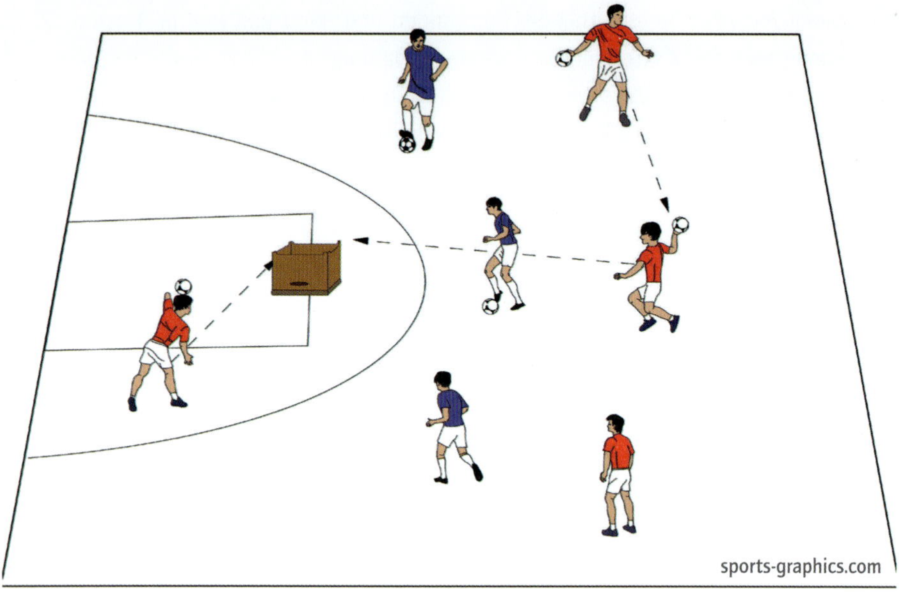

Organisation

Zwei Mannschaften spielen in einem festgelegten Feld (z. B. Basketballfeld) Fußball und Handball. Als Tore werden zwei kleine Kästen jeweils auf die Freiwurflinie des Basketballfeldes gestellt (die Skizze stellt nur eine Spielfeldhälfte dar). Die Kästen werden auf die Seite gelegt, sodass die offene Unterseite (das Fußballtor) zur Hallenmitte zeigt und die Oberseite (das Handballtor) zu den Stirnseiten des Feldes. Das Spielfeld wird in drei Spielzonen aufgeteilt. Auf der Spielfläche zwischen den beiden Kästen wird Fußball gespielt und in den beiden äußeren Zonen (hinter den Kästen) Handball.

Hinweis: Die Freiwurfzone vor dem „Handballtor" kann als Wurfkreis genutzt werden, der nicht betreten werden darf. Alternativ kann ein Wurfkreis mit Hütchen gekennzeichnet werden.

Ablauf

Das Spiel wird durch Anspiel, Einwurf oder Jump eröffnet. Das ballbesitzende Team spielt im mittleren Feld mit dem Fuß und versucht, in eines der äußeren Felder zu kommen. Dort wird sofort auf Handball gewechselt. Ziel des ballbesitzenden Teams ist es, entweder den Ball in den Kasten zu kicken (aus der mittleren Zone) oder gezielt gegen die Oberseite des Kastens zu werfen. Bei Treffer geht das Spiel vom Kleinkasten durch Team B weiter.

Variationen

- Die beiden Spielzonen werden getauscht.
- Die Spielzonen werden auf Zuruf oder optisches Zeichen getauscht.
- Der Trainer sagt an, welche Schuss- und Wurftechniken genutzt werden, um ein Tor erzielen zu können.

5.4.11 Handball-Kopfball

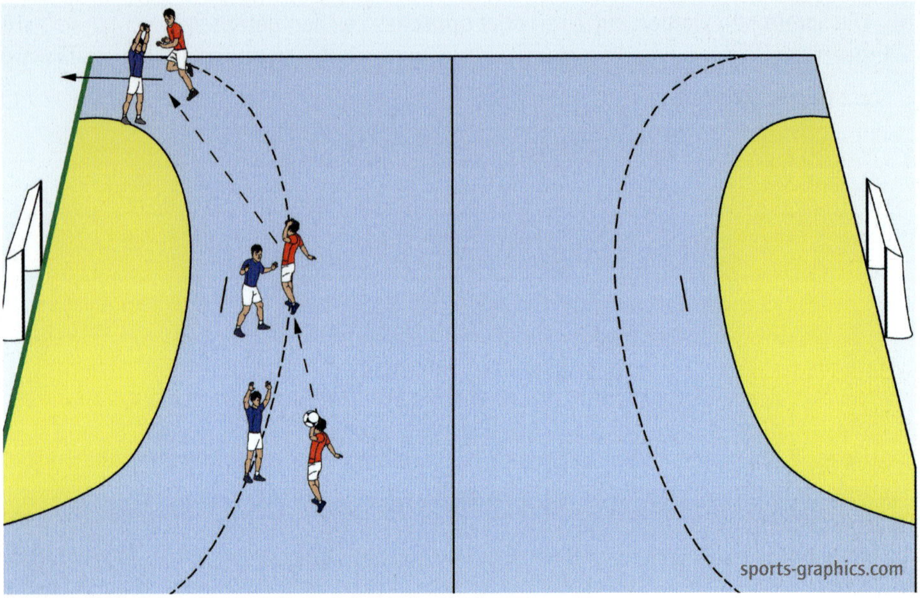

Organisation

Zwei Mannschaften spielen in einem Handballfeld oder Halbfeld (quer) Handball-Kopfball. Als Tor zählt die ganze Grundlinie.

Ablauf

Das Spiel wird durch Anspiel, Einwurf oder Jump eröffnet. Das ballbesitzende Team spielt den Ball nach Handballregeln und versucht, in die Nähe der Grundlinie zu kommen. Ziel des ballbesitzenden Teams ist, einen gezielten Pass so zu spielen, dass ein Spieler ihn über die Grundlinie köpfen kann. Die verteidigende Mannschaft darf diese Bälle abfangen und dann weiterspielen. Bei einem Treffer geht das Spiel von der Grundlinie durch Team B weiter.

Variationen

- Den Trefferbereich einschränken, z. B. nur zwei Zonen.
- Die Passanzahl einschränken und den Zeitdruck erhöhen.
- Einzelne Spieler als Kopfballspieler kennzeichnen.

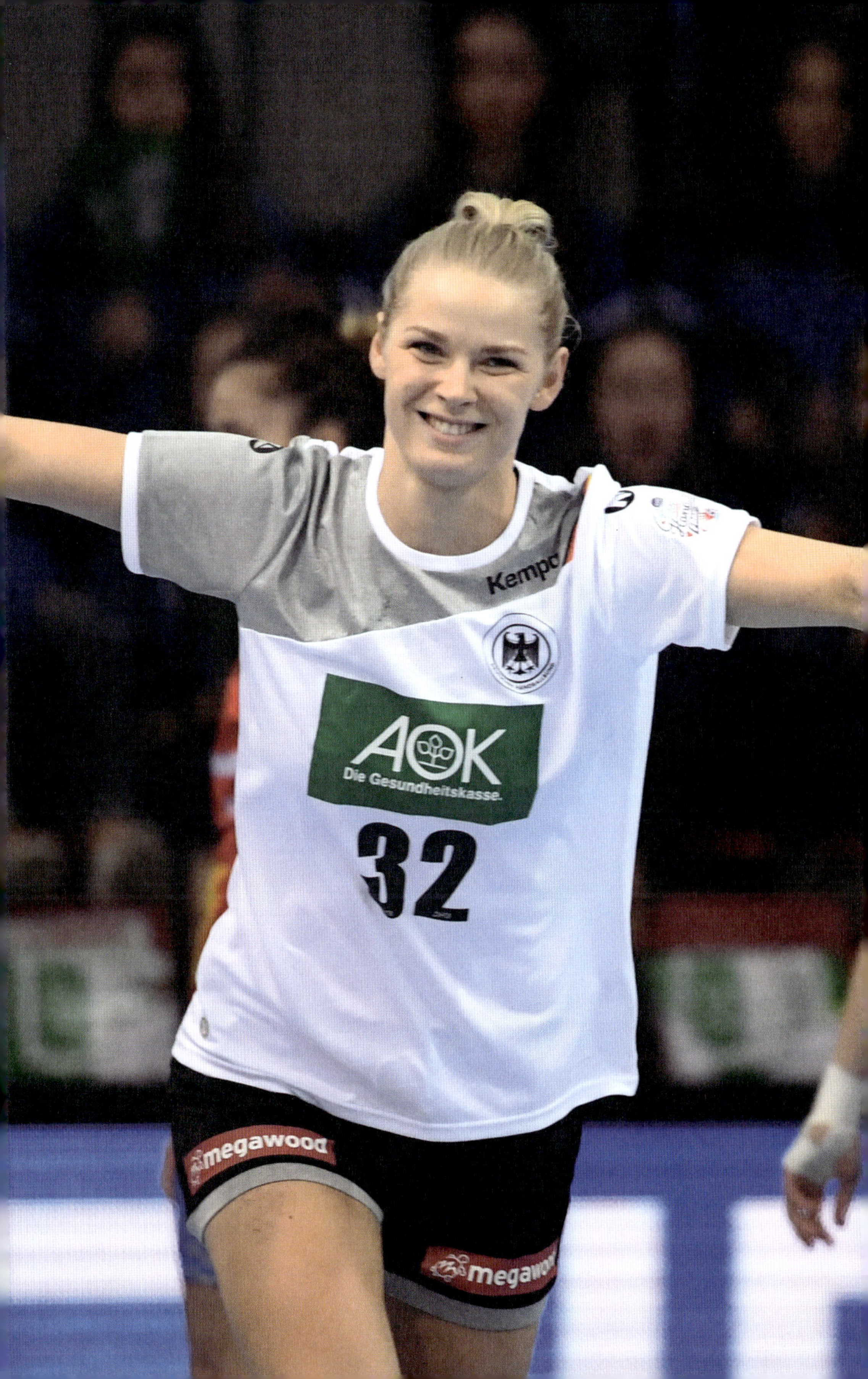
Kempa
AOK
Die Gesundheitskasse.
32
megawood
megawood

5.4.12 In die Tiefe

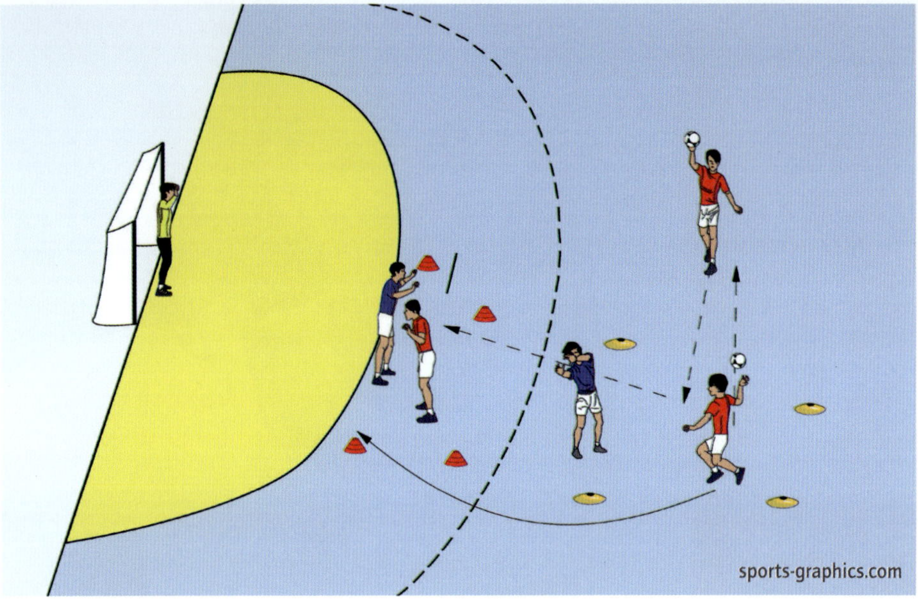

Organisation

Es werden zwei Spielsektoren mit Hütchen oder Floormarkern gekennzeichnet. In jedem Sektor befindet sich ein Kreisspieler mit jeweils einem Abwehrspieler. Außerdem gibt es pro Sektor einen offensiven Abwehrspieler, der den Raum zwischen neun Meter und 12 Meter verteidigt. Die restlichen Spieler verteilen sich gleichmäßig auf der RL- und RR-Position; ein Torhüter geht ins Tor.

Ablauf

Alle RL/RR-Spieler haben einen Ball. Es wird abwechselnd im linken und danach im rechten Sektor gespielt. Auf der RM-Position befindet sich ein Anspieler. Nach einem Doppelpass mit dem Anspieler spielt RL einen Pass zum Kreisspieler, der sich von seinem Abwehrspieler gelöst hat. RL umläuft mithilfe von Lauftäuschungen den offensiven Abwehrspieler und bietet sich zum Doppelpass an. Da der offensive Abwehrspieler nur zwischen neun Meter und 12 Meter verteidigen darf, spielen RL und der Kreisläufer den Angriff im 2 gegen 1 aus und schließen mit einem Torwurf ab.

Hinweis:

Zu Beginn sollte der defensive Abwehrspieler den Pass zum Kreisläufer nicht stören, und der offensive Abwehrspieler sollte nur halbaktiv verteidigen. Je besser die Angreifer werden, desto aktiver können die Abwehrspieler agieren.

Variationen

- Freies Spiel im 2 gegen 2, beide Abwehrspieler dürfen im ganzen Sektor verteidigen, müssen aber die Anfangsaufstellung einhalten.
- Hinzunahme eines Außenangreifers, der im Falle einer Nichtlösbarkeit der Situation als Werfer eingesetzt werden kann.

5.4.13 Parteiball mit zwei Aufgaben

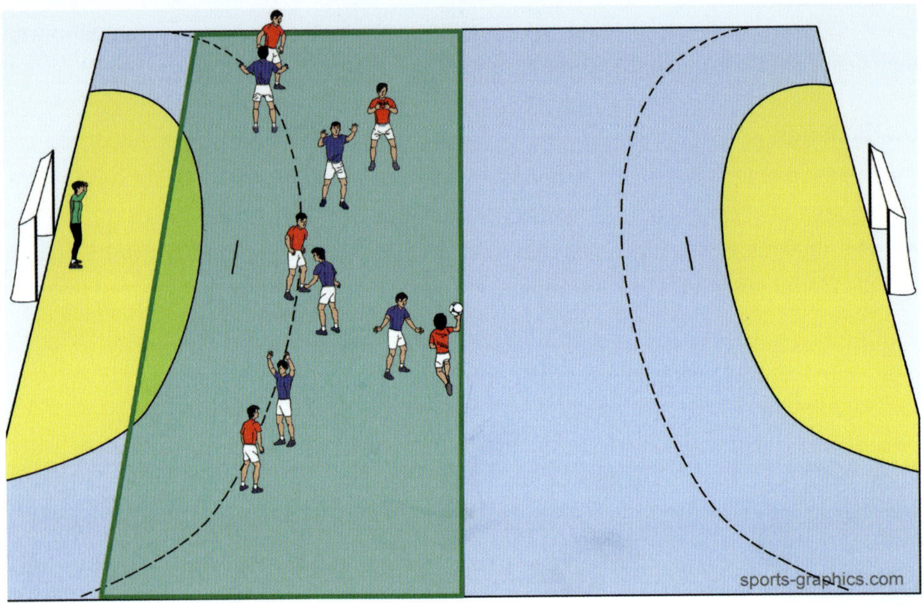

Organisation

Zwei Mannschaften (5 bis 7 Spieler) spielen gegeneinander auf einem Halbfeld mit einem Tor. Die Mannschaften haben unterschiedliche Aufgaben.

Ablauf

Team A versucht, in einem zusätzlich begrenzten Feld den Ball in den eigenen Reihen zu halten. Gelingen fünf Pässe in Folge, zählt dies als ein Tor und die Mannschaft bleibt in Ballbesitz. Sobald Team B den Ball erobert hat, läuft ein Spieler von A als Torhüter ins Tor. B versucht dann, in Überzahl ein Tor zu erzielen, darf aber erst innerhalb der Freiwurflinie aufs Tor werfen.

Nach einiger Zeit tauschen die Teams die Rollen.

Variationen

- Die Anzahl der Pässe erhöhen.
- Die Anzahl der Pässe vor dem Torwurf begrenzen.

5.4.14 Entscheidungswettkampf RL/RR

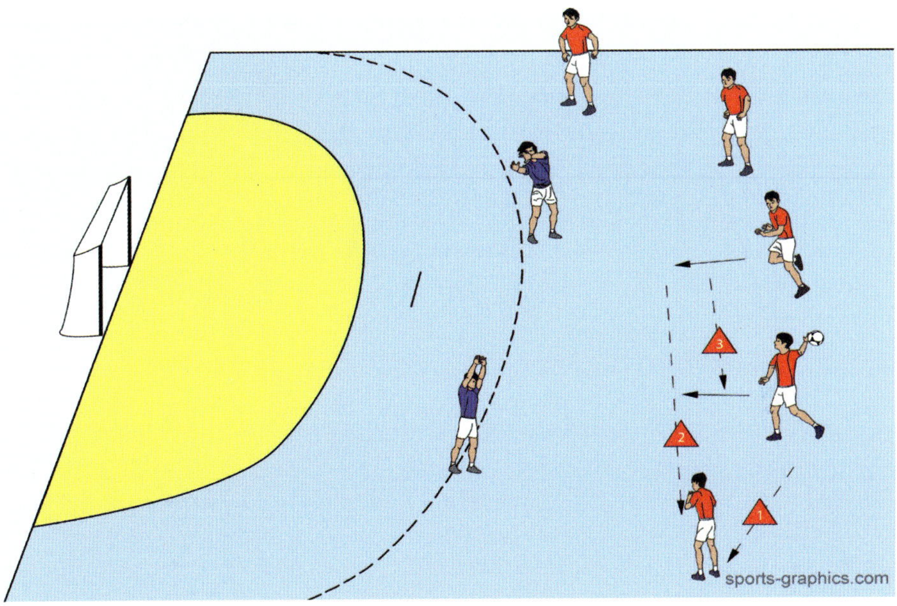

Organisation

Es werden die Positionen LA, RL, RM, RR und RA besetzt, davon RL und RR mindestens doppelt. Ebenfalls sind die Abwehrspieler HL und HR im Feld.

Ablauf

RL beginnt mit einem Pass auf LA, dieser spielt zu RM und von dort geht der Ball in die Stoßbewegung von RL. Je nach Position des Abwehrspielers (defensiv oder offensiv) wirft RL aufs Tor oder wählt den Weg zum Kreis. Anschließend beginnt der Ablauf rechts. Jeder Rückraumspieler hat fünf Versuche. Wer ist erfolgreicher?

Die Abwehrspieler sollten mit vollem Einsatz agieren.

Variationen

- Offensives Abwehrverhalten bedeutet Rückpass zum Außen mit Torwurf von dort: Der Abwehrspieler schiebt dann nach außen und engt den Wurfwinkel ein.
- Hinzunahme eines Kreisspielers. Eine offensive Abwehr erfordert einen Pass an den Kreis.
- Die Passstafette wird mehrfach gespielt. Sind HL/HR offensiv, wird weiter gepasst. Erst wenn per Hand eine Durchbruchsrichtung angezeigt wird, gehen die Angreifer zum Tor.

5.4.15 Entscheidungswettkampf RM

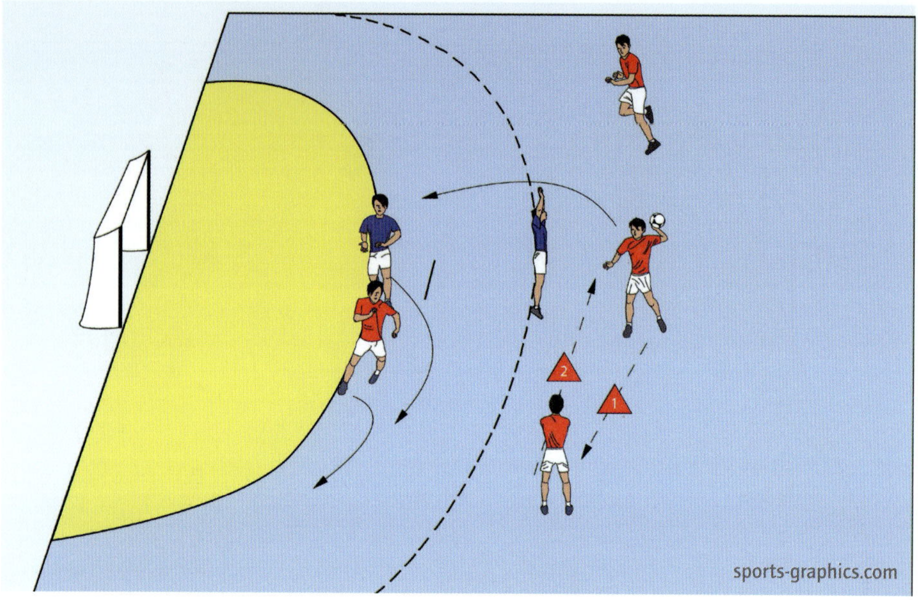

Organisation

Es werden die Positionen RL, RM, RR und KM besetzt; auf RM machen sich mehrere Spieler bereit. Ebenfalls sind die Abwehrspieler VM und HM im Feld.

Ablauf

RM beginnt mit einem Pass auf RL, dieser spielt zu RM zurück. Im Moment des Rückpasses von RL zieht der Kreisspieler in eine Richtung weg. RM entscheidet sich für einen Durchbruch zur anderen Richtung. **Wichtig**: Täuschung nicht vergessen, VM kann zu Beginn halbaktiv verteidigen.

Aufgabe: Jeder RM-Spieler hat fünf Versuche. Wer ist am erfolgreichsten?

Variationen

- Hinzunahme von HL und HR. Sollten die beiden VM bei der Bekämpfung von RM unterstützen, erfolgt ein Pass auf die entsprechende Seite. Dann wirft der Halbspieler aufs Tor.
- Zusätzliche Wahrnehmungsaufgabe: TW macht eine Ecke frei, der Wurf erfolgt dorthin.

5.4.16 High-Speed-Angriff

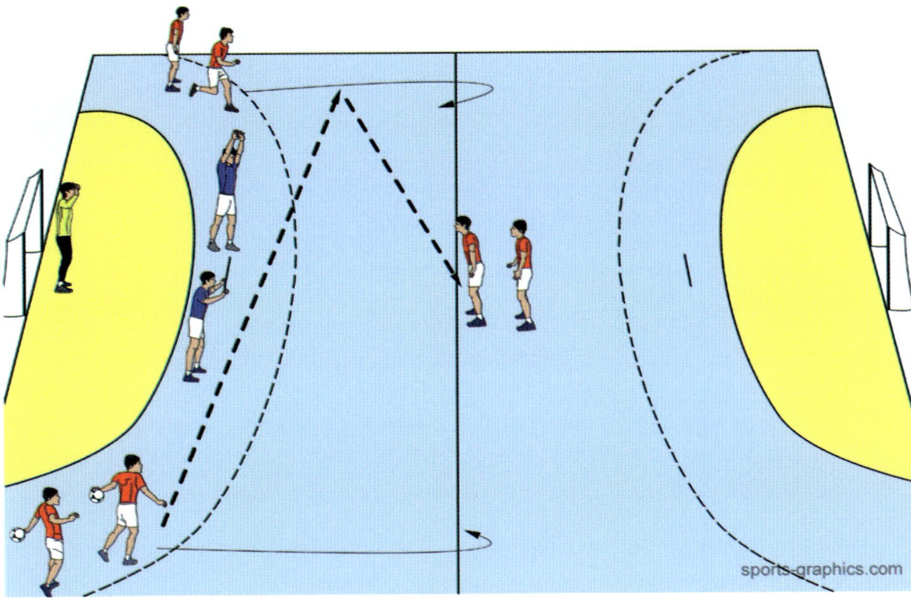

Organisation

Zwei Angreifer stehen an der Mittellinie (in der Mitte, Blick zum Tor). Auf LA und RA befinden sich mehrere Spieler, alle LA haben einen Ball. Jeweils ein LA und ein RA bilden ein Team. Zwei Abwehrspieler (HL, HR) befinden sich an der Wurfkreislinie (der Aktionsraum wird durch Floormarker gekennzeichnet), ein Torhüter ist im Tor.

Ablauf

LA 1 passt in den Lauf von RA 1 und sprintet anschließend an die Mittellinie. RA 1 passt zum ersten Spieler an der Mittellinie und läuft ebenfalls bis zur Mittellinie durch. Jetzt spielen die drei Angreifer (LA 1, RA 1, Mittelspieler) mit schnellen Pässen gegen die beiden Abwehrspieler, um eine Torgelegenheit herauszuspielen.

Nach Abschluss werden LA 1 und RA 1 Abwehrspieler, die Abwehrspieler rücken nach außen und der Mittelspieler geht auf seine Position zurück.

Variationen

- Die Abwehrspieler stehen hintereinander.
- Die Abwehr agiert in Gleichzahl.
- Die Angreifer müssen aus einer gruppentaktischen Handlung heraus (z. B. kurzes Kreuzen) spielintelligent handeln.
- Bei erfolglosem Abschluss müssen die Angreifer einen zweiten Versuch ausführen; hierfür sprinten sie zur Mittellinie zurück und holen einen zweiten Ball.

5.5 Methodische Hinweise zur Spielkreativität

Methodische Hinweise zum taktischen Spielkreativitätstraining finden sich hier. Diese können in verschiedenen Spielformen oder auch Basistaktiken eingesetzt werden.

Deliberate Play: In den Spielformen kann unangeleitetes Agieren zum Ausprobieren unterschiedlichster Lösungsvariationen führen.

One-Dimension-Games: Spielformen können durch eine hohe Zahl von immer wiederkehrenden, ähnlichen Situationskonstellationen einzelne sportspielübergreifende Basistaktiken schulen.

Diversifikation: Der Einsatz von verschiedenen motorischen Fertigkeiten in Spielformen kann die Ausbildung von originellen Lösungsvariationen unterstützen.

Deliberate Coaching: In den Spielformen sind keine Instruktionen einzusetzen, die den Aufmerksamkeitsfokus der Agierenden verringern.

Deliberate Motivation: Für die Spielformen sind hoffnungsbasierte Instruktionen einzusetzen, die die Generierung von ungewöhnlichen Lösungen erhöhen.

Deliberate Practice: In späteren Phasen des Lernprozesses können die Spielformen handballspezifisch ausgerichtet werden, sodass ein zielgerichtetes Überlernen von handballspezifischen Lösungsvariationen erfolgen kann.

5.6 Spielformen zum Arbeitsgedächtnis

5.6.1 Indoor-Beach

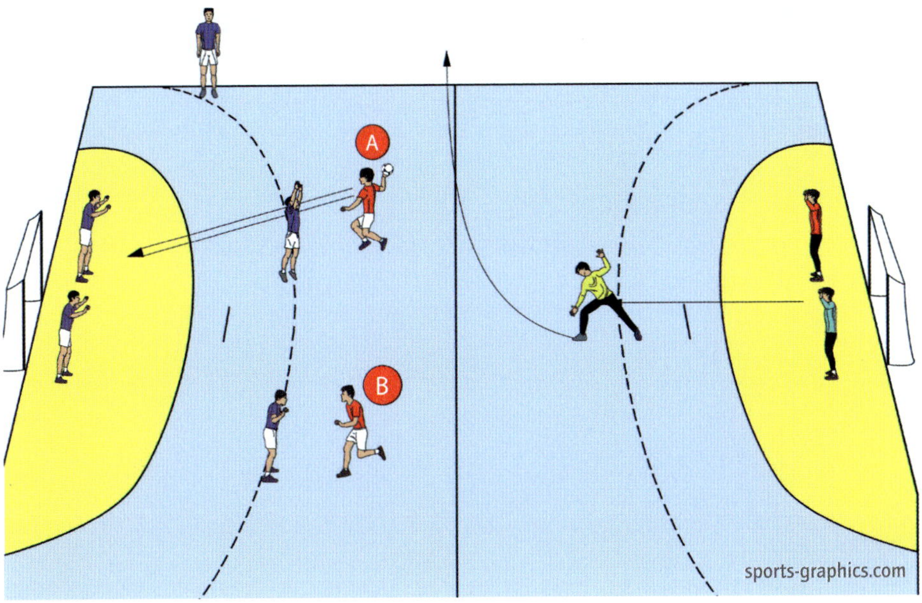

Organisation

Eine Mannschaft besteht aus fünf Spielern, pro Mannschaft werden drei Torhüter und zwei Feldspieler eingeteilt. Diese Einteilung sollte nach einiger Zeit wieder verändert werden.

Ablauf

Die Spieler 1 und 2 von Team A (rot) greifen zusammen mit TW 1 an, TW 2 und 3 stehen im Tor. Zwei Spieler von Team B (blau) sind in der Abwehr, TW 1 und 2 (blau) im Tor, TW 3 (blau) steht an der Seitenlinie. Nach Abschluss des Angriffs von Team A laufen Spieler 1 und 2 in die Abwehr, TW 1 (rot) verlässt sofort das Spielfeld und geht an der Seitenlinie zurück. Jetzt greift B an. Beim nächsten Angriff von Team A geht TW 2 mit in den Angriff und TW 1 zurück ins Tor.

Variationen

- Das Spiel wird mit nur einem Torwart im Tor gespielt, das heißt, zwei warten draußen.
- Es werden für Beachhandball typische Elemente integriert, wie z. B. Kempa oder Spin.
- Da Tore je nach Wurftechnik unterschiedlich zählen, kann das Spiel mit Rechenaufgaben kombiniert werden; z. B. jede Mannschaft muss exakt 12 Tore erzielen.

5.6.2 Wandball komplex

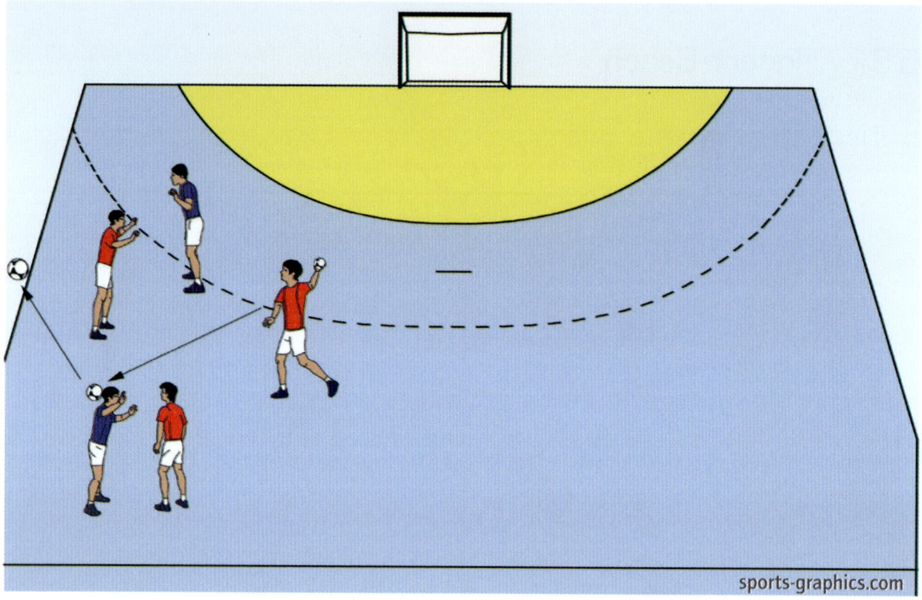

Organisation

Zwei Mannschaften spielen in einem Hallendrittel oder in quer bzw. längs im Hallendrittel liegenden Feldern gegeneinander. Die Spielfeldgröße orientiert sich an der Spielerzahl. Die beiden Querseiten des Spielfeldes (Hallenwände) sind die Tore. Zur Aktivierung des Arbeitsgedächtnisses werden stets Zusatzaufgaben gestellt.

Ablauf

Ein Punkt (Tor) kann erzielt werden, indem ein Spieler den Ball als Aufsetzer an die Wand spielt und der abprallende Ball anschließend von einem Mitspieler gefangen wird. Fängt ein Abwehrspieler den zurückkommenden Ball, so ist es kein Punkt (Tor).

Weitere Regeln der Grundform:

- Ein Aufsetzer an die Wand darf erst gespielt werden, wenn vorher innerhalb des eigenen Teams sieben Pässe gespielt wurden.
- Es wird ohne Prellen bzw. Tippen gespielt; es dürfen maximal drei Schritte mit Ball ausgeführt werden.

Variationen

- Ein Punkt kann erst erzielt werden, wenn jeder Spieler des eigenen Teams den Ball hatte.
- Ein Punkt kann erst erzielt werden, wenn innerhalb des Teams drei indirekte Pässe gespielt worden sind.
- Ein Punkt kann erst erzielt werden, wenn ein Team bei jedem Angriff von einer Zahl X in Dreierschritten laut rückwärts bis null gezählt hat (15 – 12 – 9 – ...).

5.6.3 Rechen-Handball

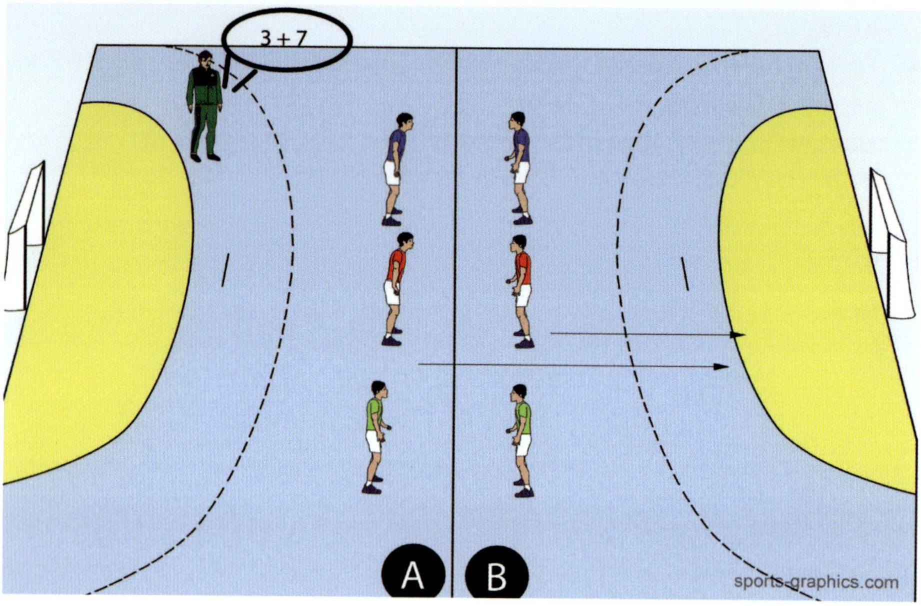

Organisation

Die Spieler stellen sich paarweise an der Mittellinie (das Gesicht zeigt zueinander) mit jeweils zwei Schritten Abstand zur Mittellinie auf.

Ablauf

Der Trainer gibt eine mathematische Rechenaufgabe vor (z. B. (3+7)/2 oder schwieriger). Ist das Ergebnis eine gerade Zahl, so fängt A B. Ist die Zahl ungerade, fängt B A. Kann der Spieler, der gefangen wird, die Grundlinie erreichen, bevor der andere Spieler ihn berührt, bekommt er einen Punkt. Wird er allerdings gefangen, bekommt der Fänger einen Punkt.

Variationen

- Verschiedene mathematische Aufgaben, die immer wieder das Arbeitsgedächtnis vor neue Aufgaben stellen.
- Verschiedene Ausgangsstellungen an der Mittellinie: Die Spieler liegen auf dem Boden, haben jeweils einen Ball und müssen prellend über die Grundlinie laufen (auch mit der schwachen Hand prellen); weitere Positionen: Liegestützstellung, Hocke, ...
- Alle Spieler prellen und die Fangaktion erfolgt mit Ball.

5.6.4 Gegenstoßspiel

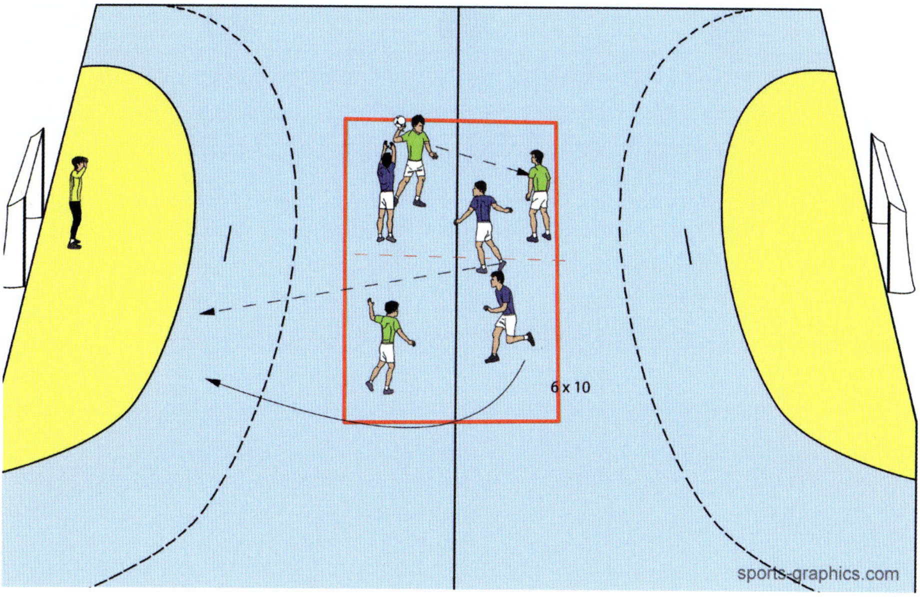

Organisation

In der Mitte des Handballfeldes wird ein Rechteck markiert (z. B. 6 x 10 Meter). In diesem Feld spielen zwei Teams Ablegeball gegeneinander. Sobald ein Team den Ball erfolgreich hinter der Grundlinie des anderen Teams abgelegt hat, startet dieses zum Gegenstoß.

Ablauf

Das Spiel wird durch Jump oder Schiedsrichterball eröffnet. Das ballbesitzende Team versucht, nach einer vorgegebenen Anzahl an Pässen im roten Feld ohne Prellen den Ball hinter der gegnerischen Torlinie abzulegen. Gelingt dies, erhalten sie einen Punkt. B startet aber sofort zum Gegenstoß zum anderen Tor.

Hierbei gilt folgende taktische Regel: Wird der Ball in der rechten Hälfte abgelegt, muss der Gegenstoß über die linke Seite gelaufen werden und umgekehrt. Der Gegenstoß erfolgt zunächst ohne Verteidigung.

Variationen

- Der Gegenstoß wird auf der gleichen Seite gelaufen, also Ballablage links, Gegenstoß links.
- Der Gegenstoß wird auf beiden Seiten gelaufen, und ein Spieler der ballablegenden Mannschaft verteidigt.

5.6.5 Drei-Felder-Handball

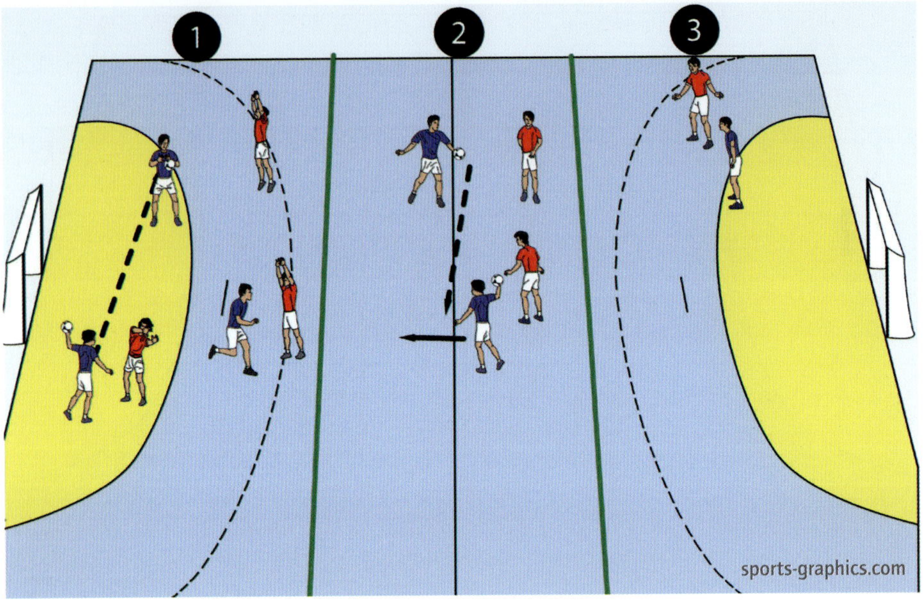

Organisation

Das Handballfeld wird in drei gleich große Querfelder aufgeteilt. Zwei Mannschaften verteilen sich gleichmäßig auf diese drei Felder. Hinter einer Grundlinie liegen mehrere Bälle bereit.

Ablauf

Ziel ist, einen Ball von einer Grundlinie zur anderen zu transportieren, wobei die Spieler das ihnen zugewiesene Feld nicht verlassen dürfen. Punkte können durch Ablegen der Bälle hinter der gegenüberliegenden Grundlinie erzielt werden. Wird von der Abwehr ein Ball abgefangen, wird dieser an der Seite deponiert.

Wichtig: Sobald ein Ball von Team Blau aus Feld 1 in 2 gepasst wurde, holt sich dieses Team den nächsten Ball; dieser kann aber erst weitergespielt werden, wenn der erste Ball zwischenzeitlich in Feld 3 ist.

Variationen

- Zunächst wird nur in eine Richtung gespielt. Gelingt es der angreifenden Mannschaft, einen Ball abzulegen, wird sofort ein neuer Ball von hinten ins Spiel gebracht. Erobert die Abwehr einen Ball, wird dieser am Spielfeldrand abgelegt.

- Ein neuer Ball wird ins Spiel gebracht, wenn der vorherige Ball sich im mittleren Feld befindet.
- Der Ball wird nach dem Ablegen von der gegnerischen Mannschaft sofort in die andere Richtung ins Spiel gebracht. Dies gilt auch, wenn die Verteidigung einen Ball erkämpft.
- Statt Ball ablegen wird mit Torwurf gespielt. Die Spielerzahl sollte im mittleren Feld größer sein.

5.6.6 Zehnerpass

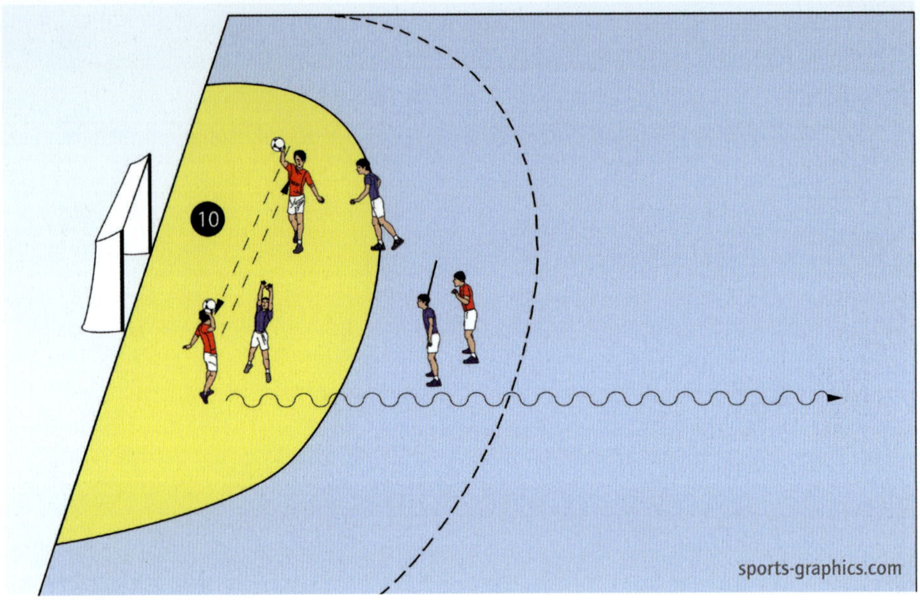

Organisation

Zwei Teams spielen im Neun-Meter-Raum gegeneinander Parteiball. Ziel ist, dass das ballbesitzende Team 10 Pässe spielt und anschließend spieltaktische Aufgaben löst.

Ablauf

Anspiel durch Auslosung. Das Team versucht, 10 Pässe zu spielen (laut mitzählen). Nach dem 10. Pass läuft der Ballbesitzer sofort einen Prellgegenstoß bis zur Mittellinie, der nächste Verteidiger folgt ihm und versucht, ihn abzudrängen.

Variationen

- Gegenstoßspiel in Überzahl: Der Ballbesitzer nach dem zehnten Pass und der Passgeber (Nummer 9) laufen einen Gegenstoß, ein Verteidiger bekämpft sie.
- Die Gegenstoßgruppe erweitern: Zunächst kommt der Passgeber, anschließend der Passgeber vor dem Passgeber zur Angreifergruppe hinzu.
- Gleichzahlsituationen schaffen.

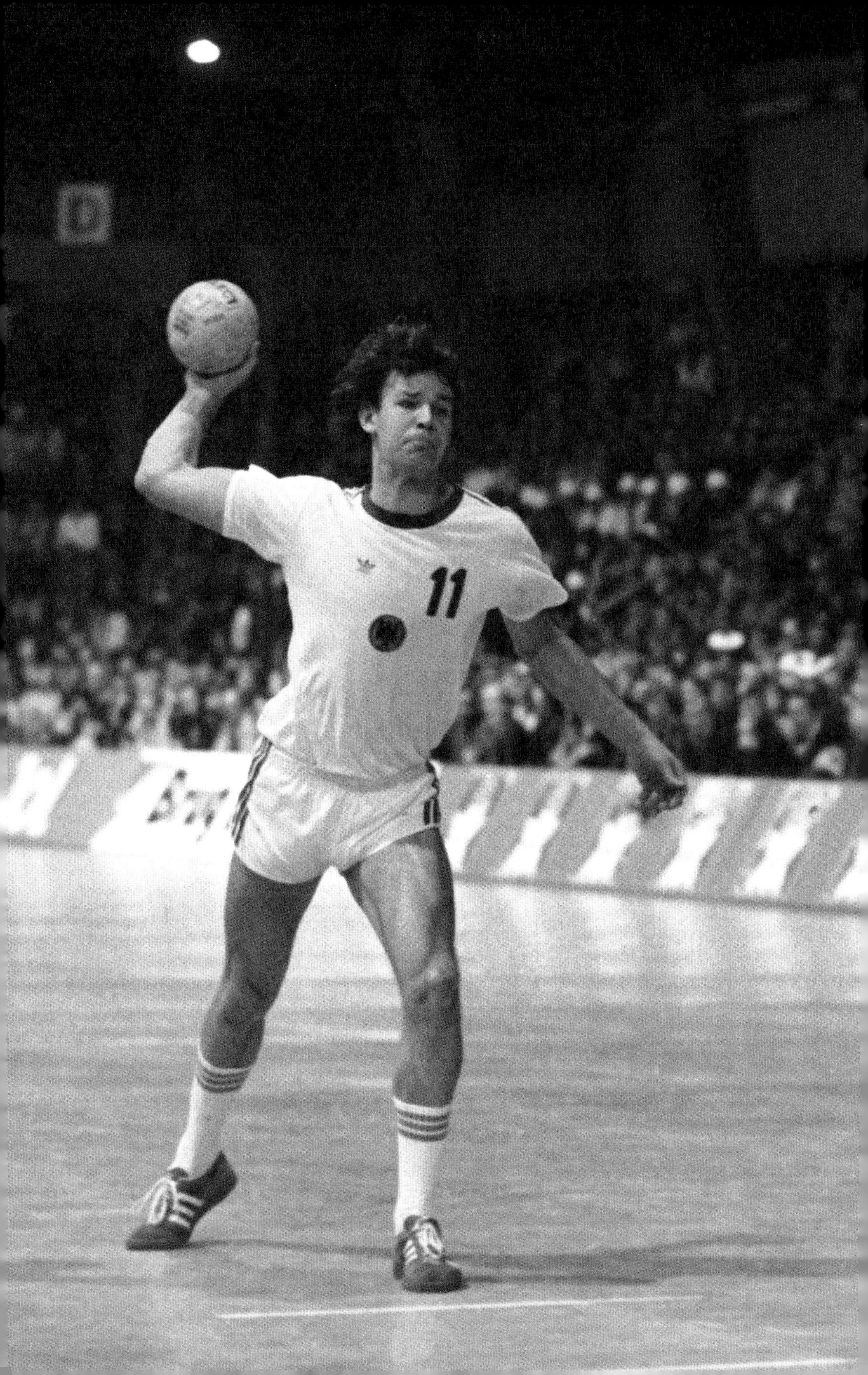
11

5.6.7 1 gegen 1 plus Linienspieler

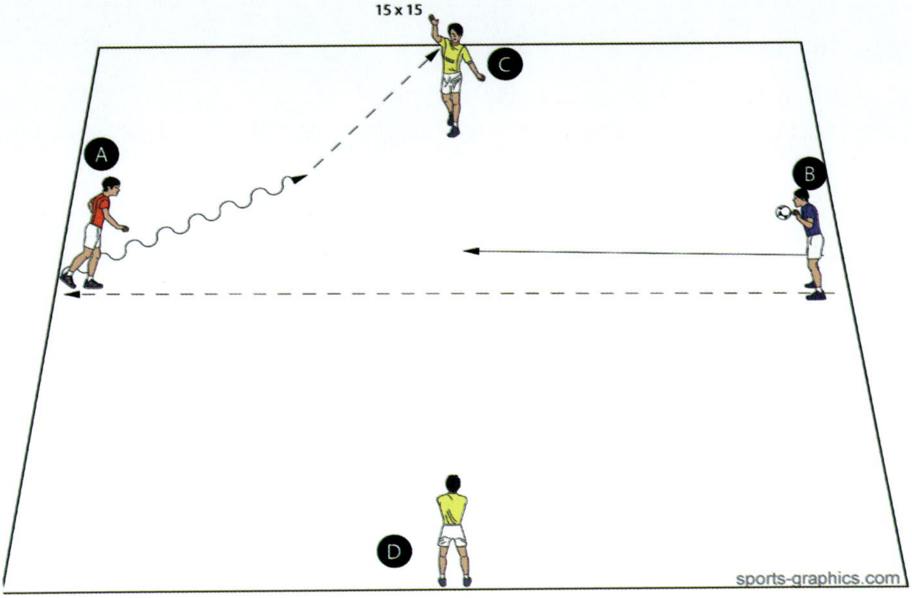

Organisation

Es wird ein 15 x 15 Meter großes Spielfeld markiert. An jeder Seite steht ein Spieler, zwei der sich gegenüberstehenden Spieler sind die „Wandspieler" (C und D), die anderen beiden ein Angreifer (B) und ein Verteidiger (A). Ziel des blauen Spielers ist es, den Ball über die Linie des roten Spielers zu prellen, während der rote Spieler versucht, dies zu verhindern.

Ablauf

Der rote Spieler (A) spielt den Ball zum blauen Spieler (B) und wird sofort zum Verteidiger. Der blaue Spieler fängt den Ball und versucht, über die Grundlinie von Rot zu gelangen. Blau hat zum Erreichen des Ziels zwei Optionen: entweder im 1 gegen 1 gegen den Verteidiger die Strecke zu absolvieren oder die Wandspieler (C, D) an den beiden Seiten miteinzubeziehen. Diese dürfen sich allerdings nur auf ihrer jeweiligen Linie bewegen.

Hinweise

- Kontraproduktive Instruktion: „Du darfst den Ball nicht verlieren!"
- Gute Instruktion: „Dein Ziel ist es, deinen Gegenspieler alleine oder mithilfe der Wandspieler auszuspielen, um Punkte zu erzielen!"

- Tippfehler müssen verhindert werden; dementsprechend ist es sinnvoll, die Wandspieler, so oft es geht, in das Spiel miteinzubeziehen.

Variationen

- Die Pässe zu den Wandspielern werden limitiert.
- Die Ballkontakte der Wandspieler werden limitiert (zwei Kontakte oder direkter Pass).
- Es gibt nur einen Wandspieler.
- Es muss mindestens ein Wandspieler angespielt werden.

5.6.8 Fangspiel

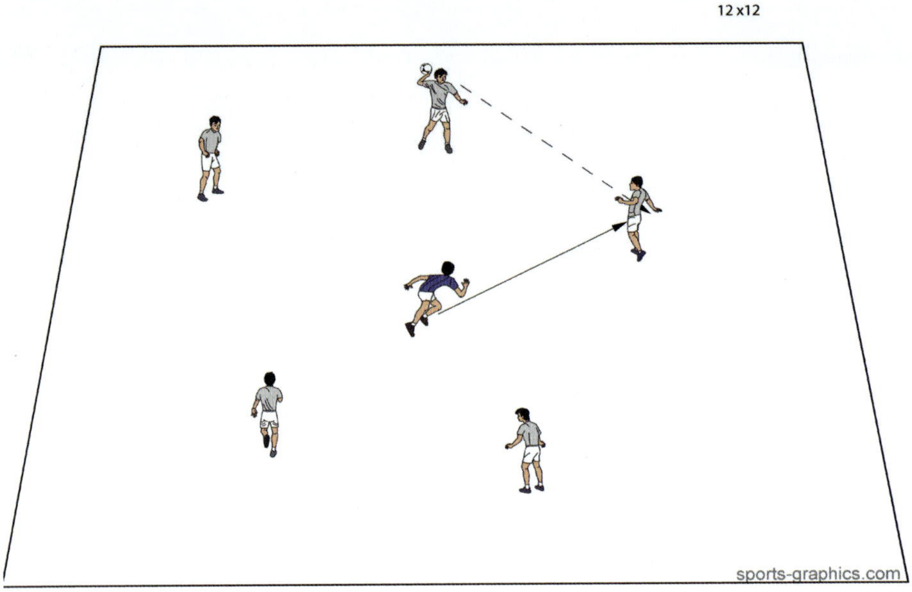

Organisation

Es wird ein 12 x 12 Meter großes Spielfeld markiert. Es werden zwei Fänger bestimmt. Alle anderen Spieler verteilen sich frei im Feld und erhalten vom Trainer als Gruppe zwei Bälle.

Ablauf

Die beiden Fänger versuchen, innerhalb einer Minute so viele Spieler wie möglich zu fangen. Die Gejagten können sich den Fängern entziehen, wenn sie im Besitz eines der beiden Bälle sind. Spieler, die gefangen wurden, stellen sich mit gegrätschten Beinen auf. Sie können befreit werden, indem ein Mitspieler durch ihre Beine krabbelt. Dadurch, dass die Gejagten sowohl auf die Fänger als auch auf die Spieler achten müssen, die ihnen gegebenenfalls einen Ball zuwerfen können, wird da Arbeitsgedächtnis ständig beansprucht.

Variationen

- Das Spiel endet erst, wenn alle Spieler gefangen wurden.
- Mehrere Fänger bestimmen.
- Die Spielfeldgröße variieren.
- Befreit werden kann man nur, indem ein Ball durch die gegrätschten Beine gerollt wird.

5.6.9 Passen mit mehreren Bällen

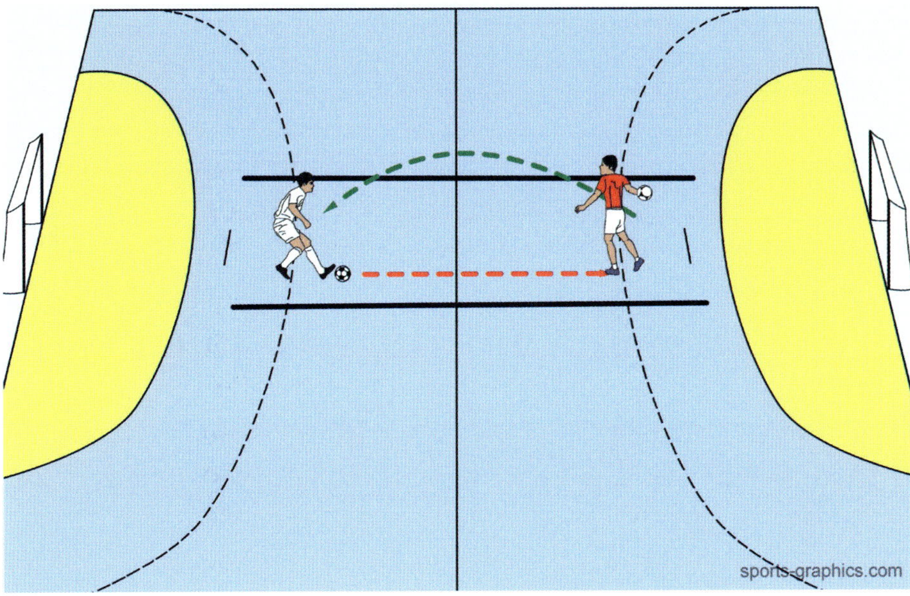

Organisation

Eine beliebig große Gruppe verteilt sich auf einem beliebigen Spielfeld. Es stehen sich jeweils zwei Spieler (A und B) gegenüber. Der Spielraum von A und B wird durch Linien oder Floormarker eingegrenzt. Jeder Spieler hat einen Ball zu Verfügung.

Ablauf

Die beiden Spieler werfen sich die Bälle je nach Aufgabenstellung zu. Währenddessen wird zusätzlich ein dritter Ball mit den Füßen hin- und hergepasst. Zur Erleichterung kann ein Signalwort für das Zuspiel mit dem Fuß verabredet und das Tempo für das Werfen und Fangen reduziert werden.

Variationen

- Wurfvariationen: Einhändig, beidhändig, direkt, indirekt, Brusthöhe, über Kopf usw. ...
- Fangvariationen mit der Hand berücksichtigen.
- Stoppvariationen mit dem Fuß berücksichtigen.
- Bilaterale Ausführung, das heißt, gezielter Wechsel von dominanter und nicht dominanter Körperseite.

5.6.10 Zahlenmeister

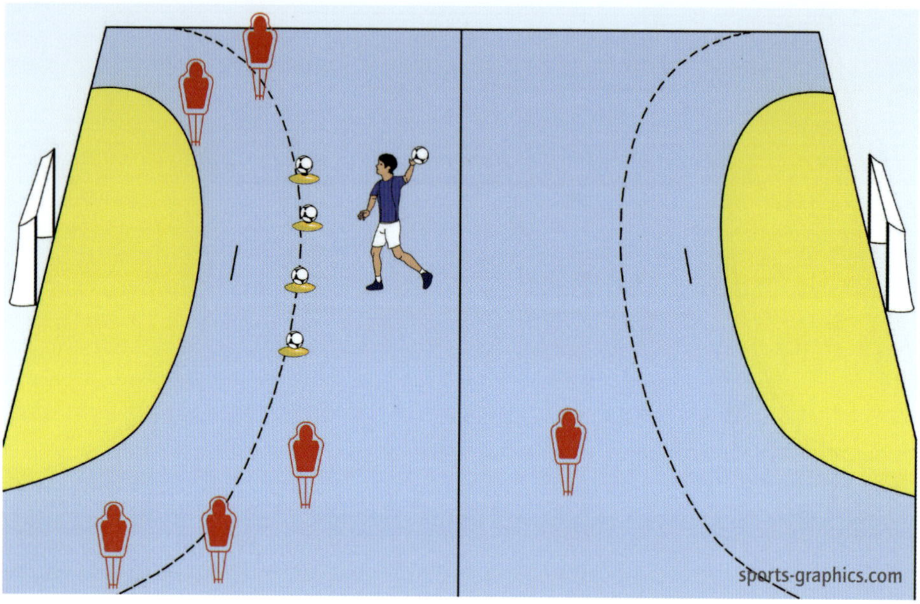

Organisation

Es werden sechs Fitlights (die eingestellten Farben sind frei wählbar), sechs Bälle, sechs Hütchen und ein Handballtor benötigt. Die Fitlights liegen am Boden. Die Bälle liegen circa auf Höhe des Neun-Meter-Kreises an den Hütchen.

Ablauf

Die Fitlights leuchten in zufälliger Anzahl auf. Der Spieler wirft so viele Bälle auf das Tor, wie Fitlights leuchten. Hierbei sollte die Wurftechnik zunächst vorgegeben werden.

Variationen

- Die Fitlights leuchten in zufälliger Farbreihenfolge auf. Der Spieler muss sich diese merken und in der gleichen Reihenfolge gleichfarbige Bälle auf das Tor werfen.
- Mit Fitlights in sechs Farben und dazu farblich passenden Hütchen:
  - Die Fitlights gehen der Reihe nach in verschiedenen Farben an, der Spieler muss sich die Reihenfolge, in welcher Farbe die Lichter angegeben sind, merken und in dieser Reihenfolge die Bälle aufs Tor werfen.
  - Eine bestimmte Anzahl der Fitlights leuchtet auf, der Spieler merkt sich die Anzahl (= Ballnummer). Nach diesem Prinzip wird eine Ballreihenfolge festgelegt, in der die Bälle auf das Tor geworfen werden.

5.6.11 Farbenkarate

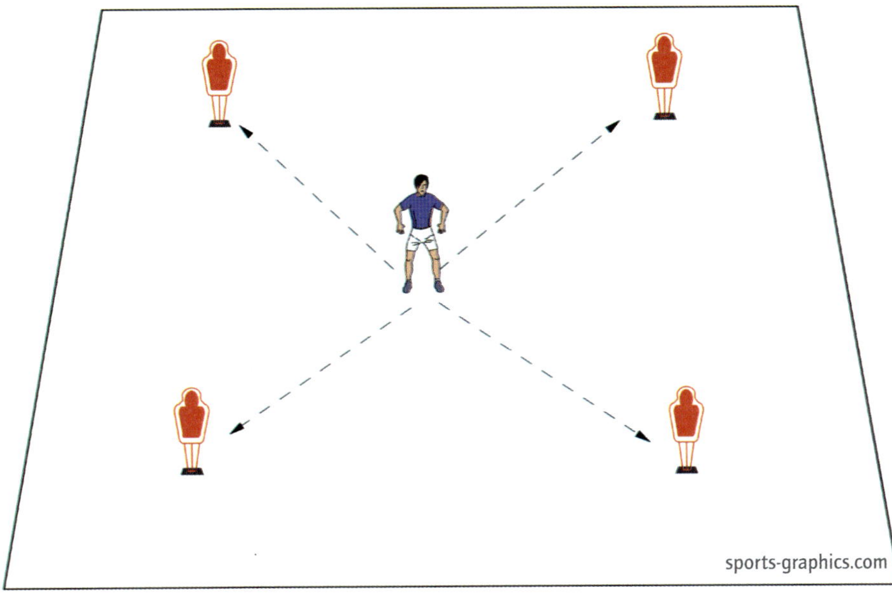

Organisation

Es werden vier Fitlights (eingestellte Farben: vier unterschiedliche Farben) benötigt. Die Fitlights liegen auf dem Boden oder auch erhöht, der Größe und dem Level des Spielers angemessen weit entfernt voneinander. Der Spieler befindet sich zwischen den Fitlights.

Ablauf

Alle Fitlights leuchten zu Beginn, der Spieler wischt die Fitlights in einer vorgegebenen Farbreihenfolge nacheinander und möglichst schnell aus.

Variationen

- Den unterschiedlichen Farben werden bestimmte Körperteile zugewiesen, mit denen das Fitlight ausgewischt wird. Z. B. rot = rechte Hand, gelb = linke Hand, blau = rechter Fuß, grün = linker Fuß.

5.6.12 Nimm zwei

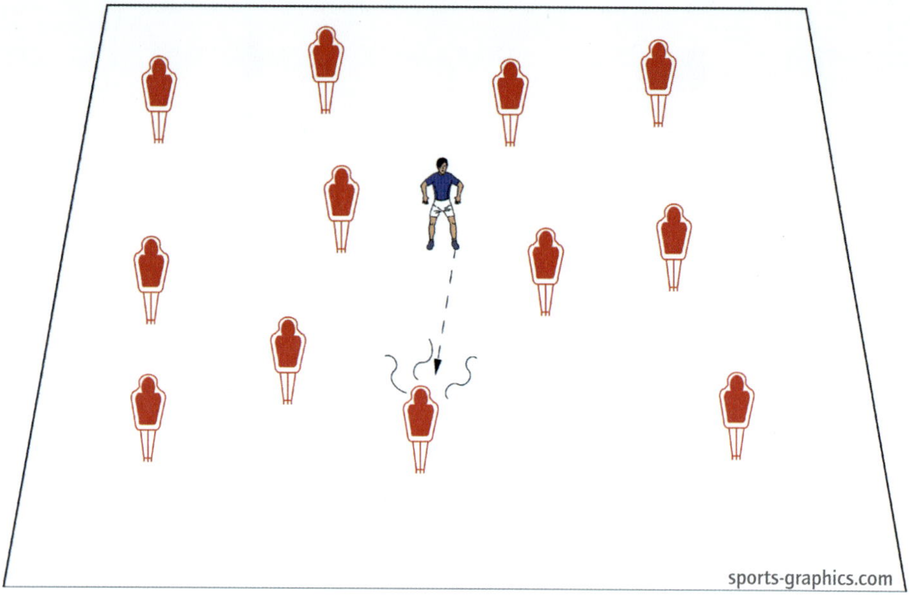

Organisation

12 Fitlights (eingestellte Farben: je zwei Fitlights pro Farbe) liegen auf dem Boden oder auch erhöht, der Größe und dem Level des Spielers angemessen weit entfernt voneinander. Der Spieler befindet sich zwischen den Fitlights.

Ablauf

Alle 12 Lichter gehen zusammen an. Der Spieler soll mit dem Fuß oder mit der Hand immer die gleichen Farben nacheinander auswischen.

Variationen

- Ein Fitlight soll mit dem linken, das gleichfarbige Fitlight mit dem rechten Körperteil ausgewischt werden.
- Die gleichfarbigen Fitlights sollen gleichzeitig ausgewischt werden. Fitlights müssen dann eng im Kreis um den Spieler liegen.

5.6.13 Burpeekönig

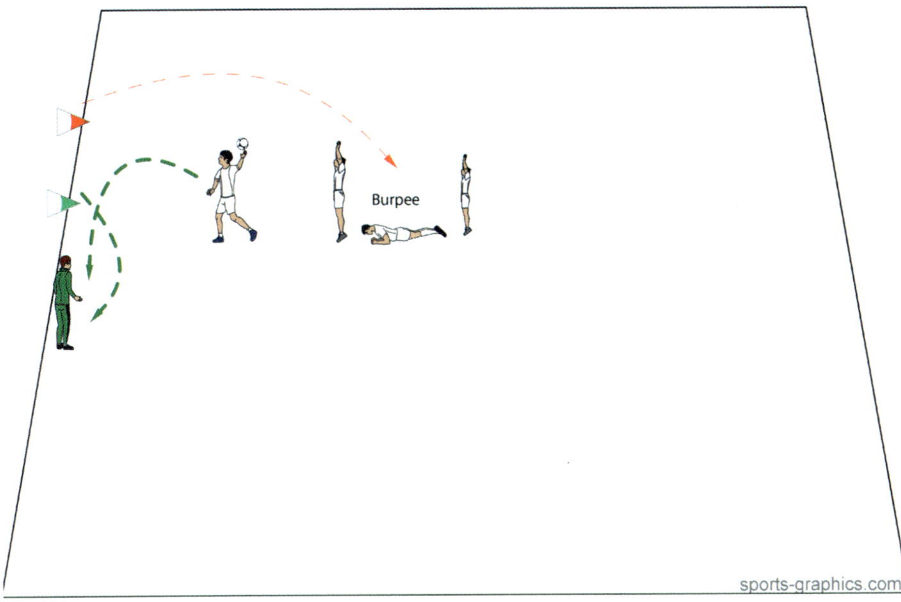

Organisation

Zwei Fitlights (eingestellte Farben: frei wählbar, aber gleiche Farbe) werden an der Wand befestigt. Ein Licht wird direkt vor dem Spieler positioniert. Das andere Licht wird links oder rechts an der Wand vor dem Spieler befestigt. Der Spieler steht einige Meter von der Wand entfernt mit dem Ball in der Hand.

Ablauf

Wenn das Licht direkt vor dem Spieler leuchtet, wirft er den Ball gegen die Wand vor ihm, leuchtet das Licht links oder rechts von ihm, passt der Spieler den Ball zum Trainer oder einem Mitspieler und führt einen Burpee aus.

Variationen

- Weitere Aufgaben, wie z. B. Liegestütz, Strecksprung o. ä., können hinzugefügt werden.
- Der Trainer oder Partner zeigt eine Zahl zwischen 1 und 4; diese entspricht der Anzahl der Wiederholungen von Burpees usw.
- Der Trainer oder Partner nennt eine einfache Rechenaufgabe, z. B. 8:4. Das Ergebnis entspricht der Anzahl der Wiederholungen.

5.6.14 Quadrantenball

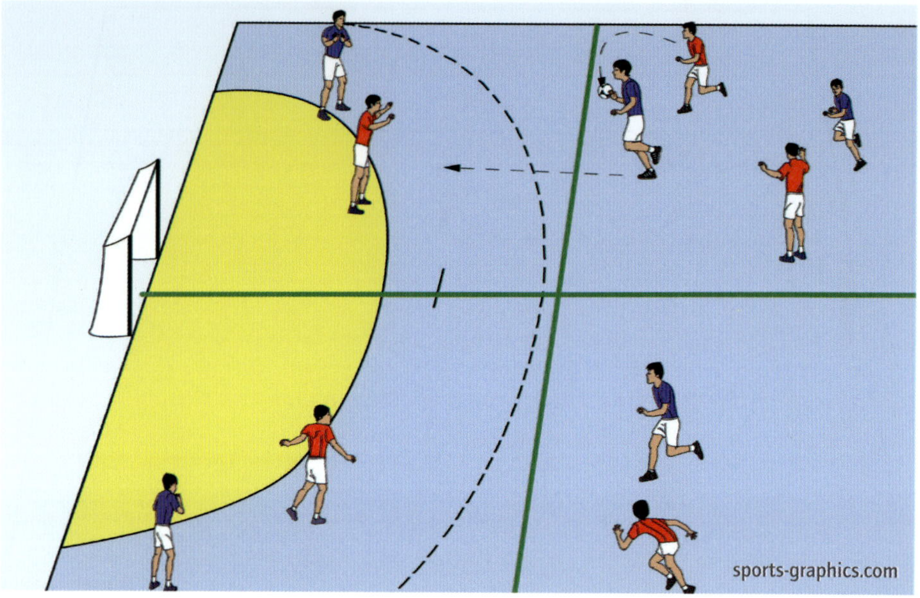

Organisation

Ein halbes Handballfeld wird in vier Quadrate (10 x 10 Meter) eingeteilt. Es werden Zweierteams gebildet, die sich auf die Quadranten verteilen.

Ablauf

Zwei Mannschaften spielen in diesem aus vier Quadranten bestehenden Spielfeld gegeneinander. Bei diesem Parteiballspiel passen sich die Spieler innerhalb ihrer Mannschaft den Ball zu. Der Wechsel des Ballbesitzes ist durch Balleroberung möglich. Ziel ist es, nach Erhalt des Balls prellend das nächste Quadrat zu erreichen, um dort den Ball weiterzuspielen. Nach 10 Pässen erhält die Mannschaft einen Punkt und das andere Team bekommt den Ball.

Variationen

- Die Passzahl pro Quadrat variieren.
- In einen anderen Quadranten passen und nachlaufen.

5.6.15 Zonenwechselball

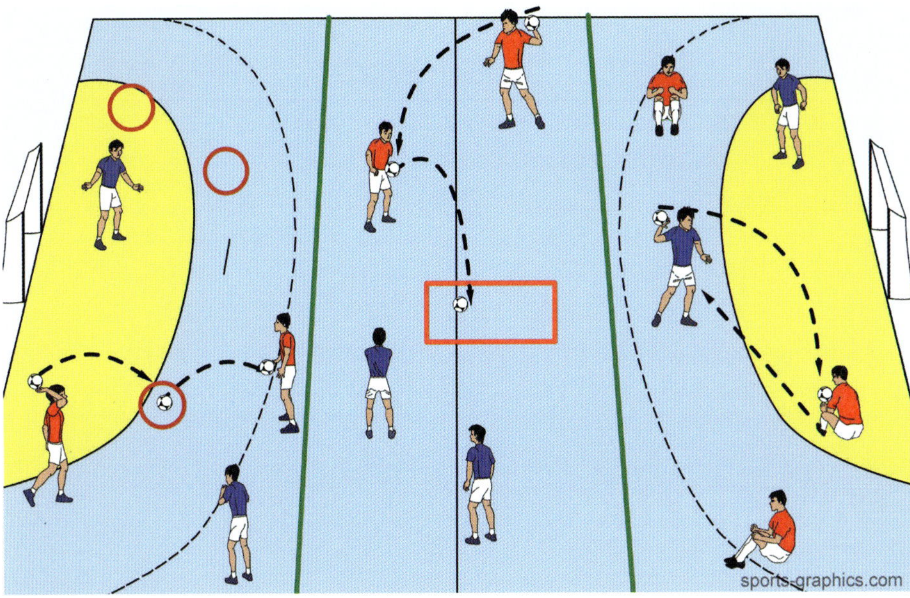

Organisation

Das Handballspielfeld wird in drei Zonen eingeteilt. Pro Kleinspielfeld gibt es unterschiedliche Aufgaben zu lösen. Es agieren jeweils zwei Teams gegeneinander.

Aufgaben:

- Zone 1: Bodenpass durch einen Reifen zum Mitspieler.
- Zone 2: Den Ball in dem Rechteck (auf der Matte) ablegen.
- Zone 3: Doppelpass mit einem auf dem Boden sitzenden Spieler.

Ablauf

Team A beginnt und hat insgesamt drei Versuche, einen Punkt zu erzielen; dies gilt für alle Zonen. Erobert Team B den Ball, spielt dieses weiter. Nach einer kürzeren Zeit wird gewechselt; dies erfolgt auf Zeichen des Trainers.

Variationen

- Mit und ohne Prellen.
- Variation der Aufgaben in den drei Feldern.

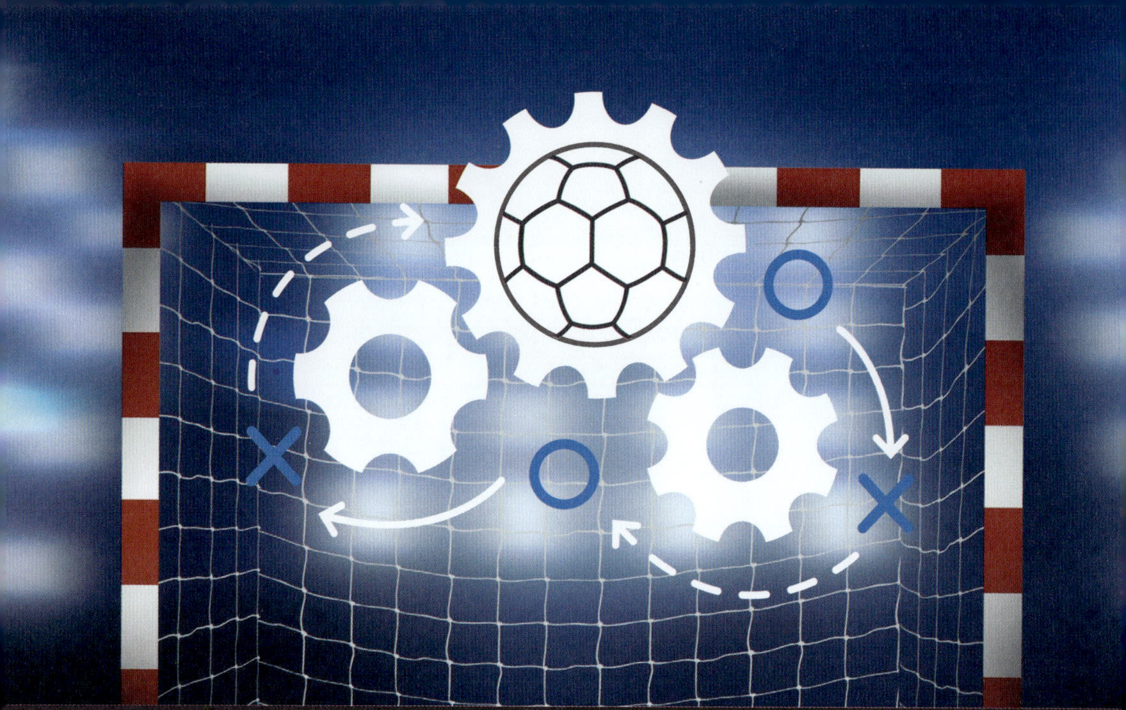

6 AUSBLICK

Zurzeit gilt das Prädikat *Kreativspieler* für Handballspieler als hohe Auszeichnung und steigert ihren Marktwert enorm, da diese Spezies nach wie vor selten vorzukommen scheint. Beispielsweise haben die Spieler auf Rückraum links und rechts im Handball die Aufgabe, durch kluges und vor allem spielintelligentes, aber auch überraschend kreatives Entscheidungsverhalten, das Angriffsspiel einer Mannschaft variabel zu gestalten, während die Spieler auf Rückraum Mitte mit kreativen Lösungen Abschlussmöglichkeiten ihrer Mitspieler vorbereiten sollen.

In der deutschen Handball-Bundesliga werden immer wieder Ranglisten erstellt, in denen die besten deutschen Nachwuchsspieler ausgewählt und ausgezeichnet werden. Dennoch überrascht, dass nur wenige dieser „früheren" Toptalente es schaffen, einen Stammplatz in einem der 20 Bundesligavereine zu bekommen und somit den Durchbruch in den Profibereich schaffen. Ein Grund könnte sein, dass die Auswahl mehr nach körperlichen und technischen Faktoren geschieht und weniger nach kognitiven Faktoren wie Aufmerksamkeit, Spielintelligenz und Kreativität.

Strukturiert nach dem integrativen Rahmenmodell zum Entscheidungshandeln (vgl. Abb. 1), wurden nach den einführenden theoretischen Ausführungen zu den einzelnen

Kognitionen (Antizipation, Wahrnehmung, Aufmerksamkeit, Spielintelligenz, Spielkreativität, Arbeitsgedächtnis) Diagnostiktools und zahleiche Spiel-, Wettkampf- und Übungsformen präsentiert, die sich in der Praxis bewährt haben.

Das beschriebene Rahmenmodell kann Trainern und Übungsleitern erleichternd helfen, systematisch und fokussiert Training zu planen und durchzuführen, Schwerpunkte zu setzen oder erkannte Defizite zu bearbeiten.

Dabei können die beschriebenen Kognitionen in jedem Altersbereich, also im Kinder-, Jugend- oder Erwachsenentraining, sowie auf allen Leistungsstufen (vom Einsteiger bis zum Profi) berücksichtigt und gezielt gefördert werden. Dies ist als fortlaufender Prozess zu verstehen, der auch in Trainingsblöcke von Vereinen und Verbänden integrierbar ist.

Auf der Basis konkreter Trainingsmaßnahmen und praxisnaher Übungsformen können alle Facetten der Kognitionen gewinnbringend im Training geschult werden. Nicht nur im Leistungssport, sondern auch im Kinder- und frühen Jugendtraining sollte man Kognitionen Aufmerksamkeit schenken.

Die Praxis hat das Potenzial des Trainings handballspezifischer Kognitionen unserer Meinung nach noch nicht erkannt und setzt bereits gewonnene Erkenntnisse zu wenig ein. Wir haben hier noch ein gewisses Wissensdefizit. Dabei können wir heute schon prophezeien, dass Kognitionen in 5-10 Jahren zentraler Bestandteil der Talentdiagnostik, von Auswahlverfahren, bei Trainingssteuerung und Trainingsinhalten vom Nachwuchs- bis in den Profibereich sein werden.

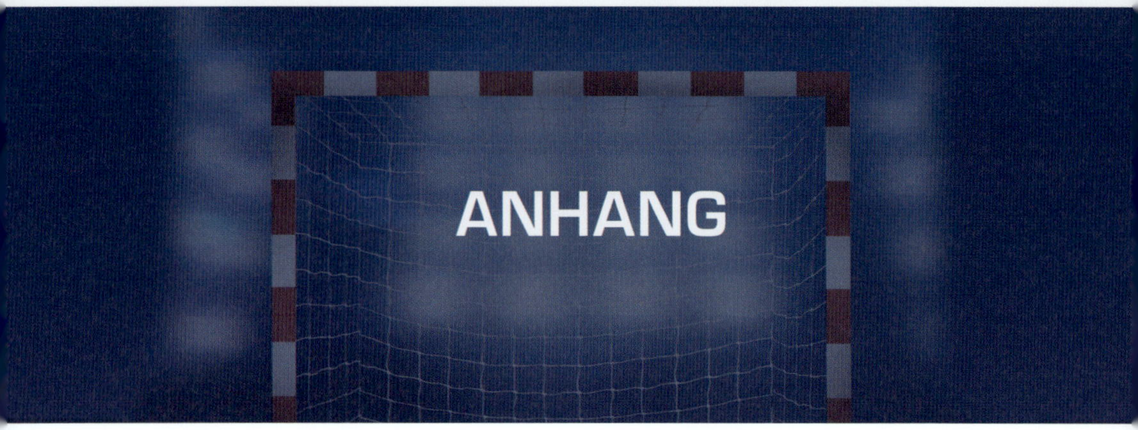

ANHANG

1 Literatur

Abernethy, B. & Russell, D. G. (1987). Expert-novice differences in an applied selective attention task. *Journal of Sport Psychology, 9*, 326-345.

Abernethy, B., Maxwell, J. P., Masters, R. S. W., van der Kamp, J. & Jackson, R. C. (2007). Attentional processes in skill learning and expert performance. In G. Tenenbaum & R. C. Eklund (Eds.), *Handbook of sport psychology* (3rd ed.) (pp. 245-258). New Jersey: Wiley & Sons.

Abernethy, B., Schorer, J., Jackson, R. C. & Hagemann, N. (2012). Perceptual training methods compared: the relative efficacy of different approaches to enhancing sport-specific anticipation. *Journal of Experimental Psychology: Applied, 18* (2), 143.

Alhosseini, Z. N., Safavi, S. & Namazi, M. (2015). Effect of visual search and skill-level on the spatial occlusion anticipation in Handball Players. *International Journal of Sports Sciences & Fitness, 5* (1),. 1-18.

Alsharji, K. E. & Wade, M. G. (2016). Perceptual training effects on anticipation of direct and deceptive 7-m throws in handball. *Journal of Sports Sciences, 34* (2), 155-162.

Alvarez, G. A. & Franconeri, S. L. (2005). How many objects can you track? Evidence for a flexible tracking resource. *Journal of Vision, 5*, 641-641.

Alvarez, J. A. & Emory, E. (2006). Executive function and the frontal lobes: A meta-analytic review. *Neuropsychology Review, 16*, 17-42.

Amelang, M. & Bartussek, D. (Hrsg.). (2001). *Differenzielle Psychologie und Persönlichkeitsforschung.* Stuttgart: Kohlhammer.

Augste, C. (2006). *Techniktraining und konditionelle Belastungen. Eine Untersuchung zum Wurftraining mit Jugendlichen im Basketball.* Köln: Sportverlag Strauß.

Baddeley, A. D. (2007). *Working memory, thought, and action.* Oxford: Oxford University Press.

Bakker, F. C., Oudejans, R. D., Binsch, O. & van der Kamp, J. (2006). Penalty taking and gaze behavior: Unwanted effects of the wish not to miss. *International Journal of Sport Psychology, 37,* 265-280.

Beck, D. M. & Lavie, N. (2005). Look here but ignore what you see: Effects of distractors at fixation. *Journal of Experimental Psychology: Human Perception and Performance, 31,* 592.

Benedek, M., Jauk, E., Sommer, M., Arendasy, M. & Neubauer, A. C. (2014). Intelligence, creativity and cognitive control: The common and differential involvement of executive functions in intelligence and creativity. *Intelligence, 46,* 73-83.

Bideau, B., Multon, F., Kulpa, R., Fradet, L., Arnaldi, B. & Delamarche, P. (2004). Using virtual reality to analyze links between handball thrower kinematics and goalkeeper's reactions. *Neuroscience letters, 372* (1-2), 119-122.

Bishop, D. T., Wright, M. J., Jackson, R. C. & Abernethy, B. (2013). Neural bases for anticipation skill in soccer: An FMRI study. *Journal of Sport & Exercise Psychology, 35,* 98-109.

Bourne, M., Bennett, S. J., Hayes, S. J. & Williams, A. M. (2011). The dynamical structure of handball penalty shots as a function of target location. *Human Movement Science, 30* (1), 40-55.

Bourne, M., Bennett, S. J., Hayes, S. J., Smeeton, N. J. & Williams, A. M. (2013). Information underpinning anticipation of goal-directed throwing. *Attention, Perception, & Psychophysics, 75* (7), 1559-1569.

Brack, R. & Bauer, J. (2019/2020). 6 gegen 7 verteidigen – kreativ und intelligent. Eine aktiv-antizipative Abwehrphilosophie. *Handballtraining, 39* (12), 32-39 (I), *40* (3), 26-39 (II), *40* (8), 24-31 (III).

Braun, R. (1992). Zahlenspielreihe. *Rebound – Organ des Basketballverbandes Baden-Württemberg,* 2, 26-30.

Brenton, J. & Müller, S. (2018). Is visual-perceptual or motor expertise critical for expert anticipation in sport? *Applied Cognitive Psychology, 32* (6), 739-746.

Broadbent, D. E. (1958). *Perception and communication.* London: Pergamon Press.

Bruce, V., Green, P. & Georgeson, M. (1996). *Visual perception. Physiology, psychology and ecology* (3rd ed.). Hove: Psychology Press.

Cañal-Bruland, R., van der Kamp, J. & van Kesteren, J. (2010). An examination of motor and perceptual contributions to the recognition of deception from others' actions. *Human Movement Science, 29*, 94-102. https://doi.org/10.1016/j.humov.2009.10.001

Cauraugh, J. H. & Janelle, C. M. (2002). Visual search and cue utilisation in racket sports. In K. Davids, G. J. P. Savelsbergh, S. J. Bennett & J. van der Kamp (Eds.), *Interceptive actions in sport* (pp. 64-89). London: Routledge.

Cavanagh, P. & Alvarez, G.A. (2005). Tracking multiple targets with multifocal attention. *Trends in Cognitive Sciences, 9*, 349-354.

Cocić, D., Vaci, N., Prieger, R. & Bilalić, M. (2020). Reading the future from body movements-anticipation in handball. *Journal of Motor Behavior*, 1-16.

Cohen, M. A., Nakayama, K., Konkle, T., Stantic, M. & Alvarez, G. A. (2015). Visual awareness is limited by the representational architecture of the visual system. *Journal of Cognitive Neuroscience, 27*, 2240-2252.

Conway, A. R. A., Jarrold, C., Kane, M. J., Miyake, A. & Towse, J. N. (2007). *Variation in working memory.* New York: Oxford University Press.

Conway, A. R., Kane, M. J., Bunting, M. F., Hambrick, D. Z., Wilhelm, O. & Engle, R. W. (2005). Working memory span tasks: A methodological review and user's guide. *Psychonomic Bulletin & Review, 12*, 769-786.

Côté, J., Baker, J. & Abernethy, B. (2007). Practice and play in the development of sport expertise. In G. Tenenbaum & R. C. Eklund (Eds.), *Handbook of sport psychology* (pp. 184-202) Hoboken, NJ.: Wiley.

Coull, J. T. (1998). Neural correlates of attention and arousal: Insights from electrophysiology, functional neuroimaging and psychopharmacology. *Progress in Neurobiology, 55*, 343-361.

Cowan, N. (1995) *Attention and memory: An integrated framework.* New York: Oxford University Press.

Cowan, N. (2001). The magical number 4 in short-term memory: A reconsideration of mental storage capacity. *Behavioral and Brain Sciences 24*, 87-185. doi:10.1017/S0140525X01003922

Cowan, N. (2005). *Working memory capacity.* Hove, East Sussex, UK: Psychology Press.

Crone, E. A., Wendelken, C., Donohue, S., van Leijenhorst, L. & Bunge, S. A. (2006). Neurocognitive development of the ability to manipulate information in working memory. *Proceedings of the National Academy of Sciences, 10*, 9315-9320.

De Sa Fardilha, F. & Allen, J. (2019). Defining, assessing, and developing creativity in sport: A systematic narrative review (Forthcoming/Available Online). *International Review of Sport and Exercise Psychology.*

Debanne, T. (2014). Techniques used by coaches to influence referees in professional team handball. *International Journal of Sports Science & Coaching, 9* (3), 433-446.

Debanne, T. & Laffaye, G. (2015). Motivational cues predict the defensive system in team handball: A model based on regulatory focus theory. *Scandinavian Journal of Medicine & Science in Sports, 25* (4), 558-567.

Diamond, A. (2013). Executive functions. *Annual Review of Psychology, 64*, 135-168.

Dietrich, K. (1984). Vermitteln Spielreihen die Spielfähigkeit? *Sportpädagogik, 8*, 19-21.

Döbler, H. (1964). Die Systematik der Spiele als Grundlage einer vergleichenden sportpädagogischen Betrachtung. *Theorie und Praxis der Körperkultur, 13*, 217-31.

Duell, H. (1981). Angreiferverhalten: Bewußt statt zufällig. In H. Duell, W. Eyßer & D. Späte (Hrsg.), *Situationsgerechtes Entscheidungsverhalten im Angriff. Handball Spezial Band 2 (S. 13-36).* Münster: Philippka.

Duell, H., Eyßer, W. & Späte, D. (Hrsg.). (1981). *Situationsgerechtes Entscheidungsverhalten im Angriff. Handball Spezial Band 2.* Münster: Philippka.

Ekblom, B. (1986). Applied physiology of soccer. *Sports Medicine, 3*, 50-60.

Engle, R. W. (2002). Working memory capacity as executive attention. Current directions. *Psychological Science, 11 (1)*, 19-23.

Ericsson, K. A., Krampe, R. T. & Tesch-Römer, C. (1993). The role of deliberative practice in the acquisition of expert performance. *Psychological Review, 100*, 363-406.

Eriksen, C. W. & St. James, J. D. (1986). Visual attention within and around the field of focal attention: A zoom lens model. *Perception & Psychophysics, 40*, 225-240. doi:10.3758/BF03211502

Farrow, D. & Abernethy, B. (2002). Can anticipatory skills be learned through implicit video-based perceptual training? *Journal of Sports Science, 20*, 471-485.

Farrow, D. & Abernethy, B. (2007). Wahrnehmung von Expertinnen und Experten im Sport: Einige Kernfragen und -probleme. In N. Hagemann, M. Tietjens & B. Strauß (Hrsg.), *Psychologie der sportlichen Höchstleistung* (S. 71-92). Göttingen: Hogrefe.

Fink, A., Rominger, C., Benedek, M., Perchtold, C. M., Papousek, I., Weiss, E. M. ... & Memmert, D. (2018). EEG alpha activity during imagining creative moves in soccer decision-making situations. *Neuropsychologia, 114*, 118-124.

Fink, A., Bay, J. U., Koschutnig, K., Prettenthaler, K., Rominger, C., Benedek, M. ... & Memmert, D. (2019). Brain and soccer: Functional patterns of brain activity during the generation of creative moves in real soccer decision-making situations. *Human Brain Mapping, 40*, 755-764. [3.14]

Florkiewicz, B., Fogtman, S., Kszak-Krzyżanowska, A. & Zwierko, T. (2014). The ability to maintain attention during visuomotor task performance in handball players and non-athletes. *Central European Journal of Sport Sciences and Medicine, 7*, 99-106.

Friedman, N. P., Miyake, A., Corley, R. P., Young, S. E., DeFries, J. C. & Hewitt, J. K. (2006). Not all executive functions are related to intelligence. *Psychological Science, 17*, 172-179.

Friedrich, W. (2005). *Optimales Sportwissen.* Spitta Verlag GmbH & Co. KG.

Fruchart, E., Pâques, P. & Mullet, E. (2010). Decision-making in basketball and handball games: A developmental perspective. *European Review of Applied Psychology, 60* (1), 27-34.

Furley, P. & Memmert, D. (2005). Provozieren vor instruieren! Zur Aufmerksamkeitsfokussierung im Sportspiel. *Sportpraxis, 6*, 22-24.

Furley, P. & Memmert, D. (2009). Aufmerksamkeitstraining im Sportspiel. *Leistungssport, 3*, 33-36.

Furley, P. & Memmert, D. (2010). The role of working memory in sports. *International Review of Sport and Exercise Psychology, 3,* 171-194.

Furley, P. & Memmert, D. (2012). Working memory capacity as controlled attention in tactical decision making. *Journal of Sport and Exercise Psychology, 34*, 322344.

Furley, P. & Memmert, D. (2015). Creativity and working memory capacity in sports: Working memory capacity is not a limiting factor in creative decision making amongst skilled performers. *Frontiers in Psychology,* 6, 17. doi: 10.3389/fpsyg.2015.00115

Furley, P., & Memmert, D. (2013). "Whom should I pass to?" The more options the more attentional guidance from working. *PLOS ONE, 8*: e62278. doi: 10.1371/journal.pone.0062278

Furley, P., Memmert, D. & Heller, C. (2010). The dark side of visual awareness in sport – inattentional blindness in a real-world basketball task. *Attention, Perception & Psychophysics, 72*, 1327-1337.

Furley, P., Memmert, D. & Schmid, S. (2013). Perceptual load in sport and the heuristic value of the perceptual load paradigm in examining expertise-related perceptual-cognitive adaptations. *Cognitive Processing, 14*, 31-42.

Furley, P., Schul, K. & Memmert, D. (2017). Das Experten-Novizen-Paradigma und die Vertrauenskrise in der Psychologie. *Zeitschrift für Sportpsychologie, 23*, 131-140. doi:10.1026/1612-5010/a000174

Gredin, N. V., Bishop, D. T., Williams, A. M. & Broadbent, D. P. (2020). The use of contextual priors and kinematic information during anticipation in sport: Toward a Bayesian integration framework. *International Review of Sport and Exercise Psychology*, 1-25.

Guilford, J. P. (1967). *The nature of human intelligence.* New York: McGraw-Hill.

Güldenpenning, I., Braun, J. F., Machlitt, D. & Schack, T. (2015). Masked priming of complex movements: Perceptual and motor processes in unconscious action perception. *Psychological Research, 79*, 801-812.

Güldenpenning, I., Kunde, W. & Weigelt, M. (2017). How to trick your opponent: A review article on deceptive actions in interactive sports. *Frontier in Psychology, 8*, 917.

Güldenpenning, I., Machlitt, D., & Schack, T. (2011). Die unbewusste Wahrnehmung einer Wurftäuschung im Handball. In K. Bittrich, S. Blankenberger, & J. Lukas (Hrsg.), *Beiträge zur 53. Tagung experimentell arbeitender Psychologen (TEAP)* (S. 63). Lengerich: Pabst.

Güldenpenning, I., Steinke, A., Koester, D. & Schack, T. (2013). Athletes and novices are differently capable to recognize feint and non-feint actions. *Experimental Brain Research, 230*, 333-343.

Gutiérrez-Aguilar, Ó., Montoya-Fernández, M., Fernández-Romero, J. J. & Saavedra-García, A. M. (2016). Analysis of time-out use in handball and its influence on the game performance. *International Journal of Performance Analysis in Sport, 16* (1), 1-11.

Gutierrez-Davila, M., Rojas, F. J., Ortega, M., Campos, J. & Parraga, J. (2011). Anticipatory strategies of team-handball goalkeepers. *Journal of Sports Sciences, 29* (12), 1321-1328.

Hagemann, N. & Loffing, F. (2013). Antizipation. In A. Güllich & M. Krüger (Hrsg.), *Sport. Das Lehrbuch für das Sportstudium* (S. 562-564). Berlin: Springer.

Hagemann, N. & Memmert, D. (2006). Coaching anticipatory skill in badminton: Laboratory- versus field-based perceptual training? *Journal of Human Movements Studies, 50*, 381-398.

Hambrick, D. Z. & Meinz, E. J. (2011). Limits on the predictive power of domain-specific experience and knowledge in skilled performance. *Current Directions in Psychological Science, 20*, 275-279.

Hambrick, D. Z., Burgoyne, A. P. & Oswald, F. L. (2019, in press). Domain-general models of expertise: The role of cognitive ability. In P. Ward, J. M. Schraagen, J. Gore & E. Roth (Eds.), Oxford handbook of expertise: Research and application. Oxford: Oxford UP.

Hansen, C., Sanz-Lopez, F., Whiteley, R., Popovic, N., Ahmed, H. A. & Cardinale, M. (2017). Performance analysis of male handball goalkeepers at the World Handball championship 2015. *Biology of Sport, 34* (4), 393.

Harris, D., Wilson, M. R. & Vine, S. J. (2018). A systematic review of commercial cognitive training devices: Implications for use in sport. *Frontiers in Psychology, 9*, 709.

Hassanein Alwan, M. (2014). A comparative study of biomechanical analysis for anticipation of high level and beginner female goalkeepers in handball. *Journal of Applied Sports Science, 4* (1), 40-48.

Herzog, H. D. (1986). Zur Theoriearbeit im taktischen Training der Sportspiele. *Wissenschaftliche Zeitschrift der DHfK Leipzig, 27*, 73-84.

Hohmann, A. & Pietzonka, M. (2017). *Techniktraining zur Entwicklung der Spielfähigkeit im Fußball, Basketball und Handball.* (Schriftenreihe des Bundesinstituts für Sportwissenschaft). Köln: Sportverlag Strauß.

Hossein, S. M., Mehdi, R. & Mohammad, J. V. (2018). The effect of two months of handball training on the creativity of male students aged 7 to 8 in Dezful. *Journal of Motor and Behavioral Sciences, 1* (3), 183-195.

Hüttermann, S. (2016). Das Wichtige in den Fokus rücken! *Handballtraining JUNIOR, 5*, 19.

Hüttermann, S., Memmert, D., Simons, D. J. & Bock, O. (2013). Fixation strategy influences the ability to focus attention on two spatially separate objects. *PLoS ONE, 8*, e65673.

Hüttermann, S., Noël, B. & Memmert, D. (2018). Eye tracking in high-performance sports: Evaluation of its application in expert athletes. *International Journal of Computer Science in Sport, 17,* 182-203.

Hüttermann, S., Simons, D. & Memmert, D. (2014). The size and shape of the attentional "spotlight" varies with differences in sports expertise. *Journal of Experimental Psychology: Applied, 20,* 147-157.

Intriligator, J. & Cavanagh, P. (2001). The spatial resolution of visual attention. *Cognitive psychology, 43*, 171-216.

Jackson, R. C. & Farrow, D. (2005). Implicit perceptual training: How, when and why? *Human Movement Science, 24*, 308-325.

Jackson, R. C., Warren, S. & Abernethy, B. (2006). Anticipation skill and susceptibility to deceptive movements. *Acta Psychology, 123*, 355-371.

Jarraya, M., Jarraya, S., Chtourou, H., Souissi, N. & Chamari, K. (2013). The effect of partial sleep deprivation on the reaction time and the attentional capacities of the handball goalkeeper. *Biological Rhythm Research*, *44* (3), 503-510.

Kajtna, T., Vuleta, D., Pori, M., Justin, I. & Pori, P. (2012). Psychological characteristics of Slovene handball goalkeepers. *Kinesiology: International Journal of Fundamental and Applied Kinesiology, 44* (2), 209-217.

Kane, M. J., Hambrick, D. Z., Tuholski, S. W., Wilhelm, O., Payne, T. W. & Engle, R. W. (2004). The generality of working memory capacity: A latent-variable approach to verbal and visuospatial memory span and reasoning. *Journal of Experimental Psychology: General, 133*, 189.

Kelly, M. E., Loughrey, D., Lawlor, B. A., Robertson, I. H., Walsh, C. & Brennan, S. (2014). The impact of cognitive training and mental stimulation on cognitive and everyday functioning of healthy older adults: A systematic review and meta-analysis. *Ageing Research Reviews, 15*, 28-43.

Kempe, M. & Memmert, D. (2018). "Good, better, creative": The influence of creativity on goal scoring in elite soccer. *Journal of Sports Sciences,* 1-5.

Kiss, B. & Balogh, L. (2019). A study of key cognitive skills in handball using the Vienna test system. *Journal of Physical Education and Sport, 19* (1), 733-741.

Kleine, T. & Kethorn, J. (2015). Handball-Vermittlung an Hochschulen – ein Multiplikator für die Mitgliederentwicklung und -bindung?

Klingberg, T. (2010). Training and plasticity of working memory. *Trends in Cognitive Sciences, 14*, 317-324.

Knobloch, I., Pieper, M. & Uhrmeister, J. (2020). *Ballschule Handball.* Schorndorf: Hofmann.

König, S. (1991). *Bewegerentscheidungen im Sportspiel. Eine Untersuchung zur Umsetzung angriffstaktischer Möglichkeiten.* Dissertation. Fakultät für Sozial- und Verhaltenswissenschaften. Tübingen: Selbstverlag.

König, S. (1997). Zur Vermittlung von Spielfähigkeit in der Schule. *Sportunterricht, 46*, 476-486.

König, H., Greve, S. & Kromer, A. (2018). Handball. *Grundlagen Sport und Sportwissenschaft.* Wiesbaden: Springer VS.

König, S. & Husz, A. (2015). *Doppelstunde Handball* (2. Aufl.). Schorndorf: Hofmann.

König, S. & Memmert, D. (2019, in press). Taktik und Taktiktraining im Sport – Anwendungsbereiche, Diagnostik, Trainingsformen, Organisation, Methoden, Anpassungen. In M. Fröhlich & A. Güllich (Hrsg.), *Sportmotorik, Bewegung und Training*. Berlin: Springer.

König, S. & Memmert, D. (2012). Allgemeine und spezielle Spielfähigkeit – pädagogische und didaktische Überlegungen. In S. König, D. Memmert, & K. Moosmann (Hrsg.), *Das große Limpert-Buch der Sportspiele* (S. 12-20). Wiebelsheim: Limpert.

Konzag, I. & Konzag, G. (1980). Anforderungen an die kognitiven Funktionen in der psychischen Regulation sportlicher Spielhandlungen. *Theorie und Praxis der Körperkultur, 29*, 20-31.

Krawczyk, P., Bodasinski, S., Bodasinska, A. & Slupczynski, B. (2018). Level of psychomotor abilities in handball goalkeepers. *Journal of Health and Physical Activity, 10*, 64-71.

Kredel, R., Vater, C., Klostermann, A. & Hossner, E. (2017). Eye-tracking technology and the dynamics of natural gaze behavior in sports: A systematic review of 40 years of research. *Frontiers in Psychology, 8*, 1-15.

Kröger, C. & Miethling, W. D. (2020). Biographische Entwicklungen von Sportspielern – eine explorative Interviewstudie mit aktuellen Spitzenspielern im Fußball und Handball. *German Journal of Exercise and Sport Research, 50*, 534-543

Kröger, Ch. & Roth, K. (1999). *Ballschule. Ein ABC für Spielanfänger.* Schorndorf: Hofmann.

LaBerge, D. (1983). Spatial extent of attention to letters and words. *Journal of Experimental Psychology: Human Perception and Performance, 9*, 371-379.

Lames, M., Dreckmann, C. & Görsdorf, K. (2010). Qualitative Spielbeobachtung im Handball. *BISp-Jahrbuch, Forschungsförderung 2008/09* (S. 189-192). Bonn: BISp.

Lampit, A., Hallock, H. & Valenzuela, M. (2014). Computerized cognitive training in cognitively healthy older adults: A systematic review and meta-analysis of effect modifiers. *PLoS medicine, 11*, e1001756.

Le Menn, M., Bossard, C., Travassos, B., Duarte, R. & Kermarrec, G. (2019). Handball goalkeeper intuitive decision-making: A naturalistic case study. *Journal of Human Kinetics, 70* (1), 297-308.

Lidor, R., Argov, E. & Daniel, S. (1998). An exploratory study of perceptual-motor abilities of women: Novice and skilled players of team handball. *Perceptual and Motor Skills, 86* (1), 279-288.

Loffing, F. (2017). *Eye-Tracking im Spitzensport-Validität, Grenzen und Möglichkeiten.* Sportverlag Strauß.

Loffing, F. & Cañal-Bruland, R. (2017). Anticipation in sport. *Current Opinion in Psychology, 16*, 6-11.

Loffing, F. & Hagemann, N. (2014). Skill differences in visual anticipation of type of throw in team-handball penalties. *Psychology of Sport and Exercise, 15* (3), 260-267.

Loffing, F., Cañal-Bruland, R. & Hagemann, N. (2014). Antizipationstraining im Sport. In K. Zentgraf & J. Munzert (Hrsg.), *Kognitives Training im Sport* (S. 137-161). Göttingen: Hogrefe Verlag.

Loffing, F., Hagemann, N. & Farrow, D. (2017). Perceptual-cognitive training: The next piece of the puzzle. In J. Baker, S. Cobley, J. Schorer & N. Wattie (Eds.), *Routledge handbook of talent identification and development in sport* (pp. 207-220). London: Routledge.

Loffing, F., Sölter, F., Hagemann, N. & Strauss, B. (2015). Accuracy of outcome anticipation, but not gaze behavior, differs against left- and right-handed penalties in team-handball goalkeeping. *Frontiers in Psychology, 6*, 1820.

Luciana, M., Conklin, H. M., Hooper, C. J. & Yarger, R. S. (2005). The development of nonverbal working memory and executive control processes in adolescents. *Child Development, 76*, 697-712.

Mack, A. & Rock, I. (1998). *Inattentional blindness.* MIT Press: Cambridge.

Macnamara, B. N., Hambrick, D. Z. & Oswald, F. L. (2014). Deliberate practice and performance in music, games, sports, education, and professions: A meta-analysis. *Psychological Science, 25*, 1608-1618.

Madou, K. H. (2020). Physical demands and physiological aspects in elite team handball in Germany and Switzerland: An analysis of the game. *MOJ Sports Med, 4* (3), 55-62.

Magill, R. A. (1998). Knowledge is more than we can talk about: Implicit learning in motor skill acquisition. *Research Quarterly for Exercise and Sport, 69*, 104-110.

Magnaguagno, L. & Hossner, E.-J. (2020). The impact of self-generated and explicitly acquired contextual knowledge on anticipatory performance. *Journal of Sports Sciences, 38* (18), 2108-2117.

Mann, D. L., Schaefers, T. & Cañal-Bruland, R. (2014). Action preferences and the anticipation of action outcomes. *Acta Psychologica, 152*, 1-9.

Mann, D. T., Williams, A. M., Ward, P. & Janelle, C. M. (2007). Perceptual-cognitive expertise in sport: A meta-analysis. *Journal of Sport & Exercise Psychology, 29*, 457-478.

Marr, D. (1982). *Vision: A comptutational investigation into the human representation and processing of visual information.* San Francisco: Freeman.

Masters, R. S. W., van der Kamp, J. & Jackson, R. C. (2007). Imperceptibly off-center goalkeepers influence penalty-kick direction in soccer. *Psychological Science, 18*, 222-223.

Maxwell, J. P., Masters, R. S. & Eves, F. F. (2003). The role of working memory in motor learning and performance. *Consciousness and Cognition, 12*, 376-402.

Memmert D. (2017b). Sports and creativity. In M. A. Runco & S. R. Pritzker (Eds.) *Encyclopedia of creativity* (2nd ed., pp. 373-378). San Diego: Academic Press.

Memmert, D. & Breihofer, P. (2006). *Doppelstunde Handball.* Schorndorf: Hofmann.

Memmert, D. & Furley, P. (2007). "I spy with my little eye!" – Breadth of attention, inattentional blindness, and tactical decision making in team sports. *Journal of Sport & Exercise Psychology, 29*, 365-347.

Memmert, D. & Furley, P. (2012). Aufmerksamkeit. In M. Krüger & A. Güllich (Hrsg.), *Bachelor-Kurs Sport. Ein Lehrbuch für das Studium der Sportwissenschaft (S. 567-568).* Berlin: Springer-Verlag.

Memmert, D. & König, S. (2012). Zur Vermittlung einer allgemeinen Spielfähigkeit im Sportspiel. In S. König, D. Memmert & K. Moosmann (Hrsg.), *Das große Buch der Sportspiele* (S. 18-37). Wiebelsheim: Limpert-Verlag.

Memmert, D. & Roth, K. (2003). Individualtaktische Leistungsdiagnostik im Sportspiel. *Spektrum der Sportwissenschaft, 15*, 44-70.

Memmert, D. (2004a). *Kognitionen im Sportspiel.* Köln: Sport & Buch Strauß.

Memmert, D. (2004b). Ein Forschungsprogramm zur Validierung sportspielübergreifender Basistaktiken. *Sportwissenschaft, 34*, 341-354.

Memmert, D. (2005). Ich sehe was, was du nicht siehst!" – Das Phänomen Inattentional Blindness im Sport. *Leistungssport, 5*, 11-15.

Memmert, D. (2006b). Wann soll man spezialisieren? – Kreativität als Indikator auf der 1. und 2. Stufe des MSIL. In K. Weber, D. Augustin, P. Maier & K. Roth (Hrsg.). *Wissenschaftlicher Transfer für die Praxis: Ausbildung – Training – Wettkampf* (S. 59-64). Köln: Sport & Buch Strauß.

Memmert, D. (2007). Can creativity be improved by an attention-broadening training program? – An exploratory study focusing on team sports. *Creativity Research Journal, 19*, 281-292.

Memmert, D. (2009). Pay attention! A review of attentional expertise in sport. *International Review of Sport & Exercise Psychology, 2*, 119-138.

Memmert, D. (2010). Testing of tactical performance in youth elite soccer. *Journal of Sports Science & Medicine, 9*, 199-205.

Memmert, D. (2010a). Creativity, expertise, and attention: Exploring their development and their relationships. *Journal of Sport Science, 29*, 93-104.

Memmert, D. (2010b). Testing of tactical performance in youth elite soccer. *Journal of Sports Science & Medicine, 9*, 199-205.

Memmert, D. (2012). Kreativität im Sportspiel. *Sportwissenschaft, 42*, 38-49.

Memmert, D. (2013). Leistungsfaktoren im Sportspiel. In A. Güllich & M. Krüger (Hrsg.), Sport – *Das Lehrbuch für das Sportstudium* (S. 561-562). Berlin: Springer Verlag.

Memmert, D. (2015a). *Teaching tactical creativity in team and racket sports: Research and practice.* Abingdon: Routledge.

Memmert, D. (2015b). Visual Attention in Sports. J. Fawcett, E. F. Risko & A. Kingstone (Eds.), *The handbook of attention* (pp. 643-662). Cambridge: MIT Press.

Memmert, D. (2017a). Tactical creativity in sport. In J. Kaufman, V. Glăveanu & J. Baer (Eds.), *The Cambridge handbook of creativity across domains* (pp. 479-491). Cambridge: Cambridge University Press. doi:10.1017/9781316274385.026

Memmert, D. & König, S. (2019). Models of game intelligence and creativity in sport: Implications for skill acquisition. N. J. Hodges & A. M. Williams (Eds.), *Skill acquisition in sport: Research, theory and practice* (3rd ed., pp. 220-236). Abingdon: Routledge.

Memmert, D. & Perl, J. (2005). Game intelligence analysis by means of a combination of variance-analysis and neural networks. *International Journal of Computer Science in Sport, 4* (1), 29-38.

Memmert, D. & Perl, J. (2006). Zur Analyse von Spielintelligenz: Zwischen Varianzanalysen und Neuronalen Netzen. *Wissenschaftlicher Transfer für die Praxis der Sportspiele,* 302-306.

Memmert, D. & Roth, K. (2007). The effects of non-specific and specific concepts on tactical creativity in team ball sports. *Journal of Sports Sciences, 25* (12), 1423-1432.

Memmert, D., Baker, J. & Bertsch, C. (2010). Play and practice in the development of sport-specific creativity in team ball sports. *High Ability Studies, 21*, 3-18.

Memmert, D., Hagemann, H., Althoetmar, R. Geppert, S. & Seiler, D. (2009). Conditions of practice in perceptual skill learning. *Research Quarterly for Exercise & Sport, 80*, 32-43.

Memmert, D., Hüttermann, S. & Kreitz, C. (2019). Wahrnehmung und Aufmerksamkeit. In J. Schüler, M. Wegner & H. Plessner (Hrsg.*), Lehrbuch Sportpsychologie – Theoretische Grundlagen und Anwendung* (S. 13-41). Berlin: Springer.

Memmert, D., Hüttermann, S. & Orliczek, J. (2013). Decide like Lionel Messi! The impact of regulatory focus on divergent thinking in dports. *Journal of Applied Social Psychology, 43*, 2163-2167.

Memmert, D., Thumfart, M. & Uhing, M. (2014). *Optimales Taktiktraining im Kinder-, Jugend- und LeistungsHandball.* Balingen: Spitta Verlag.

Mirsky, A. F., Anthony, B. J., Duncan, C. C, Ahearn, M. B. & Kellam, S. G. (1991). Analysis of the elements of attention: A neuropsychological approach. *Neuropsychological Review, 2*, 109-145.

Mohammed, D. S. & Abdullah, A. A. Z. (2018). Effect of educational exercises with (Cogni Plus) in focusing attention and some forms of correction in students' handball. *Al. Qadisiya Journal for the Sciences of Physical Education, 18* (2), 25-30.

Moran, A. P. (1996). *The psychology of concentration in sport performers: A cognitive analysis*. Hove: Psychology Press.

Morillo, J. P., Reigal, R. E., Hernández-Mendo, A., Montaña, A. & Morales-Sánchez, V. (2017). Decision-making by handball referees: Design of an ad hoc observation instrument and polar coordinate analysis. *Frontiers in Psychology, 8*, 1842.

Most, S. B., Scholl, B. J., Clifford, E. R. & Simons, D. J. (2005). What you see is what you set: Sustained inattentional blindness and the capture of awareness. *Psychological Review, 112*, 217-242.

Neisser, U. (2014). *Cognitive psychology.* Classic edition: Psychology Press.

Noël, B., van der Kamp, J. & Memmert, D. (2015). Implicit goalkeeper influences on goal side selection in representative penalty kicking tasks. *PLoS ONE, 10*, e01354423.

Noël, B., van der Kamp, J., Masters, R. & Memmert, D. (2016). Scan direction influences explicit but not implicit perception of a goalkeeper's position. *Attention, Perception & Psychophysics*. doi: 10.3758/s13414-016-1196-2

Noël, B., van der Kamp, J., Weigelt, M. & Memmert, D. (2015). Asymmetries in spatial perception are more prevalent under explicit than implicit attention. *Consciousness and Cognition, 34*, 10-15.

North, J. S., Ward, P., Ericsson, A. & Williams, A. M. (2011). Mechanisms underlying skilled anticipation and recognition in a dynamic and temporally constrained domain. *Memory, 19*, 155-168.

Ohlert, J., & Kleinert, J. (2014). Entwicklungsaufgaben jugendlicher Elite-Handballerinnen und -Handballer. *Zeitschrift für Sportpsychologie*, 21, 161-172.

Olivier, N. (1996). *Techniktraining unter konditioneller Belastung.* Schorndorf: Hofmann.

Owen, A. M., Hampshire, A., Grahn, J. A., Stenton, R., Dajani, S., Burns, A. S. ... & Ballard, C. G. (2010). Putting brain training to the test. *Nature, 465* (7299), 775.

Pietro, M. (2018). Monitoring and upgrading of coordinative and conditional capacities of young athletes practicing handball. *Journal of Physical Education and Sport, 18*, 465-468.

Posner, M. I. & Boies, S. J. (1971). Components of attention. *Psychological Review, 78*, 391-408.

Posner, M. I. & Peterson, S. E. (1990). The attention system of the human brain. *Annual Review of Neuroscience, 13*, 25-42.

Posner, M. I. (1980). Orienting of attention. *Quarterly Journal of Experimental Psychology, 32*, 3-25. doi:10.1080/00335558008248231

Prinz, W. (1997). Perception and action planning. *European Journal of Cognitive Psychology, 9*, 129-154.

Raab, M. (2001). *SMART. Techniken des Taktiktrainings. Taktiken des Techniktrainings.* Köln: Strauß.

Raab, M., Zastrow, H. & Häger, J. (2008). Entwicklung eines Messplatztrainings für taktische Kompetenzen im Handball (S. 201-204). BISp-Jahrbuch – Forschungsförderung 2008/09. Bonn: BISp.

Raab, M., Zastrow, H. & Lempertz, C. (2007). *Wege zur Spielintelligenz.* Bonn: Sportverlag Strauß.

Rojas, F. J., Gutiérrez-Davila, M., Ortega, M., Campos, J. & Párraga, J. (2012). Biomechanical analysis of anticipation of elite and inexperienced goalkeepers to distance shots in handball. *Journal of Human Kinetics, 34* (1), 41-48.

Romeas, T., Guldner, A. & Faubert, J. (2016). 3D-multiple object tracking training task improves passing decision-making accuracy in soccer players. *Psychology of Sport and Exercise, 22*, 1-9.

Rominger, C., Memmert, D., Papousek, I., Perchtold, C. M., Weiss, E. M., Benedek, M., Schwerdtfeger, A. R. & Fink, A. (2020). Different neurocognitive strategies in women and men in generating creative solutions in soccer decision-making situations. *Psychology of Sport & Exercise, 50*, 101748.

Rominger, C., Memmert, D., Papousek, I., Perchtold, C. M., Weiss, E. M., Benedek, M., Schwerdtfeger, A. R. & Fink, A. (2021). Brain activation during the observation of real soccer game situations predict creative goalscoring. *Social Cognitive and Affective Neuroscience.* (1), 1-9.

Roth, G. & Menzel, R. (2001). Neuronale Grundlagen kognitiver Leistungen. In J. Dudel, R. Menzel & R. F. Schmidt (Hrsg.), *Neurowissenschaft. Vom Molekül zur Kognition* (S. 543-563). Berlin: Springer.

Roth, K. & Hossner, E. J. (1999). Die funktionalen Betrachtungsweisen. In K. Roth & K. Willimczik (Hrsg.), *Bewegungswissenschaft* (S. 127-225). Reinbek: Rowohlt.

Roth, K. & Kröger, C. (2011). *Ballschule. Ein ABC für Spielanfänger* (4. Aufl.). Schorndorf: Hofmann.

Roth, K. (1989). *Taktik im Sportspiel: Zum Erklärungswert der Theorie generalisierter motorischer Programme für die Regulation komplexer Bewegungshandlungen*. Schorndorf: Hofmann.

Roth, K. (2005). Taktiktraining. In A. Hohmann, M. Kolb & K. Roth (Hrsg.), *Handbuch Sportspiel* (S. 342-349). Schorndorf: Hofmann.

Roth, K., Damm, T., Pieper, M. & Roth, C. (2014). *Ballschule in der Primarstufe. 26 komplette Unterrichtseinheiten für die Klassen 1 bis 4*. Schorndorf: Hofmann.

Roth, K., Kröger, Ch. & Memmert, D. (2002). *Ballschule Rückschlagspiele.* Schorndorf: Hofmann.

Roth, K., Memmert, D. & Schubert, R. (2006). *Ballschule Wurfspiele.* Schorndorf: Hofmann.

Roth, K., Memmert, D., Uhlig, J. & König, S. (2002) Evaluation des spielerisch-impliziten Lernens. *SPORT-SPIEL*, 21. In In M. Müller, D. Büsch & M. Fikus (Hrsg.), *Sportspielforschung: Begründungsdiskurs und Evaluation in den Sportspielen* (S. 28–29). Bremen.

Santos, S. D., Memmert, D., Sampaio, J. & Leite, N. (2016). The spawns of creative behavior in team sports: A creativity developmental framework. *Frontiers in Psychology, 7,* 1282.

Sarrazin, P., Vallerand, R., Guillet, E., Pelletier, L. & Cury, F. (2002). Motivation and dropout in female handballers: A 21-month prospective study. *European Journal of Social Psychology, 32,* (3), 395-418.

Schapschröer, M., Baker, J. & Schorer, J. (2016). Exploring the interaction of physical exercise load and pattern recall performance in female handball players. *Experimental Brain Research*, *234* (6), 1713-1723.

Scharfen, H. E. & Memmert, D. (2021) Cognitive training in elite soccer players: Evidence of narrow, but not broad transfer to visual and executive function. *German Journal of Exercise and Sport Research,* 1-11.

Scharfen, E. & Memmert, D. (2019a). Measurement of cognitive functions in experts and elite-athletes: A meta-analytic review. *Applied Cognitive Psychology, 1-18. DOI:10.1002/acp.3526*

Scharfen, E. & Memmert, D. (2019b). The relationship between cognitive functions and sport-specific motor skills in elite youth soccer players. *Frontiers in Psychology – Movement Science & Sport Psychology, 10,* 817 https://doi.org/10.3389/fpsyg.2019.00817.

Schmidt, R. A. & Wrisberg, C. A. (2004). *Motor learning and performance. A problem-based learning approach* (3rd ed.). Champaign: Human Kinetics.

Schnabel, G. (Hrsg.). (2008). *Trainingslehre-Trainingswissenschaft: Leistung – Training – Wettkampf.* Aachen: Meyer & Meyer Verlag.

Schorer, J., Faber, I., Koopmann, T., Büsch, D. & Baker, J. (2020). Predictive value of coaches' early technical and tactical notational analyses on long-term success of female handball players. *Journal of Sports Sciences*, 1-7.

Schorer, J., Heibült, N., Wilson, S. G. & Loffing, F. (2020). For psychology of sport and exercise as research note sleep facilitates anticipation training of a handball goalkeeping task in novices. *Psychology of Sport and Exercise*, 101841.

Schorer, J., Panten, J., Neugebauer, J., & Loffing, F. (2018). Perceptual Expertise in Handball. In L. Laver, P. Landreau, R. Seil, & N. Popovoc (Eds.), *Handball Sports Medicine: Basic Science, InjuryManagement and Return to Sport* (S, 597-614). Berlin, Heidelberg: Springer.

Sebanz, N. & Shiffrar, M. (2009). Detecting deception in a bluffing body: The role of expertise. *Psychonomic Bulletin & Review, 16*, 170-175.

Shao, Y. K., Mang, J., Li, P. L., Wang, J., Deng, T. & Xu, Z. X. (2015). Computer-based cognitive programs for improvement of memory, processing speed and executive function during age-related cognitive decline: A meta-analysis. *PloS one, 10*, e0130831.

Sichelschmidt, P., Eyßer, W. & Späte, D. (1988). *Entscheidungstraining für Angreifer.* Münster: Philippka.

Simons, D. J., Boot, W. R., Charness, N., Gathercole, S. E., Chabris, C. F., Hambrick, D. Z. & Stine-Morrow, E. A. (2016). Do "brain-training" programs work? *Psychological Science in the Public Interest, 17*, 103-186.

Smeeton, N. J. & Williams, A. M. (2012). The role of movement exaggeration in the anticipation of deceptive soccer penalty kicks. *British Journal of Psychology, 103*, 539-555.

Späte, D. & Wilke, G. (1989). *Antizipatives Abwehrspiel. Handball Spezial Band 1* (2. Aufl.). Münster: Philippka.

Spencer, M. R. & Gastin, P. B. (2001). Energy system contribution during 200-to 1500-m running in highly trained athletes. *Medicine & Science in Sport & Exercise, 33*, 157-162.

Stiehler, G., Konzag, I. & Döbler, H. (1988). *Sportspiele. Theorie und Methodik der Sportspiele. Basketball – Handball – Handball – Volleyball.* Berlin: Sportverlag.

Strykalenko, Y., Shalar, O., Huzar, V., Voloshinov, S., Yuskiv, S., Silvestrova, H. & Holenko, N. (2020). The correlation between intelligence and competitive activities of elite female handball players. *Journal of Physical Education & Sport, 20* (1), 63-70.

Styles, E. A. (2008). *The psychology of attention.* Hove and New York: Psychology Press.

Szczypińska, M. (2019). Does attention training induce any changes in the level of the selected cognitive processes in handball players. *Journal of Physical Education and Sport, 19*, 1445-1452.

Tanggaard, L., Laursen, D. N. & Szulevicz, T. (2016). The grip on the handball – a qualitative analysis of the influence of materiality on creativity in sport. *Qualitative Research in Sport, Exercise and Health, 8* (1), 79-94.

Tenenbaum, G. (2003). Expert athletes: An integrated approach to decision making. In J. L. Starkes & K. A. Ericsson (Eds.), *Expert performance in sports* (pp. 191-218). Champaign, IL: Human Kinetics.

Thienes, G. (2019). Schnelligkeit. In A. Güllich & M. Krüger (Hrsg.), *Bewegung, Training, Leistung und Gesundheit.* https://doi.org/10.1007/978-3-662-53386-4_48-1, Darmstadt.

Tohănean, D. I. (2016). Study on the level of creativity for the female handball players (seniors). *Bulletin of the Transilvania University of Braşov, 9* (58), 69-74.

Toril, P., Reales, J. M. & Ballesteros, S. (2014). Video game training enhances cognition of older adults: A meta-analytic study. *Psychology and Aging, 29*, 706.

Turan, M. B. & Dişçeken, O. (2018). The effects of cognitive learning and imagination training on the balances of the 14-16 years old handball players. *Journal of Education and Training Studies, 7* (1), 10-16.

Tyldesley, D. A., Bootsma, R. J. & Bomhoff, G. (1982). Skill level and eye movement patterns in a sport-oriented reaction time task. In H. Rieder, H. Mechling & K. Reischle (Eds.), *Proceedings of an international symposium on motor behaviour: Contribution to learning in sport* (pp. 290-296). Cologne: Hofmann.

Uhlig, J. (2016). Jederzeit die beste Lösung finden! *Handballtraining JUNIOR, 5*, 23.

van Husen, M. (2005). *Belastungen der unteren Extremität im Handball und Volleyball* (Doctoral dissertation, Technische Universität Darmstadt).

Van Zomeren, A. H. & Brouwer, W. H. (1994). *Clinical neuropsychology of attention.* New York: Oxford University Press.

Verburgh, L., Scherder, E. J., van Lange, P. A. & Oosterlaan, J. (2016). Do elite and amateur soccer players outperform non-athletes on neurocognitive functioning? A study among 8-12 years old children. *PloS One, 11*, e:0165741. doi: 10.1371/journal.pone.0165741

Vesković, A., Valdevit, Z. & Đorđević-Nikić, M. (2013). Goal orientation and perception of motivational climate initiated by parents of female handball players of different competition levels. *Facta Universitatis: Series Physical Education and Sport, 11* (3), 337-345.

Vestberg, T., Gustafson, R., Maurex, L., Ingvar, M. & Petrovic, P. (2012). Executive functions predict the success of top-soccer players. *PloS one, 7*, e34731. doi: 10.1371/journal.pone.0034731

Voss, M. W., Kramer, A. F., Basak, C., Prakash, R. S. & Roberts, B. (2010). Are expert athletes "expert" in the cognitive laboratory? A metaanalytic review of cognition and sport expertise. *Applied Cognitive Psychology, 24*, 812-826.

Wagner, H., Finkenzeller, T., Würth, S. & Von Duvillard, S. P. (2014). Individual and team performance in team-handball: A review. *Journal of Sports Science & Medicine, 13* (4), 808.

Wegner, M. & Katzenberger, C. (1994). Die Spielkonzeption zur Lösung taktischer Problemsituationen: Wissenschaftliche Fundierung eines Trainingsprogramms zum Gegenstoßverhalten im Handball. In R. Brack, A. Hohmann & H. Wieland (Hrsg.), *Trainingssteuerung* (S. 248-253). Stuttgart: Naglschmid.

Weigel, P. (2018). Decision-making in modern handball. In L. Laver, P. Landreau, R. Seil & N. Popovic (Eds.). *Handball sports medicine: Basic science, injury management and return to sport* (pp. 627-637). Springer: Heidelberg.

Weigelt, M. & Memmert, D. (2012). Goal-side selection in soccer penalty kicking when viewing natural scenes. *Frontiers in Psychology, 3*, 312.

Weigelt, M., Memmert, D. & Schack, T. (2012). Kick it like Ballack: The effects of goalkeeping gestures on goal-side selection in experienced soccer players and soccer novices. *Journal of Cognitive Psychology, 24,* 942-956.

Weyermann, E. & König, S. (2021). Effekte eines bilateralen Trainings auf das individualtaktische Angriffsverhalten im Kinderhandball. (Publikation in Vorbereitung)

Williams, A. M. & Ericsson, K. A. (2005). Some considerations when applying the expert performance approach in sport. *Human Movement Science, 24*, 283-307.

Williams, A. M. & Ward, P. (2003). Perceptual expertise: Development in sport. In J. L. Starkes & K. A. Ericsson (Eds.), *Expert performance in sports: Advances in research on sport expertise* (pp. 219-249). Champaign, IL: Human Kinetics.

Williams, A. M. & Jackson, R. C. (2019). Anticipation in sport: Fifty years on, what have we learned and what research still needs to be undertaken? *Psychology of Sport and Exercise, 42*, 16-24.

Williams, A. M., Davids, K. & Williams, J. G. (1999). *Visual perception and action in sport.* London: E. & F. N. Spon.

Williams, A. M., Ford, P., Eccles, D. W. & Ward, P. (2010). Perceptual-cognitive expertise in sport and its acquisition: Implications for applied cognitive psychology. *Applied Cognitive Psychology. 25,* 432-444.

Williams, A. M., Hodges, N. J., North, J. S. & Barton, G. (2006). Perceiving patterns of play in dynamic sport tasks: Identifying the essential information underlying skilled performance. *Perception, 35*, 317-332.

Williams, A. M., Ward, P. & Chapman, C. (2003). Training perceptual skill in field hockey: Is there transfer from the laboratory to the field. *Research Quarterly for Exercise & Sport, 74,* 98-103.

Williams, A. M., Ward, P., Smeeton, N. J. & Allen, D. (2004). Developing anticipation skills in tennis using on-court instruction: Perception versus perception and action. *Journal of Applied Sport Psychology, 16,* 350-360.

Wulf, G. (2007). *Attention and motor skill learning.* Champaign, IL: Human Kinetics.

2 Zu den Autoren

Prof. Dr. Daniel Memmert ist geschäftsführender Institutsleiter und Professor am Institut für Trainingswissenschaft und Sportinformatik der Deutschen Sporthochschule Köln. Von 2009 bis 2016 war er Institutsleiter am Institut für Kognitions- und Sportspielforschung an der Deutschen Sporthochschule Köln. Im Jahr 2003 promovierte er (Auszeichnung: dvs-Nachwuchspreis, Bronze) und habilitierte sich 2008 an der Elite-Universität Heidelberg (Auszeichnung: DOSB-Wissenschaftspreis, Bronze). 2014 war er Gastprofessor an der Universität Wien. Seine wissenschaftlichen Arbeitsschwerpunkte liegen in der Bewegungswissenschaft (Kognition und Motorik), in der Sportpsychologie (Aufmerksamkeit und Motivation) und in der Sportinformatik (Big Data, Mustererkennung und Simulation).

Laut einer öffentlich zugänglichen Datenbank der weltweit 100.000 Top-Wissenschaftler (https://data.mendeley.com/datasets/btchxktzyw/2) belegt er in Deutschland im Bereich „Sport Science" den ersten Platz. Er hat einen H-Index von 51 (i10-Index 149) und mehr als 7 Millionen Euro an Drittmitteln (z. B. BMBF, BISp) eingeworben, u. a. 6 DFG Projekte im Bereich Informatik sowie 5 DFG Projekte im Bereich Psychologie. Zudem hat er etliche Forschungsaufenthalte (u. a. USA, Kanada) absolviert, verschiedene Preise gewonnen (u. a. DOSB-Wissenschaftspreis Bronze, Research Writing Award AAHPERD), zahlreiche weitere Drittmittelprojekte im Volumen von über fünf Millionen Euro eingeworben (u. a. BISp), arbeitet in internationalen Editorial Boards (u. a. PSE) und publiziert in internationalen Fachzeitschriften.

Von 2009 bis 2013 war er Geschäftsführer der asp (Arbeitsgemeinschaft für Sportpsychologie), von 2012 bis 2016 Herausgeber der *Zeitschrift für Sportwissenschaft* (verhaltenswissenschaftlicher Bereich), von 2016 bis 2018 Associate Editor (Psychologie) für die Zeitschrift *Research Quarterly for Exercise and Sport*, von 2017-2021 Mit-Herausgeber der *Zeitschrift für Sportpsychologie* und ist seit 2009 stellv. Sprecher der dvs-Kommission „Sportspiele".

Er besitzt Trainerlizenzen in den Sportarten Handball, Tennis, Snowboard sowie Ski alpin und ist Herausgeber und Autor von Lehrbüchern zum modernen Handballtraining. Er kooperiert mit verschiedenen Handballbundesligisten, der deutschen Handballnationalmannschaft sowie DAX-Unternehmen und organisiert den ersten internationalen Weiterbildungs-Masterstudiengang „Spielanalyse" sowie den Zertifikatsstudiengang „Sportdirektor im Nachwuchs- und Amateur-Fußball".

Prof. Dr. Stefan König ist Fachsprecher und Professor am Sportzentrum sowie Direktor des Forschungszentrums für Sekundarbildung der Pädagogischen Hochschule Weingarten. Von 1995 bis 2006 war er Akademischer Direktor und Leiter der Studiengänge am Institut für Sportwissenschaft der Universität Tübingen. Im Jahr 1991 promovierte er ebenfalls an der Universität Tübingen.

Seine wissenschaftlichen Arbeitsschwerpunkte liegen in der Trainingswissenschaft (Effekte von Trainingsprozessen im Schul-, Breiten- und Gesundheitssport), in der Schulsportforschung (Wirkungen von Sportunterricht, Schulsportkonzepte, Sportlehrkräfteforschung), in der Sportspielforschung (Vermittlungskonzepte, Taktik, Führungsverhalten) sowie im Bereich der Forschungsmethodologie (Mixed Methods Research).

Er ist Herausgeber von vier Buchreihen (Schulsportforschung, Doppelstunde Sport, Sportstunde Grundschule, Weingartner Dialog über Forschung) sowie der Fachzeitschrift *Sport-Praxis*, Ad-hoc-Gutachter für eine ganze Reihe an internationalen und nationalen Fachjournals sowie Gutachter für die Kooperationsgemeinschaft gesetzlicher Krankenkassen und das BISP.

Seit 2015 ist er Mitglied des Wissenschaftsforums des WLSB, seit 2016 Vorstandsmitglied des Fakultätentages Sportwissenschaft, seit 2017 Mitglied im Editorial Board des *International Journal of Multimethod Research Approaches* und seit 2020 Vertreter in der Special Interest Group TGfU. Er hat verschiedene Drittmittelprojekte eingeworben (u. a. IBH, BISP) und arbeitet mit einer Vielzahl an Verbänden und Bildungseinrichtungen des Sports in Forschungsprojekten zusammen. Er besitzt Trainerlizenzen im Handball und Basketball.

3 Bildnachweis

Covermotiv: © AdobeStock

Coverlayout: Isabella Frangenberg

Innenlayout: Katerina Georgieva

Grafiken: © easy sports graphics: S. 78-167; © Daniel Memmert: S. 27, 28, 44, 48, 59, 60-65, 67, 70, 72; © König & Husz: S. 76

Kapitelaufmacher Grafiken: © AdobeStock

Satz: zerosoft

Lektorat: Dr. Irmgard Jaeger

Fotos: © dpa - picture alliance: S. 13, 23, 39, 77, 135, 141, 157